AF477971

Manual del transporte de mercancías

Jaime Mira - David Soler

Colección: Biblioteca de logística
Director: David Soler

MANUAL DEL TRANSPORTE
DE MERCANCÍAS
1.ª edición, 2010
2.ª edición, 2014
3.ª edición, 2015
4.ª edición, 2021

© 2010, 2014, 2015, Jaime Mira
Galiana, David Soler García
© de esta edición, incluyendo
el diseño de la cubierta, ICG
Marge, SL.

Edita:
Marge Books
València, 558 – 08026 Barcelona
Tel. 931 429 486
marge@margebooks.com
www.margebooks.com

Compaginación:
Mercedes Lara

Impresión:
Safekat, SL (Madrid)

ISBN edición impresa:
978-84-16171-09-5
ISBN edición digital:
978-84-17313-34-0
Depósito Legal: B 17066-2021

Procedencia de las ilustraciones

Archivo DSG y:
Administração do Porto de Sines, SA, 87, 107, 149a.
Aena, 233
Airbus, 155
Archivo Josep M.ª Casadejús, 189-191, 193, 194, 195, 200, 201, 202, 203, 204, 205, 206, 207, 209, 211, 213, 220
Autoridad Portuaria de Bilbao, 37, 43a, 238, 325
Autoridad Portuaria de Gijón, 36, 147c
Autoridad Portuaria de Málaga, 151a
Autoridad Portuaria de Santander, 151b
Autoridad Portuaria de Sevilla, 149c
Autoridad Portuaria de Vigo, 240, 332
AVET Logística, 235
Boluda Corporación Marítima, 79
Cargolux, 110
Carlos Pérez Arnau, 138c, 140a, 140c
Carrocerías Los Maños, 129b
Carroceries Pujol, 133a
Clasa, 73, 81
Codiplas, 23a
Consorci de la Zona Franca de Barcelona, 241
Cube Depot, 63a
David Soler, 54b, 70b, 91, 113, 230, 273, 294, 296-297, 300, 302-303, 305-306, 309-310, 312-313, 315-316, 319, 321, 323
Ferrmed, 61
Feteia, 188, 196, 197, 198, 199, 208
Gwan Kho, 34a
Grupo DIA, 268
Grupo Guissona, 236
Grupo Pascual, 254

Hupac, 70d, 137b, 157
Interfrigo, 142
Isuzu, 130a
Iveco, 132
J2 SERVID, SL, 21b
José L. Díaz Campa, 145b
JSV, 63b, 65
Juanjo Martínez, 62
Logística Multimodal Castilla y León, SA, 239
Maersk, 131b, 144a
Marge Books, 14, 49, 118, 119a, 119b, 120, 121, 122, 123a, 123b, 124
Mark Hunter, 34b
Michael Brackhage Vesseltracker, 144b
Navymar.com, 147b, 152a
Paceco, 146
Port Containers, 66a
Renault, 141
Renfe, 135a, 136a, 136b, 137a, 138b, 190
Ricardo Gómez, 93, 137b
Shipphotos.es, 143c, 145a, 150c
Sintax, 129c
Sistemas de Ingeniería Global, SA, 64
Spanishshipping-com, 143a
Subox, 50a
Talleres Aguinaga, 124a, 124b
TCV, 99
Tecnisample, 44a
Tecnocar, SA, 131b
Terminal de Contentores de Leixões, SA, 244
The Container Traders, 67
Vesseltracker.com, 148
Volvo, 128b
Wirsolut, 23b

El papel empleado en este libro no ha sido blanqueado con cloro elemental (CI_2).

A mi mujer Juani, que con su amor, cariño,
dedicación y paciencia me ha permitido
participar en la edición de este libro.
A mis hijos Jaime, Isabel y Cristian, que valoran
la importancia de un trabajo bien hecho.
A mi nieta Sara y a mi nieto Martí, que sabrán
con lo que disfrutaba su abuelo.

Jaime Mira

A las personas que en su vida diaria
se esfuerzan por ampliar su conocimiento
y hacer bien lo que hacen
para mejorar lo que somos.

A Ana M., Hèctor, Martina y Patricia

David Soler

Índice

Los autores

Jaime Mira Galiana es licenciado en Ciencias Económicas y Empresariales y diplomado en Dirección de la Producción, Dirección Industrial, Informática y Transporte Combinado.

Ha sido director técnico de la Fundación ICIL y responsable de las secretarías de los Comités Nacionales de Aenor AEN/CT 152-117, y representante ante los Comités Europeos de Normalización CEN/TC 320-119-261-379 e ISO TC 104.

Posee una amplia experiencia como gerente y director de logística en empresas de diferentes ámbitos de actividad y como profesor de logística en organizaciones corporativas y universidades (Foment del Treball, Universitat Ramon Llull, Universitat de Barcelona, entre otras), así como en la Fundacion ICIL.

Es colaborador habitual de numerosas publicaciones técnicas del sector logístico, autor del libro *Gestión del transporte* (Marge Books, 2001) y coautor de los libros *Aula Logística* (Fundación ICIL y *Stock,* 2007) y *Manual del transporte de mercancías* (Marge Books, 2015).

David Soler es licenciado en Bellas Artes y ha desarrollado su actividad profesional en los ámbitos de la edición, la comunicación corporativa y gráfica, el *marketing* sectorial y la docencia.

Con más de cuarenta y cinco años de experiencia en el sector editorial, es fundador y director editorial de Marge Books, empresa especializada en ediciones científicas y técnicas. En la actualidad dirige diversas colecciones técnicas y divulgativas, y es autor del *Diccionario de Logística* (Marge Books, 2009), *Guía práctica de las reglas Incoterms 2020* (Marge Books, 2021), y coautor de *Cataluña logística* (Marge Books, 2006 y 2012) y *Manual del transporte de mercancías* (Marge Books, 2015).

En el ámbito del sector logístico, es fundador del portal Logisnet (www.logisnet.com), especializado en servicios y productos para la cadena de suministro, y promovió y dirigió las ferias internacionales Portuaria, Transport, Feria Internacional del Transporte (Fitrans), Expolog (Lisboa) y la Conferencia Iberoamericana de Logistica.

Capítulo 1
Mercancías, envases y embalajes

1 La mercancía

La mercancía es un bien material que se puede usar o poseer e intercambiar. A diferencia de otros bienes –como los que se producen para el autoconsumo, por ejemplo–, la fabricación, transformación y distribución de mercancías tiene como finalidades fundamentales la actividad económica, el intercambio y la relación mercantil. Por este motivo, como elemento material, siempre está relacionada con un momento y un lugar acordados entre dos o más partes donde se produce una entrega y una recepción, en los que la mercancía realiza su función de bien intercambiable.

Como bien material, la mercancía puede ser un elemento o producto que resulte necesario trasladar en un momento determinado desde un lugar de fabricación a otro por necesidades de manufactura, ensamblaje o de consumo, entre otros motivos. Cuando eso sucede, es decir, cuando se transporta, la mercancía adquiere la consideración de «carga».

Así, la mercancía se considera una carga desde el momento en que pasa a ser un elemento que va a ser movido y trasladado o enviado desde un punto de origen a otro de destino mediante un vehículo de transporte, para lo que con toda probabilidad deberá ser embalado, manipulado, manejado o almacenado.

1.1 La cadena logística

A su vez, la mercancía es el elemento protagonista de la cadena logística. Se denomina así al proceso de planificación, gestión y control de los flujos de materiales y productos que

---

modo de transporte
Expresa la manera o el tipo de transporte que se utiliza para el transporte de mercancías, existen cinco modos distintos: aéreo, ferroviario, marítimo o fluvial, por carretera, y por tubería.

se pueden generar por muy diferentes motivos, como la entrega de artículos en cumplimiento de un intercambio comercial, el abastecimiento de un proceso de producción o el suministro de víveres en una situación de emergencia, por ejemplo. En el proceso de una cadena logística se incluyen las informaciones y los servicios relacionados con dicho proceso. En el marco de la cadena de suministro de una organización, abarca los movimientos internos y externos, así como las operaciones de importación y exportación.

En la cadena logística se distinguen unos subprocesos u operaciones que pueden agruparse en dos áreas:

- **Logística directa**
    - Aprovisionamiento de materias primas, materiales o productos semielaborados.
    - Movimientos de materiales en la fabricación o transformación de productos.
    - Distribución de artículos o productos.

- **Logística inversa**
    - Recuperación de productos fuera de uso o residuos.
    - Transporte, recepción, inspección y clasificación de productos o residuos.
    - Reciclaje, reutilización, reparación o restauración, refabricación, incineración o vertido de productos o materiales.

1.2 Clasificación de las mercancías

Para la gestión de operaciones con mercancías, es conveniente clasificarlas siguiendo algunos criterios, como son la naturaleza de la mercancía, su configuración física y su alcance o uso comercial.

- **Naturaleza de la mercancía**
    En un primer orden, las mercancías se pueden clasificar según su naturaleza. Así, entre las muchas modalidades en que se presentan, se pueden agrupar, entre otras, en las siguientes:

    - Animales vivos.
    - Productos alimentarios.
    - Máquinas y aparatos.
    - Minerales no metálicos.
    - Productos energéticos.
    - Productos siderometalúrgicos.
    - Abonos.
    - Materiales de construcción.
    - Maderas y sus manufacturas.
    - Materias textiles.
    - Productos químicos.
    - Materias plásticas.
    - Vehículos y elementos de transporte.

Determinadas mercancías, sin variar en su naturaleza, pueden adoptar diferentes estados de agregación (sólido, líquido o gaseoso) que facilitan su manipulación y transporte mediante medios distintos (buques cisterna, tuberías, etc.) como sucede con los gases licuados, por ejemplo.

- **Configuración física y presentación de la mercancía**
  Otra forma de clasificación puede responder a la configuración física de la mercancía, que entre otras posibles definiciones puede catalogarse como:

– Cilíndrica.	– Pesada.
– Frágil.	– Pulverulenta.
– Granular.	– Seca.
– Húmeda.	– Tubular.
– Laminar.	– Voluminosa.

  Por otro lado, considerando sus características físicas esenciales y su presentación, es posible distinguir si una mercancía se presenta para su transporte en forma de granel, sea líquido o sólido, o bien como producto envasado o embalado.

- **Las mercancías en el comercio internacional**
  Las mercancías que son objeto de tráfico en el comercio internacional se identifican con el código de una nomenclatura publicada por la Organización Mundial de Comercio (OMC), denominada Sistema Armonizado. Este sistema está estructurado en subpartidas y partidas, agrupadas en 97 capítulos, a su vez articulados en 21 secciones, ordenados según el grado de elaboración del producto:

– Materias primas.	– Productos semielaborados.
– Productos brutos.	– Productos terminados.

  El Sistema Armonizado es una modalidad de clasificación arancelaria que permite acceder a informaciones sobre comercio internacional y facilita los trámites documentales asociados a una operación de compraventa internacional de mercancías.

2   Envases y embalajes

Para realizar en condiciones de seguridad la manipulación, el almacenamiento y el transporte de una mercancía, cuando no se va a transportar en forma de granel, es necesario considerar dos elementos que la protejan en estos procesos: el envase y el embalaje.

Cuando se utilizan, entre ambos debe existir una coherencia razonable en cuanto a sus respectivas características (dimensiones, presentación, materiales que los componen, etc.) y prestaciones (consistencia, impermeabilidad, etc.), con el fin de conseguir la resistencia y la estabilidad suficientes que garanticen la protección y la seguridad de las mercancías (véase la figura 1.1).

2.1 El envase

Es el recipiente en que se conserva un producto o una determinada mercancía en cualquier fase de la cadena de fabricación, distribución y uso o consumo. El envase también sirve para presentar, identificar visualmente y dosificar un producto, por lo que es fundamental que exista la máxima compatibilidad entre las características físicas y la cantidad del producto con las del recipiente que debe contenerlo y preservarlo.

Muchos envases o recipientes precisan de un dispositivo de cierre para taponar el orificio por el que se introducen o se extraen los productos.

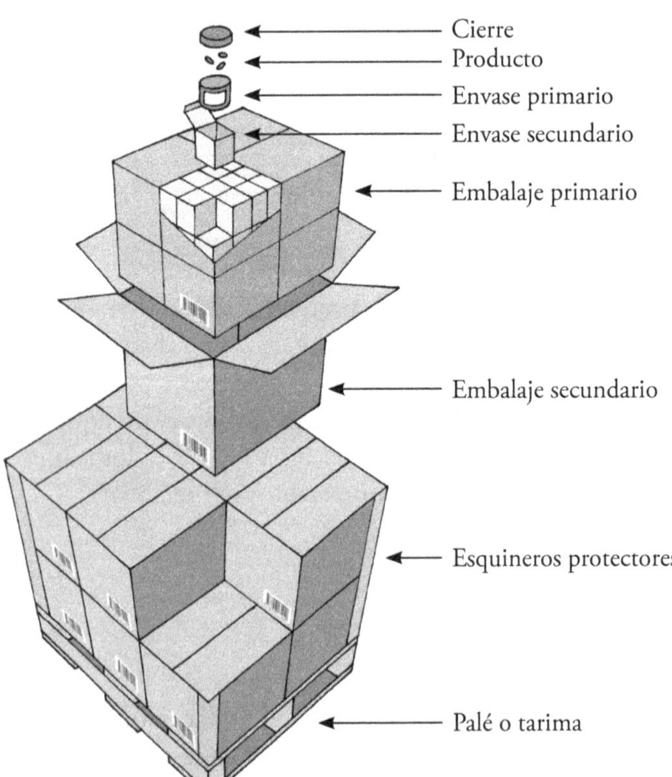

Figura 1.1
Sistema de envasado y embalaje de un producto para formar una unidad de carga sobre un palé.

Las técnicas de envasado constituyen una especialidad de la mercadotecnia, conocidas como empaque o *packaging*. Estas técnicas proponen una visión integral del diseño y la selección de los elementos que configuran el envase, en la que se deben tener en cuenta diversos factores:

- Influencia del envase en la elaboración del producto.
- Características del proceso de envasado.
- Conservación del producto en circunstancias muy diversas (temperatura, luminosidad, humedad ambiente, etc.).
- Manipulación del envase, manual y mediante elementos mecánicos.
- Almacenaje en diferentes espacios y circunstancias.
- Transporte en vehículos distintos.
- Reciclaje del producto y operaciones de tratamiento de residuos y valorización de sus materiales.

A su vez, las unidades de envasado deben estar suficientemente protegidas y dimensionadas para conseguir el máximo aprovechamiento del espacio en las operaciones de manipulación y almacenamiento y, especialmente, en los vehículos de transporte. Este es un factor sumamente importante para que la forma del envase contribuya a minimizar el coste logístico global; pero todavía es más importante para reducir el impacto de algunas externalidades del transporte, como la contaminación atmosférica y el consumo de energías no renovables, principales causas del cambio climático que está desembocando en una crisis ecológica global sin precedentes en todos los ecosistemas del planeta que habitamos.

No debe dejar de resaltarse, asimismo, que la ingente cantidad de envases que se producen en los procesos industriales tiene unas consecuencias negativas directas para el entorno natural, tanto por el consumo de recursos energéticos y materias primas que conlleva su producción como por los residuos que se generan, que en un elevado porcentaje son vertidos sin control en el medio ambiente. Este hecho ha motivado legislaciones y normativas específicas en la mayor parte de países, el cumplimiento de las cuales es imprescindible cumplir con carácter prioritario para reducir y evitar los efectos negativos de la producción y uso de los envases.

---

empaque

Es el procedimiento que se sigue para acondicionar los productos para su almacenamiento, transporte, distribución y comercialización en condiciones óptimas y con el mínimo coste posible. Incluye el sistema de envasado o embalado, el envase y el embalaje físicos, y los materiales complementarios (envoltorio, precinto, etiqueta, prospecto, etc.).

2.1.1   Clasificación de los envases

Los envases pueden clasificarse como primarios o de la unidad de consumo, secundarios o colectivos y terciarios o de transporte:

- **Envase primario, de venta o de la unidad de consumo**
  Contiene el producto, mantiene contacto directo con él y lo presenta en su forma más simple (latas, cajas, tubos, botellas, bolsas, etc.).
  Los envases primarios deben cumplir con los siguientes requisitos:

  - Mostrar información sobre las instrucciones de uso del producto, fechas de caducidad o de consumo preferente, y cumplir las normativas respecto al etiquetado y la identificación de productos.
  - Contener el mínimo aire posible.
  - Cumplir con la normativa relativa a los procesos de tratamiento de residuos.
  - Garantizar que se puedan mantener en una posición estable en su ubicación en establecimientos comerciales y que sea identificable en todos sus lados.
  - Estar construido con el mínimo material necesario para proteger adecuadamente el producto.
  - Poseer dimensiones adecuadas a las medidas de las estanterías o anaqueles de los establecimientos.
  - Garantizar su hermeticidad y el aislamiento del contenido.

- **Envase secundario o colectivo**
  Contiene y agrupa una cantidad determinada de envases primarios, otorgándoles protección y alguna forma de presentación para facilitar su distribución física, para

Figura 1.2. Modelos de envases primarios o de la unidad de consumo.

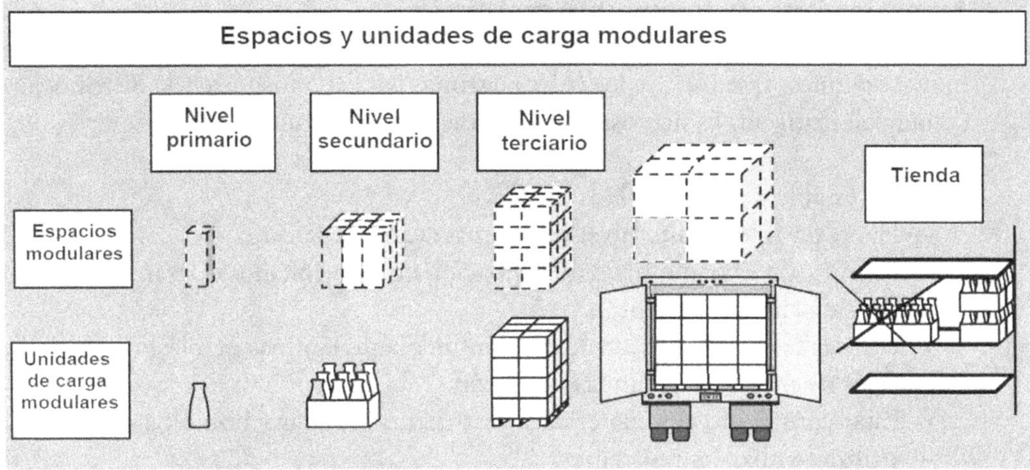

Figura 1.3. Relación entre espacios y unidades de carga modulares. (Fuente: Aecoc, RAL)

ser comercializado, reaprovisionar los lineales[1] en el punto de venta o ser vendido al consumidor final (cajas de cartón con precintos o flejes plásticos, películas plásticas retráctiles, etc.). También se consideran envases secundarios las cajas que contienen un solo envase primario (cajas de los perfumes, cereales, relojes, etc.).

Los envases secundarios deben reunir, de manera general, los siguientes requisitos:

- Proteger los productos que contienen.
- Ser lo suficientemente resistentes para poder apilarlos en las estanterías o en los expositores.
- Contener una cantidad uniforme y coherente de unidades de consumo para la venta detallista, que se corresponda con la rotación prevista para las mismas.
- Poseer un diseño ergonómico en cuanto a su peso, volumen y forma, que permita una manipulación eficiente y una fácil apertura.
- Poder ser transportado con facilidad hasta el punto de venta, sin que sufra deformaciones o roturas.
- Permitir la extracción de las unidades de consumo con facilidad.
- Los embalajes listos para vender deben tener un diseño adecuado para esta forma de venta.
- Los elementos identificadores del producto deben estar situados en dos caras adyacentes.

---

[1] Se denomina lineal a la superficie (estanterías o anaqueles) que en el punto de venta se dedica a la exposición y venta de los productos.

- **Envase terciario, de transporte o expedición**

  Agrupa envases primarios o secundarios, configurando una unidad de carga de mayor volumen, que incluye los palés o tarimas para el transporte y la distribución comercial. Entre sus características, deben figurar las siguientes:

  - Ser estable y conservar la verticalidad.
  - Hacer posible un alto nivel de compactación de la carga.
  - Permitir un máximo nivel de ocupación en los vehículos de transporte o las áreas de almacenamiento..
  - Utilizar un sistema eficaz de fijación mediante láminas de plástico retráctil, flejes no metálicos o fundas de cartón.
  - Estar construido con materiales y estructuras sólidas y homologadas.
  - Utilizar embalajes resistentes.

Por otro lado, atendiendo a su naturaleza y características físicas, los envases también se pueden clasificar en:

- *Rígidos:* botes, cajas, bandejas, bidones, tarros, botellas, etc., construidos con algún tipo de metal, madera o vidrio, por ejemplo.
- *Semirrígidos:* bandejas, tarrinas, botellas, tubos, etc., elaborados con papel o materiales plásticos, entre otros.
- *Flexibles:* bandejas, tarrinas, botellas, tubos, etc., confeccionados con gomas, resinas u otros materiales dúctiles.

2.2   *El embalaje*

Su función es dotar a la mercancía o a la unidad de carga de una cobertura exterior que la proteja y la haga fácilmente manejable e identificable. Como hemos visto, el embalaje encuentra estrechamente relacionado con el envase, de manera que en numerosas ocasiones desempeñan conjuntamente sus funciones.

La naturaleza de las mercancías, el proceso de transporte (distancia, tipo de vehículo, ruta, etc.) o de almacenamiento y la manipulación que se prevea sobre la unidad de carga (mediante carretillas, cintas transportadoras, etc.), determinan la elección de un

---

avería
Daño que recae sobre una mercancía y repercute en su calidad, de manera que se ve afectado el valor de la misma.

tipo u otro de embalaje. Por ello, la acción de embalar puede dar como resultado una caja, un saco, un palé, etc. En todos los casos, el embalaje persigue:

- Mantener junta la mercancía, constituyendo una unidad compacta, y protegerla contra los riesgos del transporte, entre otros:

  - averías sobre las mercancías ocasionadas por el movimiento en el transporte;
  - daños producidos por temperaturas extremas en el almacenamiento a la intemperie;
  - daños por contaminación (impregnación de olores y humos, mezcla de cargamentos, etc.);
  - daños por oxidación o mojadura;
  - averías por aplastamientos;
  - plagas de roedores e insectos;
  - daños producidos por incendios.

- Facilitar la manipulación y la recepción, de manera que la unidad de carga se pueda manejar manualmente[2] y, siempre que sea necesario, con medios mecánicos, conteniendo una cantidad uniforme y coherente de unidades de producto.
- Permitir al remitente y al destinatario la fácil identificación de la mercancía, así como sus características esenciales, siguiendo las normas y los requisitos que deben aparecer impresos sobre su superficie: marca (del expedidor, producto, etc.), descripción del producto, identificación normalizada, datos de la expedición, instrucciones de almacenamiento, fechas de caducidad o de consumo, símbolos indicativos para su manipulación, etc.
- Disminuir los riesgos para las personas, evitando desplazamientos interiores mediante los materiales de «calce», eliminado aristas vivas, etc.
- Adaptarse a las dimensiones estándar de las unidades de carga y a los módulos de las normas ISO.
- Tener la resistencia necesaria para resistir el apilado, y permanecer estable cuando la mercancía está paletizada.
- Reducir el máximo de espacios vacíos.
- Evitar al máximo los residuos y ser valorizable.
- Ofrecer facilidad en la apertura y el etiquetado, y en el caso de productos embalados que se destinan directamente al comercio detallista, comodidad para tomarlo al realizar la compra y capacidad de exposición.

---

[2] Por razones ergonómicas, el reglamento de la Organización Internacional del Trabajo (OIT) estipula que ninguna carga que requiera ser manipulada por fuerza humana debe pesar en bruto más de 25 kg.

– En operaciones de comercio internacional, facilitar la inspección aduanera mediante aberturas o cajetines adosados que permitan la toma de muestras del contenido.

2.2.1 Tipos de embalaje

El embalaje también se puede describir como primario (cuando contiene el envase y lo protege en contacto directo), secundario (cuando contiene el embalaje primario), terciario, etc. Adicionalmente, según su función y sus características físicas, se puede clasificar en:

- **Embalaje combinado** *(combined packaging)*
Se trata de la reunión de diversos envases dispuestos en un mismo embalaje para su manipulación y transporte.

- **Embalaje compuesto** *(composite packaging)*
Es un embalaje constituido por un recipiente interior de plástico, vidrio o material cerámico y por una estructura protectora exterior de metal, madera, cartón, material plástico, etc., formando un conjunto indisociable.

- **Embalaje estanco a los pulverulentos** *(powder-tight packaging)*
Impide la entrada o salida de materias sólidas y secas, incluidas las que se producen o pueden estar presentes durante el transporte.

- **Embalaje exterior** *(outer packaging)*
Recubrimiento externo de papel, cartón, plástico u otros materiales livianos, protectores o absorbentes, con que se recubre y protege un envase o embalaje.

- **Embalaje intermedio** *(intermediate packaging)*
El que contiene envases interiores u objetos y, a su vez, está contenido en un embalaje exterior.

- **Embalaje «listo para vender»** *(retail ready packaging, RRP)*
Embalaje secundario que agrupa a varias unidades de consumo (envases primarios) y llega al lineal de un supermercado haciendo las funciones de expositor.

- **Sobreembalaje** *(main packing box)*
Recipiente o envoltura utilizada por un expedidor para contener varios bultos y conseguir una unidad de carga de más fácil manipulación y estiba. Pueden ser sobreembalajes una caja, un jaulón de madera o un palé, entre otros (véase la figura 1.4).

Los embalajes son con frecuencia reutilizados, siempre que no presenten defectos que puedan afectar a su funcionalidad, y también pueden ser reconstruidos mediante el reemplazo de elementos de su estructura original o ser reacondicionados, limpiándolos

Figura 1.4
Un jaulón de madera puede ser utilizado
como sobreembalaje de una mercancía.

hasta eliminar cualquier residuo de contenidos, revestimientos externos o etiquetas anteriores, de modo que sus materiales constructivos recuperan su aspecto original.

2.3   Otros elementos utilizados en los envases y embalajes

Para configurar una unidad de carga, junto con el envase y el embalaje acostumbra a ser necesaria la utilización de algunos elementos complementarios que contribuyen a aumentar la resistencia y estabilidad físicas y a incrementar la protección de la mercancía, como son:

- **Ángulo de protección** *(corner protector)* Elemento en forma de L, generalmente de cartón o plástico, que se sitúa en las esquinas, justo debajo del paso del fleje, con el fin de evitar que la tensión que este ejerza dañe a la mercancía, al tiempo que ayuda a compactar la unidad de carga (véase la figura 1.5).

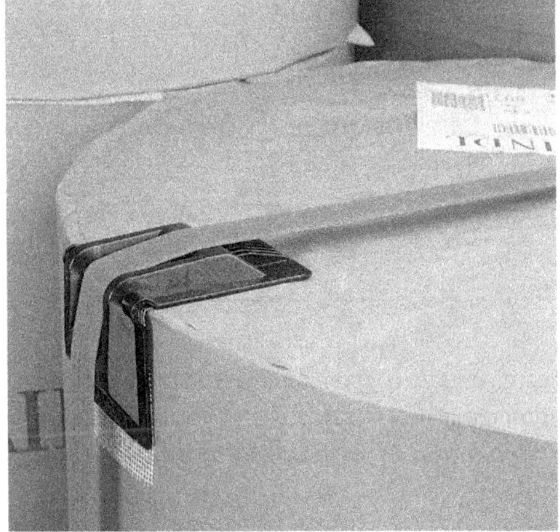

Figura 1.5
Ángulo de protección utilizado para preservar
el canto de una bobina.

- **Cantonera** *(edge protection)*
Se presentan como regletas en forma de L, de cartón, plástico o metal, que se ajustan a las esquinas de las unidades de carga o los productos individuales, quedando así las esquinas protegidas contra golpes y rozaduras. Como los ángulos de protección, las cantoneras también ayudan a flejar las cargas, ya que permiten sujetar el fleje con elevada tensión sin peligro de marcar o dañar los productos, facilitando el compactado y la agrupación de los elementos de la unidad de carga.

- **Eslinga** *(sling)*
Red, cuerda gruesa de fibras sintéticas o vegetales, o cable trenzado o cadena, generalmente de acero, provista de un gancho, una gaza o una anilla, para elevar grandes pesos o para manipular cargas generales.

- **Deshidratantes** *(dehydrants)*
Para proteger las mercancías secas de la humedad en el interior de un envase o embalaje se utilizan bolsas deshidratantes. Se trata de sales tratadas químicamente, en forma de gránulos o polvo, que tienen la función de absorber la humedad que haya podido quedar en el interior de lugares estancos, o la que se pueda formar por condensación como consecuencia de cambios bruscos de temperatura. La arcilla activada químicamente es otro deshidratante empleado en sectores industriales para embalajes no recuperables.

- **Fleje** *(iron strip)*
Se trata de una tira de metal, goma o plástico resistente a la tracción utilizada para sujetar, asegurar y reforzar el envase o el embalaje de las unidades de carga o para amarrar la unidad de carga al vehículo de transporte.

- **Preeslinga** *(sling)*
Eslinga que se halla incorporada en una unidad de carga para facilitar su manipulación por medios mecánicos.

- **Precinto** *(seal)*
Es el elemento o dispositivo con que se sella y cierra un envase, embalaje o mecanismo de apertura, con el fin de que sólo pueda abrirse por un destinatario legítimo o una persona a la que corresponda. Algunas de las formas más habituales de precinto son: las cintas adhesivas plásticas, las cuerdas, las correas, los tirantes, los lacres, los flejes, etc.
Para los contenedores de transporte, existen precintos de seguridad mecánicos que incluyen un código de identi-

---

estiba
Operación de movimiento de la mercancía (unidad de carga o granel), mediante su manipulación, distribución y colocación adecuadas en una unidad de transporte de carga (contenedor de transporte, caja del camión, etc.) o en un vehículo de transporte para evitar o minimizar su posible daño, facilitar las descargas y proteger a las personas o las cosas.

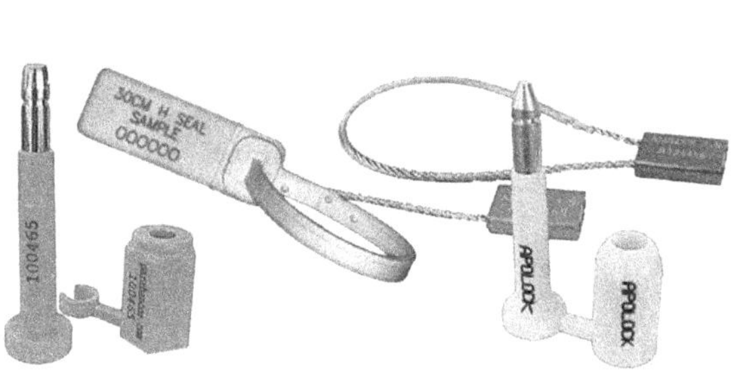

Figura 1.6. Precintos de alta seguridad tipo diseñados para sellar el mecanismo de apertura de los contenedores de transporte.

Figura 1.7. El precinto electrónico incrementa la seguridad del contenedor y permite su trazabilidad.

ficación que impide que puedan ser sustituidos sin conocimiento del destinatario (véase la figura 1.6).

Existen también precintos electrónicos (véase la figura 1.7) que permiten la trazabilidad del contenedor, el registro de la apertura o el cierre de las puertas, el control sobre la ruta y los tiempos de tráfico, y la entrada o salida de depósitos, terminales u otras áreas de tránsito.

- **Retractilado** *(shrink wrapping)*
Retractilar es la acción de envolver un envase o una unidad de carga mediante un material que puede retraerse sobre sí mismo una vez se ha extendido sobre los elementos para dotarlos de una mayor protección. Con mucha frecuencia, el retractilado sirve para agrupar y unitizar diversas cargas en una unidad de carga mayor. Habitualmente, se utiliza lámina de plástico en bobina o en forma de bolsa que se contrae al contacto con un chorro de aire caliente. El retractilado proporciona cierta seguridad contra las sustracciones, los impactos accidentales, las inclemencias del tiempo, las mojaduras y las humedades.

2.4　Materiales de los envases y embalajes

La relación de materiales y elementos que a lo largo de la historia han servido para confeccionar los envases y embalajes es extensa: las hojas de las plataneras, los trenzados de hoja de palmera, las cuerdas de cáñamo, la madera de roble para los toneles o la de pino para las cajas, las humildes páginas de periódicos, etc., hasta llegar a los modernos materiales metálicos y los derivados del petróleo. Todos los materiales posibles se han utilizado para envasar y proteger los productos. Como veremos a continuación, algunos destacan por su permanencia en el tiempo y por la elevada versatilidad de sus prestaciones:

- **Acero** *(steel)*

  Aleación de hierro y carbono, fundidos a una temperatura de entre 1.200 y 1.700 ºC, y de otros metales como azufre, fósforo, silíceo, etc. Según la proporción de estos elementos y de su tratamiento, adquiere especial elasticidad, dureza o resistencia, que junto a la estabilidad térmica, hermeticidad, calidad magnética e integridad química, lo hacen idóneo para envases que han de soportar altas presiones, como las bombonas de gas, contener productos peligrosos, como bidones o toneles, o resistir la intemperie. Se utiliza en la construcción de contenedores para el transporte multimodal. De la aleación de acero, cromo y níquel se obtiene acero inoxidable, muy resistente a la corrosión.

- **Aluminio** *(aluminium)*

  Metal no ferroso, de color y brillo similares a los de la plata, muy abundante en el mundo (8 % de la parte sólida de la corteza terrestre), que en estado natural se encuentra en muchos silicatos, como el caolín, la arcilla o la bauxita. De esta última se extrae por transformación en alúmina. Resiste la corrosión y su baja densidad (2.700 kg/m³) lo hace muy ligero, dúctil y maleable. No permite el paso de la luz o los rayos ultravioleta, y constituye una barrera frente a los gases y los microorganismos. Se mecaniza fácilmente y es el metal más utilizado después del acero, especialmente en ingeniería mecánica y la fabricación de envases, como las latas de bebida, y embalajes, como los contenedores utilizados en el transporte aéreo. Las aleaciones de aluminio, en particular las de magnesio, se emplean en estructuras para aviones, automóviles, camiones y vagones de ferrocarril.

- **Cartón** *(cardboard)*

  Está compuesto por capas superpuestas de hojas de pasta de papel, que le confieren rigidez y manejabilidad. Se utiliza como envase primario, secundario y como embalaje.

  Reúne todas las características del papel, de modo que se fabrica en gramajes muy diversos y se puede imprimir, plastificar, troquelar y ensamblar, adaptándose a la forma del producto que debe contener.

  El tipo de cartón *ondulado* o *corrugado* es el más utilizado para la confección de cajas. En su presentación más simple, denominado corrugado de una cara, está formado por una capa lisa y una ondulada, y se presenta en bobinas. Superponiendo nuevas capas lisas y onduladas se forma el corrugado sencillo, el doble corrugado y el triple corrugado.

- **Cartón para bebidas** *(milk carton)*

  Se utiliza para la fabricación de envases para líquidos alimentarios. Está compuesto por láminas superpuestas de plástico polietileno (15-20 % del peso del cartón para bebidas), cartón (75-80 %) y aluminio (en el cartón para productos UHT o de larga duración,

5 %), mediante las que se consigue estanqueidad, rigidez y resistencia, y una barrera frente a la luz, las bacterias y el oxígeno, respectivamente. Un envase para un litro pesa 25-28 g, lo que representa un 3 % del producto envasado. Estos envases permiten conservar su contenido a temperatura ambiente, con lo que se evita el consumo de energía que sería necesaria para su refrigeración durante el transporte y almacenamiento. La forma modular de los envases, generalmente rectangular, permite optimizar el espacio de almacenamiento y facilita su transporte. La fabricación de cartón para bebidas representa un consumo energético de una tonelada equivalente de petróleo (TEP)[3] por cada tonelada producida, más elevado que las 0,301 TEP de consumo por cada tonelada de vidrio virgen, o las 0,221 TEP si el vidrio es reciclado. En cuanto al consumo de agua, en su fabricación se precisa cuatro veces más agua que para un envase de vidrio.

- **Hojalata** *(tin)*
  Lámina de acero o hierro, estañada por sus dos caras, que se utiliza para la fabricación de envases para productos industriales (aceites, productos sintéticos, etc.) y la conservación de productos alimentarios. El interior de los envases suele tener un recubrimiento plástico que impide la oxidación.

- Madera *(wood)*
  Parte sólida de los árboles con múltiples aplicaciones en la fabricación de envases y embalajes de todo tipo. La madera virgen se utiliza para confeccionar estuches, cajas, jaulas, palés y como embalaje para grandes volúmenes, entre otras aplicaciones, mientras que el tablero de madera aglomerada (procedente de las astillas, el serrín y las virutas de la industria de la madera) se emplea para la construcción de cajas que deban contener envases o elementos que precisen una especial protección.

- **Papel** *(paper)*
  Lámina plana constituida fundamentalmente por fibras de celulosa, afieltradas, entrelazadas de forma irregular y fuertemente unidas entre sí. Las características que definen un determinado papel son su composición (celulosa, algodón, papel reciclado, etc.), su gramaje (peso por metro cuadrado de superficie) y su acabado (alisado, satinado, estucado, brillante, mate, etc.). El papel se fabrica en bobinas, pero también se comercializa cortado en resmas (500 hojas de una dimensión determinada). El papel posee una elevada imprimabilidad y puede recibir acabados especiales: barnices, plastificados, etc. Es sumamente reciclable y el producto más utilizado para la elaboración de envases y embalajes.

---

[3] TEP son las siglas de «tonelada equivalente de petróleo», es decir, la energia en calorías que contiene una tonelada de petróleo.

Los tipos de papel más utilizados para envases y embalajes son:

- *Papel de estraza* o *de caña* (kraft): resistente, satinado por una cara y verjurado.
- *Papel encerado* o *parafinado:* resistente y encerado por una o dos caras, que protege de líquidos y vapores.
- *Papel resistente a grasas* o glassine: papel súper calandrado y con cierto grado de transparencia, recubierto con silicona que lo hace resistente a la acción de grasas y aceites.
- *Papel plastificado:* una lámina plástica, por una o dos caras, protege de líquidos y vapores.
- *Papel sulfurizado:* papel de elevada resistencia e impermeabilidad frente a la humedad, las grasas y los aceites.

- **Plástico** *(plastic)*
  Es un polímero de síntesis derivado del petróleo, con múltiples variedades en su fabricación y con aplicaciones muy diversas en envases primarios y secundarios: botellas, bolsas, sacos, cajas, etc., y embalajes, como el plástico utilizado para retractilar.
  Sus características fundamentales son:

  - *Estanqueidad:* es impermeable, por lo que constituye una barrera al paso de los líquidos y gases.
  - *Inocuidad:* aunque es esencialmente inocuo, se pueden presentar migraciones de residuos de la polimerización y los aditivos hacia los productos.
  - *Ligereza:* su densidad es baja, por lo que no añade peso significativo al producto que vaya a contener.
  - *Plasticidad:* es moldeable, maleable y flexible, de modo que se puede adaptar a la forma de los productos.
  - *Resistencia:* presenta una gran resistencia a los golpes y las rasgaduras.
  - *Transparencia:* su composición permite decidir la transparencia necesaria.

- **Tejido vegetal** *(vegetable fabric)*
  Los materiales textiles de origen vegetal, del cáñamo o el algodón, por ejemplo, se utilizan para la fabricación de envases primarios, bolsas y sacos principalmente, y como embalaje de muy diversos productos.

- **Vidrio** *(glass)*
  Compuesto de sílice, carbonato sódico, calizas y materias colorantes, fundidas a una temperatura de 1.500 ºC. Es un material duro, frágil y transparente, utilizado desde la antigüedad para la fabricación de envases destinados a conservar los productos más diversos: perfumes, bebidas, alimentos en conserva, aceites, ácidos, etc.

Entre sus características fundamentales destacan:

- *Estanco:* es impermeable, e infranqueable para los líquidos y gases.
- *Inerte:* no interactúa al contacto con los productos que contenga: alimentos, fármacos, agentes químicos, etc.
- *Inoxidable:* puede permanecer a la intemperie o expuesto a las inclemencias meteorológicas sin riesgo de oxidación.
- *Resistente:* ofrece una elevada resistencia pero es frágil ante los impactos.

2.5 *Reciclaje, reparación y reutilización*

En todos los procesos industriales tiene gran importancia el máximo aprovechamiento de los recursos materiales. Recordemos que en la cadena de suministro global, la logística directa se ocupa del proceso donde los flujos de materiales y productos se desplazan desde el proveedor al punto de destino final, mientras que la logística inversa se refiere al conjunto de actividades relacionadas con la recogida, la selección, el desmontaje y el procesado de productos usados. Las técnicas y procedimientos de la logística inversa también pueden aplicarse a los envases y embalajes, con vistas a maximizar el aprovechamiento de su valor.

De acuerdo con las normativas medioambientales de cada país o región,[4] las exigencias de eficiencia económica que deben regir toda organización y los criterios de una gestión socialmente responsable, es imprescindible tener en cuenta todas las posibilidades que existan para el reciclaje, la reparación o la reutilización de los envases y embalajes que se vayan a utilizar. Estos tres conceptos se definen como:

- **Reciclaje** *(recycle)*
  Mediante el proceso de reciclaje se realiza el reaprovechamiento o la recuperación de los materiales de los envases o embalajes para ser utilizados de nuevo como materia prima en un proceso de fabricación.

- **Reparación** *(repair)*
  A través de la operación de reparación se produce un reacondicionamiento y una mejora de la calidad o de las características de un envase o embalaje para ampliar su vida útil.

---

4 En Europa existen normativas que establecen sistemas de depósito, devolución o retorno, que obligan a los envasadores, comerciantes de productos envasados y responsables de la puesta en el mercado de los productos envasados, a cobrar a sus clientes una cantidad por cada envase objeto de transacción, y devolver una cantidad idéntica por la devolución del envase vacío. Como alternativa a estos sistemas, las empresas pueden participar en un «sistema integrado de gestión» [véase el apartado 2.5.1 «Los sistemas integrados de gestion (SIG)», en este mismo capítulo].

- **Reutilización** *(reeuse)*

   Se trata del proceso de recuperación de un envase o embalaje (limpieza, mantenimiento, etc.) para otorgarle un nuevo uso dentro de su ciclo de vida (rellenados, rotaciones, etc.). Es una forma de logística inversa limitada a determinados tipos de productos, que genera menor impacto en el entorno (excepto cuando se utilizan tecnologías consumidoras de mucha energía o muy contaminantes).

En principio, cabe considerar que todos los productos que se pueden utilizar para envasar o embalar son susceptibles de ser recuperados mediante su reintroducción en un proceso de producción a través de alguna de las tres opciones que acabamos de definir. Esta reintroducción se presenta en algunos casos con mayor facilidad, mientras que otros productos necesitan procesos sumamente complicados o costosos.

En la tabla 1.1 se muestra el grado de adaptabilidad de diferentes materiales a cada tipo de recuperación.

Como se puede apreciar, algunos materiales metálicos, como el *aluminio* y el *acero*, poseen óptimas cualidades para ser reciclados, reparados o reutilizados. El aluminio no pierde calidad con reciclados sucesivos y su recuperación reduce el consumo de materias primas y la generación de residuos, disminuye el consumo de energía en un 95 %, contribuye a satisfacer la demanda y es económicamente rentable.

Algo similar ocurre con el reciclado del acero, aunque el ahorro de energía no es tan significativo, se incrementa el de agua.

Otros materiales, en cambio, sólo permiten una recuperación óptima mediante el reciclaje, por ejemplo el papel, su derivado el cartón y el plástico.

	Reciclaje		*Reparación*		*Reutilización*	
	Envase	*Embalaje*	*Envase*	*Embalaje*	*Envase*	*Embalaje*
Acero	10	–	10	–	10	–
Aluminio	10	10	7	0	10	0
Cartón	10	10	0	0	0	5
Cartón para bebidas o *brik*	5	–	0	–	0	–
Hojalata	7	0	0	0	5	–
Madera	10	10	5	5	7	3
Papel	10	10	0	0	0	0
Plástico	10	10	0	0	3	0
Textil	10	10	0	0	5	0
Vidrio	10	–	0	–	10	–

Tabla 1.1. Grado de adaptabilidad a la recuperación de diferentes materiales (del 1 al 10).

No obstante, los perjuicios que causa el plástico en el medioambiente, tanto a través de su proceso de aprovisionamiento y fabricación, como de los residuos que se vierten en el medio natural, obligan a tomar conciencia y medidas para sustituir su uso por otros materiales menos contaminantes. Las previsiones de la teoría del cenit del petróleo *(peak oil)* apuntan a un incremento del precio del petróleo que contribuirá a esta sustitución. Entre las distintas áreas económicas, es en Europa donde la recuperación de los residuos de plástico es más elevada, ya que la tasa de reciclaje y recuperación ascendió en 2011 al 59 % del total de residuos. Los sistemas implantados permitieron incrementar dicha recuperación hasta el 66 % en el caso de los envases de plástico, según un informe de Plastics Europe, la principal asociación europea de empresas fabricantes de plásticos.

Mientras que el vidrio[5] y la madera reúnen características óptimas para su recuperación, el cartón para bebidas es el material menos indicado para ser recuperado, a lo que se suma el elevado coste energético de su producción.

2.5.1   Los sistemas integrados de gestión

Las empresas envasadoras están obligadas a recuperar sus envases y embalajes una vez convertidos en residuos para su posterior valorización y tratamiento medioambiental. Para ello, pueden diseñar su propio sistema de recuperación o adherirse a un «sistema integrado de gestión» (SIG), el cual se hará cargo de todo el proceso en colaboración con las administraciones locales.

Los SIG están promovidos y gestionados por organizaciones[6] sin ánimo de lucro, en las que pueden participar empresas y asociaciones de empresas envasadoras, distribuidoras, detallistas, fabricantes de materias primas y recicladoras, así como organismos de la Administración del Estado. Los envases incluidos en los SIG deben identificarse mediante un símbolo conocido como «punto verde» o «punto limpio» (véase la figura 1.8), que informa que el envasador ha pagado para que el envase de ese producto se gestione correctamente y no contamine, y significa una garantía de recuperación si las personas lo depositan en el contenedor de residuos correspondiente.

Las empresas adheridas a un SIG aportan una cantidad económica en función de la cantidad y tipo de envases que ponen en el mercado, que se utiliza para financiar la reco-

---

[5] En Europa, en 2013, la cantidad de vidrio reciclado por particulares alcanzó el 70 % de los envases de vidrio introducidos en el mercado.

[6] En Norteamérica, los organismos responsables del «punto verde» están agrupados en la organización Green Dot North America (www.greendot.ca), que agrupa a México, Canadá y Estados Unidos. En Europa, el organismo equivalente es Pro-Europe (www.pro-e.org). Ejemplos de entidades gestoras de sistemas integrados de gestión (SIG) son Punto Verde (www.puntoverde.org.mx), en México, y Ecoembes (www.ecoembes.com) y Ecovidrio (www.ecovidrio.es), en España.

*Figura 1.8. Símbolos utilizados para identificar los puntos verdes o limpios en México,
la Unión Europea y Argentina.en México, la Unión Europea y Argentina.*

gida selectiva de residuos que llevan a cabo los organismos locales de la Administración o empresas concesionadas. En esta recogida desempeña un papel indispensable la colaboración ciudadana, al separar los envases del resto de residuos en los hogares y depositarlos en los contenedores de residuos que posteriormente se trasladan a las plantas de tratamiento.

Una vez recuperados, los residuos se clasifican y agrupan antes de trasladarlos a instalaciones de empresas recuperadoras y recicladoras, las cuales los convierten en materia prima que comercializan para ser reintroducidos en los procesos productivos.

Otra modalidad de SIG la constituyen los *consorcios de palés*, que trataremos más ampliamente en el capítulo dedicado a la agrupación de cargas (véase el capítulo 2: Formación y agrupación de las unidades de carga).

Estos consorcios son organizaciones privadas, formadas en ocasiones por entidades usuarias de palés (empresas fabricantes, distribuidoras, transportistas, etc.), que tienen la finalidad de mantener un circuito de intercambio de palés, de calidad y dimensiones estandarizadas, mediante el pago por el uso de los mismos.

2.6   *La identificación de las unidades de carga*

La eficacia y la seguridad en el transporte de mercancías dependen en gran medida de la comunicación entre los agentes que intervienen en la cadena logística. En particular, para alcanzar la mayor eficacia en las operaciones de manipulación, almacenamiento y transporte de cargas, es sumamente importante que estas se identifiquen mediante un lenguaje que sea fácilmente comprensible para la mayoría de las personas: el de los símbolos gráficos.

La referencia internacional que se debe tomar para identificar mediante símbolos las unidades de carga es la norma ISO 780, cuyo contenido se representa en la figura 1.9.[7]

---

[7] Para ampliar información sobre el uso de esta normativa véanse los sitios web de Aenor: www.aenor.es, www.aenormexico.com.

SÍMBOLOS PARA LA MANIPULACIÓN DE ENVASES Y EMBALAJES

Símbolo	Instrucción	Significado	Símbolo	Instrucción	Significado
	Frágil	El contenido del embalaje es frágil y se debe manejar con precaución		No usar carretilla elevadora	La carga no se debe manipular con carretilla elevadora
	No usar garfios	No se pueden usar garfios en el manejo de la carga		Colocar mordazas aquí	Colocar las abrazaderas en los lados que se indica para manipular la carga
	Mantener vertical	La unidad de carga se debe mantener en posición vertical		No colocar mordazas aquí	No colocar las abrazaderas en los lados que se indica al manipular el embalaje
	Proteger de la luz solar	La carga no se debe exponer a la luz solar u otras fuentes de calor		Apilamiento limitado	Indica el peso máximo posible sobre la unidad de carga
	Proteger de fuentes radioactivas	La mercancía se puede deteriorar o quedar inutilizada si se expone a radiaciones		Apilamiento limitado por número	Número máximo de embalajes iguales que se pueden apilar (n=número máx)
	Mantener a resguardo de la lluvia	La carga debe mantenerse en un ambiente seco		No apilar	No se debe apilar ninguna otra carga encima
	Centro de gravedad	Indica el centro de gravedad de la unidad de carga		Eslingas aquí	Indica dónde se deben emplazar las eslingas para elevar la carga
	No rodar ni inclinar	La carga no se debe rodar ni inclinar o balancear		Límites de temperatura	Límites de temperatura entre los que se debe conservar y manipular la carga
	No manipular con las horquillas en esta cara	Caras de la unidad de carga donde no se deben colocar las horquillas de las carretillas manuales			

Figura 1.9. Símbolos utilizados para identificar las unidades de carga y facilitar la manipulación de los envases y embalajes (norma ISO 780).

Mención aparte merece la identificación de las unidades de carga que contengan mercancías peligrosas, en cuyo caso son imprescindibles unas instrucciones de manipulación específicas. La simbología utilizable para estas cargas se encuentra en el capítulo dedicado a «Transportes especiales, mercancías peligrosas y mercancías perecederas a temperatura controlada».

Capítulo 2
Formación y agrupación de las unidades de carga

1 Tipología de las cargas

Una carga es el conjunto de mercancía que se transporta en un vehículo de transporte o que se manipula mediante un elemento de manutención (carretilla, grúa, etc.).

La naturaleza, la cantidad, la forma, el volumen o el peso de las mercancías, entre otras características físicas, definen diferentes tipos de cargas. Estos factores condicionan en gran medida el tipo de vehículo que se ha de utilizar para su transporte, así como las necesidades de adecuar y preparar la mercancía mediante envases, embalajes o elementos de sujeción.

1.1 *Carga general* (general cargo)

Se trata de mercancía cuya naturaleza puede ser muy diversa, que se transporta, almacena o manipula en unidades sueltas, como bulto individual o agrupado con otros, y que generalmente reúne productos manufacturados o semielaborados.

La carga general que no precisa unas condiciones especiales de transporte, que puede transportarse en medios de uso no específico (caja de camión, vagón, contenedor estándar o cerrado, etc.) también se conoce como carga seca.

Por el contrario, existe también carga húmeda, mercancía que contiene líquidos o que, por su naturaleza, puede destilarlos o emitir cantidades considerables de humedad. Las cargas secas y húmedas son incompatibles, en el sentido de que no pueden compartir una misma unidad de carga, como un palé o un contenedor, por ejemplo.

La carga general se puede segmentar en fraccionada y carga consolidada o unitizada.

- **Carga fraccionada** *(break bulk cargo)*
  Es la mercancía acondicionada para su manipulación y transporte que se presenta formando bultos individuales y sueltos, como cajas, fardos, sacos, barriles, paquetes, atados, etc.

Figura 2.1. Almacenamiento de unidades de carga fraccionada.

- **Carga consolidada o unitizada *(consolidated cargo)***
  Se trata de unidades de carga fraccionada que junto con otras se acondicionan o embalan como una única unidad física de manipulación y circulación (en un contenedor o sobre un palé o tarima, por ejemplo), compacta, reforzada y provista de elementos (flejes, patines, listones, asas, etc.) que permitan su manejo, traslado y almacenamiento de manera homogénea, sistematizada y segura, con el fin de facilitar su expedición y transporte hacia un destino común.

Figura 2.2. Manipulación de unidades de carga consolidada sobre palés.

Para consolidar o agrupar una carga se emplean diversos procedimientos, los más comunes son los siguientes:

- **Contenerización** *(containerization)*. Es la operación de depositar, estibar y acondicionar los bultos o cualquier tipo de unidad de carga, producto o mercancía a granel en un contenedor de transporte.

- **Flejado** *(strapping)*. Operación que consiste en formar una sola unidad de carga con distintos bultos que se sujetan entre sí mediante flejes o en fijar uno o varios bultos sobre un palé o plataforma.

- **Paletización** *(palletization)*. Consiste en reunir uno o más paquetes, bultos, cajas, etc., acondicionados sobre un palé, fijándolos a este mediante flejes, cartón, madera, retractilado plástico o cualquier otro sistema de sujeción, con la finalidad de incrementar su seguridad y evitar desplazamientos internos, robos o averías.

- **Preeslingado** *(slings)*. Formación de una unidad de carga por la agrupación de diversos bultos o unidades sueltas mediante su sujeción con eslingas para su manipulación por medios mecánicos (elevación, traslado, estiba, etc.).

1.2 Carga a granel (bulk cargo)

El granel es una forma de presentación habitual de las mercancías relacionadas con el sector primario, el sector energético y la industria química, que se transportan sin que hayan sido envasadas ni embaladas, de manera que el vehículo o medio de transporte cumple también la función de recipiente. Es el modo habitual en que se manejan, almacenan y transportan las materias primas o semielaboradas que se van a incorporar en algún proceso productivo o de transformación, como los cereales, las maderas, los minerales, las materias plásticas y los hidrocarburos, entre otros productos.

En el transporte de mercancías a granel es necesario utilizar unos determinados elementos mecánicos para su manipulación y unos vehículos de transporte adaptados a los grandes volúmenes que suelen tratarse en cada operación.

---

cadena de transporte
Proceso de conexión de modos de transporte a través de nodos logísticos para el traslado de mercancías desde su origen a su destino, con uno o más trasbordos de la carga entre vehículos de transporte.

En las mercancías a granel cabe distinguir entre:

- **Granel sólido o seco** *(solid bulk cargo)*
  Se trata de mercancía formada por un conjunto de partículas sólidas sueltas (minerales, cereales, maderas, alimentos secos, cementos, etc.), que se transporta de manera homogénea, y que se puede manipular mediante palas y grúas con cuchara, o de manera continua, utilizando transportadores o fluyendo por gravedad.

- **Granel líquido** *(liquid bulk cargo)*
  Lo constituye mercancía en estado líquido que se transporta de manera homogénea (productos petrolíferos o químicos, gases licuados, alimentos líquidos como aceites o jugos, agua, etc.), y que se puede manipular de manera continua a través de tuberías y utilizando sistemas de bombeo.

Figura 2.3. Descarga de cereal a granel en una terminal portuaria.

*Figura 2.4. Desembarco de un semirremolque desde un buque
de manutención horizontal (ro-ro).*

1.3   Carga rodada (ro-ro cargo)

Se refiere a carga constituida por vehículos que se deslizan sobre ruedas, como plataformas, remolques o semirremolques, camiones, vagones, vehículos de turismo, etc., que pueden ser trasladados en una cadena de transporte intermodal, tratándose propiamente de una mercancía o albergando mercancía en su interior (véase la figura 2.4).

Las unidades de carga rodada pueden ser autopropulsadas o no, en función de que necesiten elementos auxiliares para embarcar y desembarcar y ser estibadas y desestibadas a bordo de los buques de carga horizontal *(roll on-roll off* o ro-ro).

1.4   Cargas especiales

Están formadas por mercancías que por su naturaleza, dimensiones, peso o peligrosidad, entre otras posibles características, necesitan ser manipuladas, almacenadas o transportadas en condiciones especiales, que pueden incluso requerir envases y embalajes específicos. Para determinadas mercancías, como las peligrosas, por ejemplo, existen normativas internacionales que las regulan y que tratan de garantizar la seguridad y evitar riesgos que pudieran derivarse de un transporte o manipulación inadecuados.

Entre las cargas especiales, también se encuentran el transporte de animales vivos, las mercancías valiosas y el correo postal.

1.4.1   *Carga peligrosa* (dangerous cargo)

La constituyen mercancías nocivas o perjudiciales, embaladas, a granel o en embalajes para graneles, que durante su transporte pueden generar o desprender residuos, humos, gases, vapores o polvos de naturaleza peligrosa, ya sea explosiva, inflamable, tóxica, infecciosa, radiactiva, corrosiva o irritante. Se deben incluir en esta categoría los embalajes sin limpiar que hayan contenido mercancías peligrosas.

Las mercancías peligrosas constituyen un riesgo importante para la salud de las personas, los bienes y el medio ambiente.

NORMATIVAS INTERNACIONALES SOBRE MERCANCÍAS PELIGROSAS

Modo de transporte	*Denominaciones*		*Denominación usual*
Marítimo	Código marítimo internacional de mercancías peligrosas	*International Maritime Dangerous Goods* (IMDG)	Código IMDG
	Convenio internacional para prevenir la contaminación por los buques	*International Convention for the Prevention of Pollution from Ships*	Marpol 73/78
Carretera	Convenio internacional sobre el transporte de mercancías peligrosas por carretera	*Articles Dangereux de Route* (ADR)	Convenio ADR
Ferroviario	Reglamento sobre el transporte internacional de mercancías peligrosas por ferrocarril	*Règlement International sur les déchets Dangereux* (RID)	Convenio RID
Aéreo	Reglas de IATA sobre mercancías peligrosas	IATA *Dangerous Goods Regulations*	Reglas IATA DGR

Tabla 2.1. Reglamentaciones internacionales sobre mercancías peligrosas.

1.4.2   *Carga de temperatura controlada* (controlled temperature cargo)

Reúne a todo tipo de mercancía que necesite de algún sistema de control de su temperatura durante los procesos de manipulación, almacenamiento, transporte y distribución comercial. Se clasifica en: perecedera, refrigerada, congelada, ultracongelada y en caliente.

- **Carga perecedera *(perishable cargo)***
  Engloba mercancías que puedan deteriorarse después de un período de tiempo determinado, o por estar expuestas a temperaturas diversas, humedades u otras condiciones adversas. Las mercancías perecederas pueden ser productos sanitarios, alimentarios e incluso de uso industrial que precisan de unas condiciones especiales, un control técnico determinado y unos parámetros de salubridad y de temperatura regulada para su conservación, almacenamiento, transporte, carga y descarga.

- **Carga refrigerada *(reefer cargo)***
  La constituye mercancía perecedera (verduras, carnes, fármacos, frutas, etc.) que precisa de unas condiciones especiales de mantenimiento y refrigeración a temperatura controlada, por encima de su punto de congelación, durante el período de transporte o almacenamiento.

- **Carga congelada *(frozen cargo)***
  Está constituida por alimentos en que la mayor parte de su agua se ha transformado en hielo, tras un proceso de congela-

ción destinado a preservar su calidad e integridad y reducir las alteraciones físicas, bioquímicas y microbiológicas.

- **Carga ultracongelada *(deep frozen cargo)***
  La forman alimentos que han sido sometidos a un proceso de congelación rápida o ultracongelación que permite alcanzar rápidamente, en función de la naturaleza del producto, su máxima cristalización. Debe conservarse la estabilidad térmica de los productos en todas sus partes, de manera que se mantenga sin interrupción a temperaturas iguales o inferiores a -18 ºC en el curso de su manipulación, almacenamiento, transporte y distribución.

- **Carga en caliente *(hot cargo)***
  En este tipo de cargas, las mercancías necesitan un aporte calorífico para mantener sus condiciones óptimas de conservación durante su manipulación, transporte o almacenamiento, como en el caso de los alquitranes, por ejemplo. Otras mercancías necesitan un aporte de calor para contrarrestar condiciones ambientales extremas y evitar su congelación.

1.4.3   *Carga sobredimensionada* (outsized cargo)

Se refiere a mercancías cuyo volumen, forma o naturaleza no se ajustan a los estándares habituales de manipulación y transporte y que requieren unos medios y procedimientos específicos. Las normativas de cada país establecen los parámetros que rigen los transportes especiales de cargas que exceden los límites establecidos en cuanto a dimensiones y peso, para los que se acostumbra a precisar de una autorización exclusiva.

1.4.4   *Carga pesada* (heavy cargo)

También existen mercancías cuyo peso no se ajusta a los parámetros habituales y que requieren vehículos de transporte y equipos de manutención específicos.

2   La unidad de carga

Las mercancías siempre cumplen una función económica y son el objeto mayoritario del comercio. En la lógica de los intercambios comerciales, se trata de garantizar que las mercancías lleguen a manos de la empresa o persona que las adquiere en el momento y en el punto de entrega acordados, en óptimas condiciones y con los mínimos costos económicos y ecológicos posibles. Todo ello, además, se debe alcanzar con las máximas garantías de seguridad y evitando cualquier riesgo que ponga en peligro los fines que se desean conseguir.

En la planificación y negociación de las operaciones comerciales y en el propio diseño de los productos (excepto cuando se trate de graneles), es fundamental prever que las mercancías deben configurarse como unidades de carga. Es decir, han de constituirse en elementos modulares que se puedan manejar, almacenar o transportar utilizando medios mecánicos. Una unidad de carga puede estar formada por un único bulto o por un conjunto de bultos de menores dimensiones, agrupados para formar un solo módulo, compacto e individual, que permita un fácil manejo y conservación, que incremente la seguridad de la mercancía y contribuya a una manutención eficiente.

Agrupar las mercancías en unidades de carga no solo facilita su manejo, sino que redunda positivamente en la gestión de su transporte y, por tanto, en la eficiencia global del proceso logístico.

Vamos a describir a continuación las cualidades y los tipos de unidad de carga más comunes y los elementos que intervienen en su configuración. Una caja, un bidón o

---

buque de carga horitzontal
Buque diseñado para el transporte de mercancías sobre medios rodantes utilizados en el transporte terrestre, como plataformas, remolques o semirremolques, camiones, vagones, etc., que se colocan a bordo por sus propios medios o mediante carretillas elevadoras o grúas. Sus bodegas están constituidas por un garaje de varios pisos comunicados por rampas o ascensores, al que se accede por la popa, la proa o por el costado.

un contenedor de transporte constituyen módulos o unidades de carga singulares que, a su vez, pueden contener un único producto o un conjunto de unidades modulares de menor volumen y peso individual que la unidad de carga final.

2.1 Cualidades de las unidades de carga

Conviene precisar que la configuración y las características físicas de los elementos que componen la unidad de carga han de conseguir dotarla de dos cualidades fundamentales:

- **Resistencia,** para lo cual es conveniente envolverla, haciendo de los elementos que la integran un solo cuerpo, ciñéndola de tela, papel, cartón, u otros materiales análogos. Es muy habitual utilizar lámina de plástico retráctil que la abrace de manera uniforme, especialmente en el caso de mercancía que se dispone sobre palés.

- **Estabilidad,** para lo que es preciso apilar correctamente los productos o las unidades que contiene. La estabilidad se puede incrementar sujetando entre sí las unidades mediante cinta adhesiva o flejes de metal, goma o plástico, o el conjunto de ellas sobre un palé u otro tipo de plataforma.

2.2 Tipos de unidades de carga

Veamos ahora cuáles son las unidades de carga o tipos de bultos más usuales y su definición. Aunque introduciremos aquí las definiciones de *palé* y *contenedor,* dedicaremos a estos dos elementos un espacio más amplio en apartados posteriores.

- **Atado** *(bundle)*
  Bulto formado por un conjunto de elementos agrupados mediante algún sistema de ligadura (fleje, cuerda, alambre, plástico retráctil, etc.). Puede incorporar algún sistema especial de fijación y algún elemento envolvente. Se utiliza para formar unidades de carga con componentes de una misma especie o de un formato similar: vigas, tubos, barras, varillas, tablones, etc.

---

bulto
Un bulto es un objeto o conjunto de objetos agrupados, embalados o no, cualesquiera que sean sus dimensiones y su volumen, que puede ser manejado como una unidad de carga singular, identificada y diferenciada del resto de un envío.

Figura 2.5. Balas de productos textiles en un almacén.

Figura 2.6. Modelos de bidones fabricados en chapa de acero soldada, de tapa fija.

- **Bala** *(bale)*
  Fardo apretado de mercancías, generalmente mediante flejes, de forma cilíndrica o de prisma rectangular, utilizado para agrupar y transportar algunos productos, por ejemplo, fibra de algodón, residuos de papel, tejidos, paja, etc. (véase la figura 2.5).

- **Bidón; barril** *(can)*
  Envase habitualmente cilíndrico, con fondo plano o combado, de metal, cartón, plástico, contrachapado u otro material apropiado, utilizado generalmente para almacenar productos líquidos (véase la figura 2.6).

- **Bobina** *(reel)*
  Presentación industrial de determinados productos (papel continuo, cable, hilo, redes metálicas, tela, etc.), enrollados alrededor de un eje físico o imaginario,

formando un cilindro que puede manipularse mediante elementos mecánicos (véase la figura 2.7).

- **Bolsa para graneles sólidos contenerizados** *(dry bulk liner)*
  Recipiente flexible para el transporte de graneles sólidos (especialmente alimenticios y químicos) que se adapta al espacio interior de los contenedores de 20 o 40 pies y a las cajas de los camiones u otros embalajes de dimensiones especiales. Está confeccionado con polietileno y rafia de polipropileno y dispone de aberturas de carga y descarga. La carga puede realizarse directamente desde un silo, por gravedad, mediante sistemas de soplado o impulsadora, cintas transportadoras o transportadores neumáticos, mientras que la descarga se efectúa volcando el contenedor con el sistema basculante del camión, mediante una

plataforma para descarga de camiones o utilizando sistemas neumáticos de aspiración (véase la figura 2.8).

- **Caja** *(bin; box)*
  Unidad básica de carga o embalaje, generalmente de pequeña dimensión, fabricada con materiales diversos (cartón, plástico, madera, metal u otros), de lados compactos rectangulares o poligonales, con capacidad para contener elementos, piezas, productos, etc. Puede reforzarse con rebordes de metal u otro material rígido y disponer de pequeños orificios para facilitar su manipulación o apertura.

- **Contenedor de transporte** *(freight container)*
  Recipiente de transporte de carácter permanente y capacidad interior no menor de un metro cúbico, capaz de asegurar un uso repetido, sin ruptura de la carga en caso de trasbordo a diferentes modos

o vehículos de transporte. Es apilable y permite la transferencia horizontal o vertical. Existen modelos de contenedor diseñados para cada necesidad del transporte, provistos de dispositivos que permiten un manejo adecuado, particularmente en el traspaso entre modos de transporte, y un fácil llenado y vaciado.

- **Cuba** *(cask; barrel)*
  Envase o recipiente construido en madera, plástico o chapa metálica, destinado a contener líquidos. Una cuba puede ser de forma cilíndrica o de base rectangular, abierta o cerrada en el extremo superior, y provista de dispositivos para facilitar el llenado y vaciado.

- **Fardo** *(bundle)*
  Bulto en forma de lío grande de tejidos, ropas u otra mercancía, muy apretado y cubierto con arpillera, plástico u otros materiales flexibles, para facilitar su transporte sin dañar el contenido.

Figura 2.7. Manipulación de bobinas de papel en la operación de carga de un buque.

Figura 2.8. Bolsa para graneles sólidos acondicionada en un contenedor de transporte.

Figura 2.9. Modelo de gran recipiente
para graneles (GRG).

Figura 2.10. Modelos de jerricán
de plástico.

- **Gran recipiente para graneles (GRG); palé tanque** *(intermediate bulk container (IBC); tank pallet)*

  Recipiente rígido reutilizable destinado al almacenamiento y el transporte de graneles sólidos o líquidos, provisto de una tapa superior y una válvula inferior para su carga y descarga. Generalmente posee una forma cúbica, está fabricado con plástico o acero, es apilable y se sitúa sobre una plataforma para facilitar su manipulado mediante carretilla o transpalé. Posee una capacidad de entre 1 y 3 m³ (véase la figura 2.9).

- **Huacal** *(crate)*

  Cesta o jaula que en numerosos lugares de América Latina y las islas Canarias se construye con varillas o tiras de madera y se utiliza para el transporte de productos que precisan una especial protección, como frutas, loza o cristal, entre otros.

- **Jerricán; cuñete** *(jerrycan; drum)*

  Envase en forma de cuba o barril pequeño, de madera, metal o plástico, de sección rectangular o poligonal, que puede estar provisto de uno o varios orificios para el llenado y vaciado, con cierres con o sin dosificador (véase la figura 2.10).

- **Lata** *(tin; can)*

  Envase de forma cilíndrica o de base rectangular hecho de hojalata, de entre 0,09 y 0,49 mm de espesor, que puede contener los más diversos productos: pinturas, aceites, dulces, bebidas, etc. Puede cerrarse mediante una tapa o disponer de uno o más dispositivos u orificios para su llenado y vaciado.

- **Palé; tarima** *(pallet)*

  Elemento portátil para constituir cargas unitarias, formado por una plataforma horizontal, con entrada para las horquillas de las carretillas u otros aparatos de manutención. Puede ser de madera, metal, plástico, cartón, y ser reutilizable o no.

- **Paquete** *(parcel)*
  Unidad de carga básica y primera del orden de las unidades de carga. Pueden coincidir el formato de caja y paquete.

- **Saco** *(sack)*
  Unidad de carga o embalaje en forma de receptáculo de plástico, arpillera, tela, papel, etc., por lo general de forma rectangular o cilíndrica, abierto por uno de sus lados (véase la figura 2.11).

- **Saco de gran capacidad** *(flexible intermediate bulk container (FIBC); big-bag)*
  Recipiente flexible en forma de saco destinado al almacenamiento y el transporte de graneles sólidos agrícolas e industriales (arenas, gravas, cereales, abonos,

piensos, granulados plásticos, leños, etc.). Está confeccionado generalmente con polipropileno y dotado de anillas o asas para facilitar su manejo. Posee una capacidad de entre 1 y 3 m^3 y puede soportar un peso de hasta 2.000 kg (véase la figura 2.12).

- **Tambor** *(drum)*
  Envase generalmente cilíndrico, de fondo plano o combado, de metal, cartón, plástico, contrachapado u otro material apropiado, utilizado normalmente para albergar productos a granel que deben almacenarse, transportarse o distribuirse comercialmente.

- **Tonel** *(barrel)*
  Envase en forma de cuba grande, construido en madera, metal o plástico de sección circular y pared combada, cerrado en sus extremos, utilizado generalmente para almacenar productos líquidos.

Figura 2.11. Sacos apilados en un almacén de distribución.

Figura 2.12. Modelo de saco de gran capacidad.

- **Dispositivo unitario de carga** *(united load device* o ULD)*

  Elemento unitario de carga propio del transporte aéreo que comprende palés y contenedores aéreos.

- **Unidad de transporte de carga (UTC)** *(cargo transport unit* o CTU)*

  Unidad de carga construida para su uso en el transporte intermodal. Su expresión usual son el contenedor, la caja móvil, el vagón de mercancías o el semirremolque.

3 La consolidación de cargas y el grupaje

En el capítulo dedicado a la tipología de las cargas, hemos visto como la agrupación de bultos en una unidad de carga superior se conoce como carga consolidada o unitizada. De esta acción de agrupar pueden resultar el acondicionamiento de una caja, la constitución de un palé o el llenado de un contenedor, por ejemplo.

La cantidad de elementos individuales (paquetes, piezas, botellas, etc.) que deban formar una unidad de carga superior guarda una estrecha relación con la configuración de la cadena de suministro en la que se inscribe la mercancía. Por este motivo, antes de configurar una unidad de carga, la empresa cargadora debe conocer en profundidad las necesidades y los escenarios en todas las posibles fases posteriores de la cadena de suministro, ya sean las de aprovisionamiento de materiales, fabricación, montaje, almacenamiento, transporte o distribución de la mercancía.

La necesidad de consolidar las cargas puede deberse a que la empresa fabricante o distribuidora desee optimizar un envío y opte por agrupar en una sola unidad de carga las diferentes mercancías que vayan a expedirse a un misma empresa destinataria. Sin embargo, es muy habitual que las expediciones tengan un volumen pequeño, precisen una entrega urgente y sea conveniente utilizar los servicios de grupaje de un operador de transporte. En ese caso, es muy posible que el bulto que se desea enviar se agrupe con otros de distintos remitentes en un mismo palé.

Del mismo modo, en el comercio internacional, cuando una empresa exportadora debe enviar la mercancía consolidada en un palé a una compradora ubicada en otro país lo hace mediante el grupaje, a través de una empresa transitaria o transportista que efectúe el porte. La porteadora intentará completar el camión o el contenedor consiguiendo mercancías de otras empresas con el mismo destino hasta consolidar un grupaje.

Así, el grupaje es el procedimiento de transporte mediante el que se agrupan y acondicionan en una única unidad física de manipulación y circulación –unidad de carga o vehículo de transporte– partidas de diferente peso, clase o volumen, siempre que las mercancías que se expiden sean de naturaleza compatible; es decir, no deben agruparse productos secos con refrigerados o productos químicos con alimentos, por ejemplo. Su finalidad es facilitar la expedición y el transporte de partidas que por sí solas son insuficientes para llenar una unidad de carga superior, como un camión completo, un contenedor o una caja móvil.

Las cargas agrupadas por la empresa operadora de transporte con un destino común (país, ciudad, puerto, aeropuerto, etc.), tienen generalmente como primer punto de llegada un centro logístico desconsolidador, desde donde se reexpide cada mercancía al destinatario final. Desconsolidar es desagrupar una unidad de carga o transporte, con el resultado de disponer separadamente de las unidades que componían la unidad de carga consolidada.

4   El palé o la tarima[1]

Es un embalaje configurado como un elemento portátil para constituir cargas unitarias. Está construido con materiales resistentes y puede manipularse con facilidad mediante carretillas u otros aparatos mecánicos. Como vimos al describir la paletización, es uno de los elementos que se emplean más habitualmente para la consolidación de cargas.

4.1   Tipos de palé

La utilización del palé se ha extendido e internacionalizado de manera que en la actualidad existen múltiples tipos y tamaños, construidos con materiales distintos y adaptados a cada necesidad del comercio y la industria.

Cada empresa fabricante o distribuidora puede decidir las características de los palés que vaya a utilizar y disponer de un parque propio. No obstante, la tendencia mayoritaria es adherirse a alguno de los consorcios de palés existentes, con el fin de beneficiarse de sus eficiencias de funcionamiento.

---

consorcio de palés
Organización privada formada por entidades usuarias de palés (fabricantes, operadores logísticos, etc.) con la finalidad de mantener un circuito de intercambio de los mismos, de calidad y dimensiones estandarizadas, mediante el pago por el uso de los palés.

---

[1] En este libro se utiliza la voz «palé» –procedente del francés *palée*– que recoge el Diccionario de la Lengua Española. Para referirse a este tipo de «plataforma» también se utiliza la palabra «tarima» en México y otros países de América Latina, o *pallet,* en inglés. En algunas comunidades autónomas españolas también se denomina *paleta,* en Cataluña, o *palet,* en esta misma comunidad y en Euskadi.

Figura 2.13. Palé de madera de cuatro entradas.

El palé puede actuar de simple soporte de una mercancía, bulto o conjunto de bultos, o bien formar parte del embalaje de la misma, unido a las unidades de carga que se depositan en él mediante flejes o plástico retráctil.

En cualquier caso, la disposición de la mercancía sobre el palé requiere una ordenación que maximice su capacidad y garantice su seguridad durante las operaciones de manutención, transporte y almacenamiento.

Para optimizar la capacidad de carga de los diferentes tipos de palé, es posible utilizar programas informáticos que calculan la mejor distribución posible de los bultos en función de sus dimensiones, forma, peso, etc.

En la elección de uno u otro tipo de palé se deben tener en cuenta igualmente las dimensiones de las cargas que ha de soportar, los sistemas de almacenamiento y de manutención, y el medio o los modos de transporte que se utilizarán para su traslado.

En cuanto a sus características esenciales (véase la figura 2.14), los palés pueden ser:

- *Reversibles:* las partes superior e inferior del palé son iguales y las mercancías pueden colocarse sobre cualquiera de las dos caras
- *No reversibles:* cuando las partes superior e inferior del palé son desiguales.
- *Con pestañas:* pueden tener salientes para fines diversos, como la colocación del fleje, la sujeción de una película plástica estirable, etc.
- *Sin pestañas:* cuando no tiene salientes.

En relación con la manera en que pueden ser tomados por las horquillas de las carretillas o los transpalés para su manejo, los tipos de palé más utilizados se clasifican en:

- *De dos entradas:* permite el paso de las horquillas de los elementos de manipulación por dos lados opuestos. Estos palés pueden ser de doble cara reversible o no reversible, y de cara única no reversible.

Tipos de palés de madera

Palés de dos entradas para las horquillas.

Palé de cuatro entradas para las horquillas,
de doble cara no reversible.

Palé de cuatro entradas para las horquillas,
de doble cara reversible.

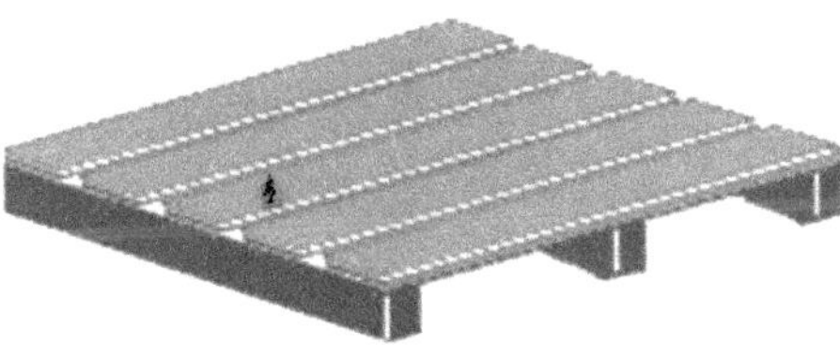

Palé de dos entradas para las horquillas,
de cara única, no reversible.

Palé de dos entradas para las horquillas,
de dos caras, reversible.

Figura 2.14. Tipología básica de los palés de madera, de dos y cuatro entradas, reversibles y no reversibles.

– *De cuatro entradas:* permite el paso de las horquillas de los elementos de manipulación por sus cuatro lados. Estos palés pueden ser de doble cara reversible o no reversible.

Los palés se toman introduciendo las horquillas por debajo de las tablas de soporte del palé. Las horquillas van montadas en su extremo sobre ruedas de pequeño tamaño, las cuales permanecen siempre en contacto con el suelo.

Los palés de dos entradas son resistentes y económicos, pero menos versátiles en cuanto a su posicionamiento en las estanterías que los de cuatro. Estos últimos suelen ser más útiles en el proceso global de la manutención.

Adicionalmente a las estructuras más básicas, existen palés que permiten configurar unidades de carga que pueden acoger los productos más diversos:

Figura 2.15. Modelos de palé caja de plástico (de pared calada y pared enteriza) y de madera.

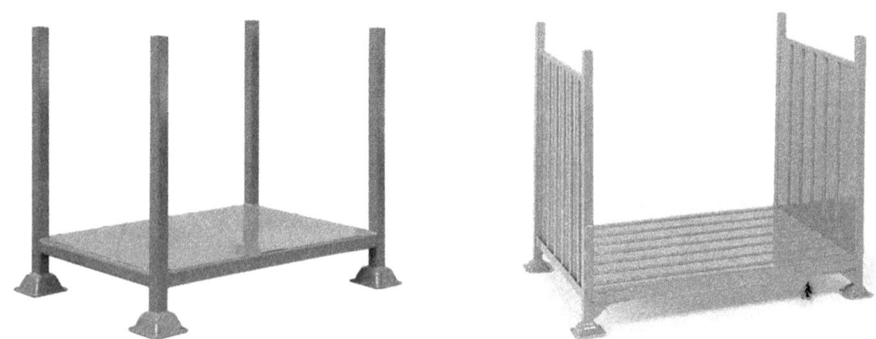

Figura 2.16. Modelos de palé con montantes.

- **Palé caja**
  Palé generalmente apilable, con al menos tres paredes verticales enterizas o caladas, fijas, plegables o desmontables, provisto o no de cubierta (véase la figura 2.15). Existen modelos provistos de ruedas para facilitar su traslado.

- **Palé con montantes o pilares**
  Provisto de pilares en sus esquinas, fijos o desmontables, formando un armazón. En su parte inferior, dispone de unos anclajes que pueden introducirse en sendos alojamientos de la parte superior del palé que se coloca debajo para el apilado a una altura razonable. Suelen ser metálicos y pueden estar provistos de una base de tablero de madera aglomerada (véase la figura 2.16).

- **Palé contenedor**
  Combina elementos de los palés con pilares y los convertibles y permite ser apilado sin que la carga soporte el peso de los palés superiores. Se utiliza para paletizar cargas no autoapilables o inestables (véase la figura 2.17). Existen modelos rodantes.

- **Palé convertible**
  Permite añadirle una armadura metálica, consistente en cuatro pilares unidos

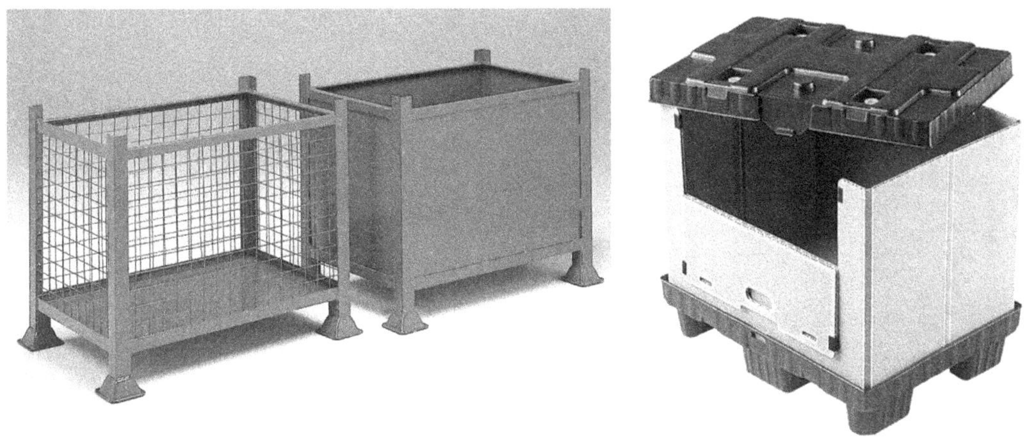

Figura 2.17. Modelos de palé contenedor metálicos, de estructura fija, y de plástico, plegables.

de a dos, que sirve como soporte del palé que se coloca encima. Sin armadura, pueden utilizarse como palé convencional para cargas estables o, con ella, para unitizar cargas inestables o poco resistentes.

- **Palé plano; palé para carga aérea**
Sin ningún tipo de superestructura. En el transporte aéreo de carga se utilizan tres tipos de palé que permiten fijar la mercancía con redes que se sujetan en los bordes de éste.

- **Palé rodante** *(roll pallet)*
Plataforma metálica con ruedas orientables, provista de una estructura construida con tubos, perfiles y alambres de acero, que permite contener materiales y ser arrastrado o ser tomado por las carretillas elevadoras. Puede disponer de varios niveles o estar formado por los soportes laterales. Se utiliza especialmente para trasladar materiales en centros de

producción o cuando las mercancías se han de entregar o recoger en lugares que no disponen de recursos mecánicos de carga-descarga. Existen modelos con laterales desmontables para encajar unos en otros y almacenarlos cuando están vacíos.

También existen palés contenedores rodantes y palés sin ningún tipo de superestructura dotados igualmente de ruedas, fabricados en madera, metal o plástico, y provistos de tirador para facilitar su traslado (véase la figura 2.18).

- **Palé silo; contenedor mixto para graneles sólidos**
Receptáculo con entrada para las horquillas de carretillas o transpalés que se puede vaciar mediante un dispositivo situado en la base o por aspiración a través de una abertura en la tapa. Se utiliza habitualmente para almacenar o transportar materias en polvo o granulados (véase la figura 2.19).

Figura 2.18. Modelos de palés rodantes.

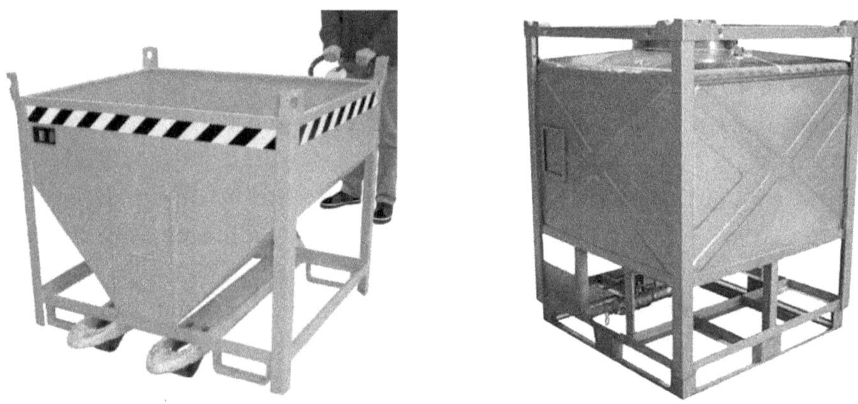

Figura 2.19. Modelos de palé silo.

4.2   Dimensiones de los palés

Aunque los palés pueden tener muy distintas dimensiones, se impone de forma creciente su normalización, de modo que cualquier usuario puede alquilar o adquirir palés que se adapten a las medidas más estandarizadas y que permiten el aprovechamiento óptimo del espacio en el transporte y el almacenamiento.

Los tamaños modulares de la norma ISO 3394 toman como referencia el módulo patrón de 600 × 400 mm, adoptado como módulo internacional de embalaje y de los componentes de los sistemas de distribución, y los múltiplos y submúltiplos que se reflejan en la tabla 2.2.

Múltiplos 1.200 × 800 (mm) – 4 módulos 800 × 600 (mm) – 2 módulos			
Módulo patrón 600 × 400 (mm)			
Submúltiplos (mm)			
600 × 400	600 × 200	600 × 133	600 × 100
300 × 400	300 × 200	300 × 133	300 × 100
200 × 400	200 × 200	200 × 133	200 × 100
150 × 400	150 × 400	150 × 133	150 × 100
120 × 400	120 × 400	120 × 133	120 × 100

Tabla 2.2. Tamaños modulares de la norma ISO 3394.

De dicha norma ISO se deriva que los formatos de los palés sean principalmente los siguientes:

- ISO o americano: 1.000 × 1.200 mm.
- Europalé (EUR): 800 × 1.200 mm.
- Medio europalé: 600 × 800 mm.
- Palé marítimo: 1200 × 1800 mm.

4.3   Materiales para la elaboración de palés

Para cualquiera de las formas que hemos descrito, la calidad de un palé está determinada por el material con que se fabrique.

Los palés de un solo uso o desechables, suelen estar fabricados con materiales de bajo coste y escasa resistencia, como espuma moldeada de plástico, polietileno moldeado al vacío, aglomerado de madera, cartón o plástico (véase la figura 2.20).

El palé de cartón ofrece ofrece algunas ventajas frente a los de madera. Destaca su reducido peso (unos 12 kg menos), lo que disminuye de forma significativa el coste del flete aéreo; no necesita tratamiento contra insectos, es higiénico y puede ser utilizado en la industria alimentaria; ofrece la posibilidad de montar palés con formas particulares y, algo muy importante, es totalmente reciclable y biodegradable.

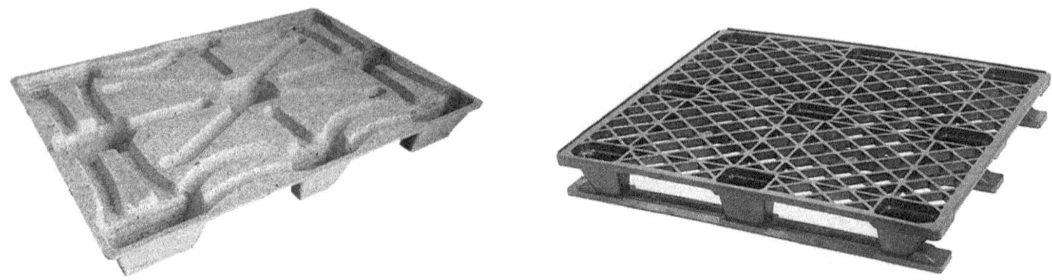

Figura 2.20. Palés de fibra de madera (izquierda) y de plástico (derecha) para un solo uso.

Figura 2.21. Almacenamiento de palés para su reutilización en la formación de unidades de carga.

Para los palés de uso continuado, por el contrario, se tiende a utilizar maderas duras o metales (véase la figura 2.21).

En el caso de cargas no estables que no pueden apilarse unas directamente sobre las otras, se pueden utilizar palés metálicos con pilares.

El palé de plástico inyectado es uno de los más versátiles, aunque tiene un precio más elevado. Pesa aproximadamente la mitad que uno de madera y su fácil limpieza lo hace especialmente útil para la industria alimentaria. Demuestra mayor durabilidad frente a agresiones químicas e impactos, aunque está más expuesto a deformaciones por exceso de carga y a dificultades de manejo provocadas por deslizamientos (véase la figura 2.22).

Figura 2.22. Palés de plástico.

4.4 Los consorcios de palés

También conocidos como *pools,* los consorcios de palés son organizaciones de servicios mediante las cuales las partes que intervienen en un determinado tráfico de productos (empresas de servicios *pools,* proveedores, operadores de transporte, empresas de almacenaje y distribuidores) acuerdan constituirse en un consorcio de palés, con el fin de obtener eficiencias de funcionamiento en la cadena de suministro.

Los consorcios de palés operan con compromisos de mejora continua y persiguen:

– Optimizar el flujo de los productos.
– Minimizar los costes derivados de los procesos de almacenaje, manipulación y transporte de las unidades de carga.
– Mantener la utilidad y el coste de los palés que se gestionan.
– Obtener eficiencias de la gestión, la manipulación, el transporte, la recogida y la entrega de palés vacíos.

Cada consorcio opera, por lo general, con palés identificados mediante un color y anagrama exclusivos, construidos con materiales que se adecuen a las necesidades de los usuarios, siempre que ofrezcan la suficiente seguridad en el manejo, la máxima durabilidad, el mínimo impacto medioambiental y una alta productividad en los procesos de almacenamiento, manipulación y transporte.

La gestión del consorcio recae en una empresa que actúa como propietaria de un parque de palés que alquila a los proveedores a un precio determinado, con el fin de que éstos paleticen y remitan sus productos a los clientes finales. Esta empresa es la responsable del proceso logístico inherente al sistema, conocido como «gestor de palés de *pool*».

Habitualmente, los consorcios son abiertos, de modo que cualquier empresa puede acceder a sus servicios suscribiendo un contrato de adhesión.

El funcionamiento de los consorcios de palés se basa en criterios de eficiencia, como pueden considerarse los siguientes:

– La estandarización de los procedimientos físicos y administrativos.
– La calidad constante de los palés, su buen estado y el cumplimiento de óptimas condiciones técnico-sanitarias.
– Economías de escala en la recogida, la gestión, el transporte, el mantenimiento y la reparación de los palés.
– Garantía de cobertura en todos sus servicios.

Cada consorcio de palés dispone de los depósitos necesarios para atender las diferentes áreas de influencia sobre las que actúa. Dichos depósitos cuentan con zonas dedicadas a la recepción, la clasificación, el almacenamiento, la reparación y la entrega de palés.

Los proveedores de productos que han optado por ser propietarios de su propio parque de palés, también tienen la opción de contratar a una empresa que lleve a cabo la gestión de los mismos de forma centralizada, mediante un sistema definido como «gestor logístico de palés de proveedor».

5   El contenedor

Desde que, en 1956, el norteamericano Malcolm McLean inventó un sistema de cajas de carga que podían separarse fácilmente del chasis de los camiones, el contenedor ha pasado a ser uno de los elementos clave para optimizar los flujos físicos del transporte y la relación entre el tiempo de transporte y los costos logísticos globales.

El contenedor es una unidad de transporte intermodal (UTI) en la que se introduce la carga para ser transportada en un solo medio de transporte o de forma combinada entre tres medios: tren, camión y barco. En el transporte aéreo de carga se utilizan contenedores específicos para este modo de transporte.

Como vimos en la definición del contenedor, además de una capacidad no inferior a un metro cúbico, ha de poder asegurar un uso repetido y sin ruptura de la carga, es decir, sin que sea necesario desconsolidarlo o vaciarlo, en caso de trasbordo a diferentes modos o vehículos de transporte.

El contenedor también constituye en ocasiones una unidad de medida para las transacciones comerciales, aplicándose el criterio de un precio por unidad cargada con un determinado producto, lo que otorga a este unas dimensiones volumétricas y un peso por contenedor de mercancía.

Existe una nomenclatura internacional abreviada para notificar las estadísticas de tráfico de contenedores o para medir la capacidad global de un buque o de una terminal de contenedores: el TEU *(twenty equivalent units)*, la unidad equivalente a un contenedor de 20 pies. En ocasiones, se hace referencia al FEU *(forty equivalent units)*, la unidad equivalente a un contenedor de 40 pies.

5.1 Eficiencias del uso del contenedor

En la gestión del transporte, el uso del contenedor aporta unas eficiencias significativas frente a otros sistemas de agrupar las cargas, entre las que cabe destacar:

- Reducción del número de manipulaciones que pueda sufrir la carga durante su transporte (estibas, trasiegos, almacenamientos, etc.).
- Mayor seguridad en cuanto a las faltas y los robos en los productos transportados, especialmente si el contenedor es estanco y precintado.
- Menor posibilidad de averías en las mercancías, por la reducción de manipulaciones y la mayor seguridad en la estiba, lo que a su vez reduce la prima del seguro de transporte.
- Mayor fluidez en la tramitación de la documentación que acompaña a las expediciones.
- Menores costos en las transferencias tierra-buque-tierra, gracias a la agilidad en las operaciones de carga-estiba y desestiba-descarga de los buques.
- Menor coste en el almacenamiento inmediatamente previo o posterior al transporte, dado que los contenedores se estiban en las explanadas de las terminales.
- Mejor aprovechamiento de la capacidad de los medios de transporte.
- Costos de embalaje reducidos, dado que el contenedor protege las mercancías de las inclemencias del tiempo, contra posibles robos, etc.
- Eliminación de los costos de embalaje cuando las mercancías se pueden transportar estibadas dentro de contenedor sin embalaje, con el consiguiente mayor aprovechamiento del espacio de carga.

5.2 Tipos de contenedor

En atención a sus dimensiones, los contenedores más usuales son los de 20 pies (6 m) y 40 pies (12 m) de longitud, con un volumen útil medio de 30 a 33 m³ y de 60 a 67 m³, respectivamente, en tanto la carga útil se sitúa alrededor de 20.000 y 27.000 kg, respectivamente.

Teniendo en cuenta las limitaciones otorgadas por sus dimensiones, el contenedor puede recibir cualquier carga. Para ello, se fabrican en una amplísima variedad de tipos, capaces de adaptarse a las diferentes necesidades del transporte:

- **Contenedor aéreo (*aircraft container*)**
Contenedor para transporte aéreo de carga cuyas formas se pueden adaptar al fuselaje de las aeronaves (véase la figura 2.23). Se fabrica en aluminio.

- **Contenedor aéreo/terrestre (*air/surface container*)**
Contenedor intermodal con un volumen interior de 1 m³ o más, provisto de cantoneras en las esquinas superiores e inferio-

CONTENEDORES DE TRANSPORTE AÉREO DE CARGA

	Dimensiones internas (cm)			*Capacidad y carga útil*	
	Longitud	*Anchura*	*Altura*	*Volumen (m³)*	*Carga máxima (kg)*
P1P (Código IATA ULD) Palé plataforma con red *(flat pallet with net)*					
	317,5	223,5	162,6	10,5	4.626
P6P 10' Palé plataforma con red *(flat pallet with net)*					
	317,5	243,8	162,6	21,2	6.804
PLA Medio palé plataforma con red *(half pallet with net)*					
	317,5	153,4	162,6	7,1	3.175
PRA 16' Medio palé plataforma con red *(half pallet with net)*					
	497,8	243,8	243,8	27,6	11.300
PGA 20' Palé plataforma con red *(flat pallet with net)*					
	605,8	243,8	243,8	33,7	11.340

	Dimensiones internas (cm)			Capacidad y carga útil	
	Longitud	Anchura	Altura	Volumen (m³)	Carga máxima (kg)
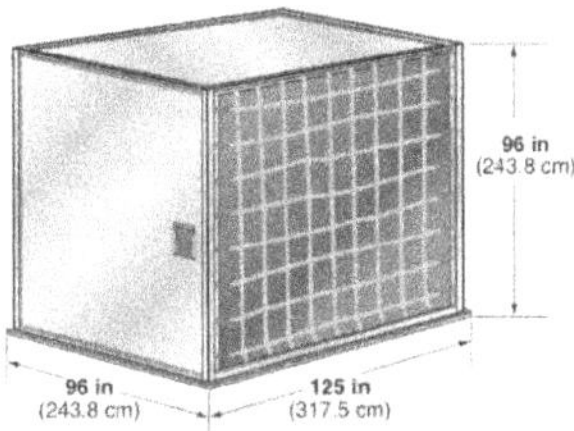 **AMA** Contenedor rectangular *(rectangular container)*					
	317,5	243,8	243,8	17,6	6.804
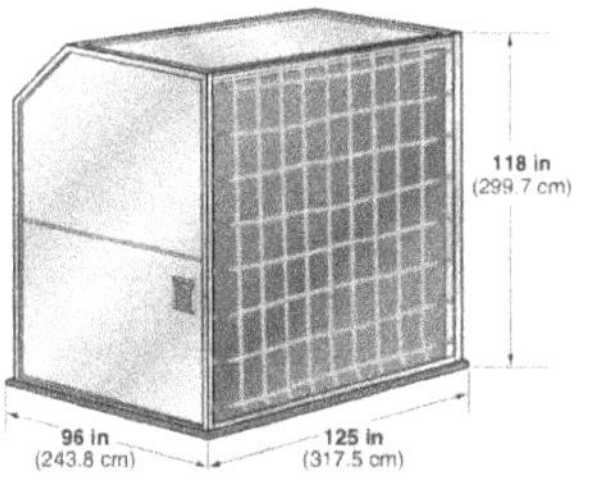 **AMD** Contenedor contorneado *(contoured container)*					
	317,5	243,8	299,7	21,2	6.800
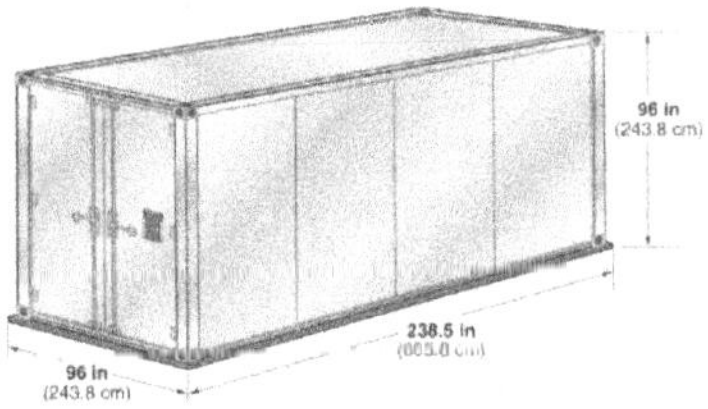 **AGA 20'** Contenedor caja *(box container)*					
	605,8	243,8	243,8	33,7	11.340
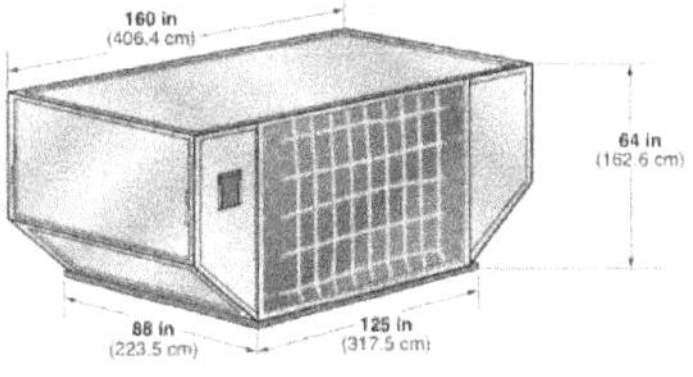 **AAF** Contenedor contorneado *(contoured container)*					
	317,5	223,5	162,6	13,3	6.033
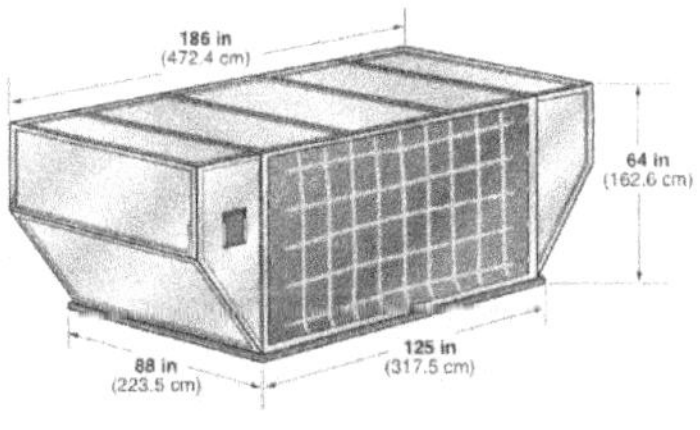 **AAU** Contenedor contorneado *(contoured container)*					
	317,5	223,5	162,6	14,4	6.033

Figura 2.23. Características de los contenedores más usuales
en el transporte aéreo de carga.

CONTENEDORES DE TRANSPORTE

		Dimensiones internas (mm)			Capacidad y carga útil		Con puertas abiertas (mm)	
		Longitud	Anchura	Altura	Volumen (m^3)	Carga máxima (kg)	Anchura	Altura
	Contenedor de carga general *(dry container)*							
	20'	5.898	2.352	2.393	33,2	21.740/28.230#	2.340	2.280
	40'	12.032	2.352	2.393	67,7	26.630	2.340	2.280
	HC	12.032	2.352	2.698	76,3	26.520	2.340	2.585
	45'	13.556	2.352	2.695	86	27.910	2.340	2.579
	Contenedor de costado abierto *(open side)*							
	20'	5.896	2.310	2.255	31	22.470	2.236	1.960
	Contenedor granelero *(bulk container)*							
	20'	5.444	2.284	2.267	28,5	21.135/27.160#		
	40'	11.583	2.284	2.250	58,7	26.580		
	HC	11.583	2.286	2.556	67,9	26.380		
	45'	13.102	2.286	2.509	75,4	27.300		
	Contenedor sin techo *(open top container)*							
	20'	5.900	2.330	2.337	32,6	21.740		
	40'	12.025	2.330	2.337	65,8	26.410		
	Contenedor plataforma *(flat rack container)*							
	20'	5.628	2.178	2.159	/	21.740		
	40'	11.762	2.178	1.986	/	26.410		
	Contenedor tanque *(ISO tank)*							
	20'	/	/	/	21	27.410		
	Contenedor granelero *(bulk container)*							
	20'	5.838	2.366	2.374	32,7	28.030		

Figura 2.25. Características de los principales tipos de contenedores de transporte.

Figura 2.25. Contenedores cerrados transportados sobre vagones tipo plataforma.

res y de sistemas de trincaje compatibles con los aéreos, los terrestres y una base que permite la manipulación sobre sistemas de transporte por rodillos.

- **Contenedor calorífico** *(calorific container)*
Contenedor isotermo al que se ha adaptado un sistema de calefacción con el fin de mantener o elevar su temperatura interior.

- **Contenedor cerrado, seco o de carga general** *(dry container; box container)*
Es el contenedor de uso más frecuente para cargar mercancía general seca y unitizada mediante palés, cajas, barriles, etc. Es estanco y cerrado, con suelo, techo, paredes laterales y de los extremos rígidos. Está dotado de puertas en el testero y se carga a través de ellas con ayuda de carretillas o transpalés (véase la figura 2.25). Se fabrica en acero.

- **Contenedor cisterna o tanque** *(tank container)*
Se utiliza para transportar graneles líquidos en general (aceite, plásticos, resinas, látex natural y sintético, leche, cerveza, vino, agua mineral, etc.) y algunas sustancias peligrosas, como líquidos tóxicos, corrosivos y altamente inflamables. Se compone de una cisterna de aluminio o acero inoxidable anclada en una estructura de soporte con los accesorios necesarios para su trincaje en los anclajes de buques, vagones y vehículos de carretera, o bien para apilarlo sobre otro contenedor (véase la figura 2.26).

- **Contenedor con base de bambú** *(bamboo floor container)*
Contenedor de 20 o 40 pies fabricado con criterios ecológicos que dispone de un suelo de bambú. Su utilización contribuye a la protección del medio ambiente porque reduce el consumo de

Figura 2.26. Contenedores cisterna apilados en una terminal de contenedores.

energía en el proceso de fabricación y reciclaje, y minimiza el riesgo de contaminación marítima.

- **Contenedor de automóviles** *(car container)*

  Contenedor abierto, sin paredes laterales ni techo. Posee barras de acero totalmente desmontables y dispositivos para la sujeción y el transporte de los vehículos a dos niveles.

- **Contenedor de costado abierto** *(open side container)*

  Cuando la mercancía que hay que cargar, debido a su longitud, resulta de difícil manejo a través del testero, se utiliza un contenedor abierto por uno o los dos costados para facilitar la operación. Es especialmente apto para la carga y descarga en las estaciones de ferrocarril. Está construido en acero (véase la figura 2.27).

- **Contenedor de gran capacidad** *(high cube container)*

  Contenedor cerrado de mayor altura que otros tipos de contenedores (2,9 m o más, en lugar de 2,44 m). Se utiliza especialmente para el transporte de mercancías voluminosas y de poco peso. Se fabrica en acero (véase la figura 2.28).

- **Contenedor de media altura** *(half height container)*

  Contenedor de 20 pies, de techo abierto y 1,295 m de altura, adecuado para mercancías muy pesadas y poco voluminosas, como planchas, barras, raíles, azulejos, etc. La parte superior se suele cubrir con una lona.

- **Contenedor de temperatura controlada** *(controlled temperature container)*

  Contenedor térmico dotado de sistemas o equipos de control y registro de la temperatura y la humedad.

Figura 2.27. Contenedor de costado abierto.

*Figura 2.28. Contenedor de 45 pies
y gran capacidad.*

- **Contenedor europalé** *(palletwide container)*

  Contenedor ISO estándar que permite en su interior la estiba paralela de dos palés de medida europea, de 1.200 × 800 mm.

- **Contenedor frigorífico** *(reefer; refrigerated container)*

  Contenedor térmico, construido en aluminio o aluminio y acero inoxidable, capaz de mantener la mercancía a una temperatura de hasta −30 °C. Cuenta con un dispositivo frigorífico para mantener la temperatura deseada de manera autosuficiente. Algunos contenedores de esta modalidad también controlan el grado de humedad de su interior. Son idóneos para transportar mercancías perecederas, como carne o fruta, por ejemplo. Puede conectarse al buque, al vehículo de transporte o a la terminal para obtener el suministro de energía que permite su funcionamiento. El tipo conair no dispone de equipo generador de frio y utiliza la refrigeración producida por el buque.(véase la figura 2.29).

- **Contenedor granelero** *(bulk container)*

  Utilizado para el transporte de carga seca a granel, por ejemplo, productos químicos granulados, cemento, fertilizantes, harina, leche en polvo, azúcar, sal, etc. La mercancía se introduce en el contenedor mediante mangueras conectadas a unas escotillas dispuestas en su parte superior, y se extrae a través de unas compuertas de vaciado situadas en sus puertas. Se fabrican con fibra de vidrio y acero (véase la figura 2.30).

- **Contenedor hipobárico** *(hipobaric container)*

  Empleado en el transporte de productos altamente perecederos como plantas, flores y fruta. Además del sistema de ventilación que permite renovar el aire dentro del contenedor, dispone de sistemas de vacío y humidificación. Su aspecto exterior es muy similar al del contenedor térmico.

Figura 2.29. Contenedores frigoríficos apilados frente a la estructura de una plataforma de control que facilita el acceso para examinar los registros de temperatura, la manipulación o reparación de la unidad frigorífica, la conexión y desconexión de los contenedores, y otros trabajos de mantenimiento.

- **Contenedor isotermo** *(insulated container)*

Se caracteriza por tener las paredes, las puertas, el suelo y el techo construidos con materiales aislantes, con el fin de disminuir la tasa de transmisión de calor entre el interior y el exterior. Se utiliza para transportar mercancías que precisan mantener una temperatura constante determinada, por ejemplo las plantas vivas

Figura 2.30. Contenedor granelero.

*Figura 2.31. Contenedores jaula para transportar productos siderúrgicos, apilados
para facilitar su almacenamiento o manejo mediante una carretilla elevadora.*

o algunas mercancías peligrosas. Debe cumplir los requisitos establecidos por la norma ISO 1496-2.

- **Contenedor jaula** *(livestock container)*
Se utiliza para transportar animales vivos, por lo que dispone, como mínimo, de una pared vertical no maciza para favorecer la ventilación. Su diseño facilita las labores de limpieza y el acceso para la manutención de los animales.

  También existen contenedores jaula, provistos de una estructura de pilares en los costados y los testeros, para transportar productos siderúrgicos (véase la figura 2.31).

- **Contenedor para pulverulentos** *(container for granular and powdery materials)*
Construido para el transporte a granel de mercancías granulosas o pulverulentas.

- **Contenedor plataforma** *(flat container)*
Formado por una plataforma, sin ninguna otra superestructura, con igual longitud, anchura, requisitos de resistencia y dispositivos de manipulación y seguridad requeridos para los contenedores ISO. Se utiliza cuando las características de los elementos que hay que transportar no encajan con las de ningún otro tipo de contenedor, y es especialmente adecuado para elementos pesados y de gran volumen, como maquinaria, cables, bidones, bobinas y láminas de acero, vehículos pesados y productos forestales. Se fabrica en acero (véase la figura 2.32).

- **Contenedor plegable o desmontable** *(collapsible container)*
Contenedor cuyas partes estructurales pueden plegarse, para ser transportado sin carga, y volver a montarse en

Figura 2.32. Contenedor plataforma.

el momento de su utilización (véase la figura 2.33).

- **Contenedor refrigerante** *(refrigerated container)*
Contenedor térmico dotado de uno o más compartimentos para la carga de un agente frigorígeno mediante el cual, sin medios mecánicos o de absorción, se puede enfriar la temperatura de la caja del contenedor y mantenerla constante. En el transporte de carga aérea se utiliza un sistema de refrigeración con hielo seco.

- **Contenedor silo** *(silo container)*
Para graneles sólidos no presurizado de descarga horizontal, sin puertas de apertura.

- **Contenedor sin techo** *(open top container)*
Puede cargarse mediante grúas y cubrirse con una cubierta flexible y móvil, por ejemplo, una lona de plástico reforzado. Es de acero, puede tener puertas en los paneles frontales o laterales, y resulta especialmente útil para grandes cargas, como cristales, mármo-

Figura 2.33. Contenedor plataforma plegable.

Figura 2.34. Contenedor sin techo, cubierto con lona.

les, material de construcción, madera o maquinaria de gran volumen (véase la figura 2.34).

- **Contenedor ventilado** *(ventilated container)*
Contenedor cerrado que se utiliza para transportar mercancías que precisan una ventilación constante para mantener su estado de conservación. Está dotado de aberturas o dispositivos superiores, intermedios e inferiores para la circulación natural o mecánica del aire.

5.3   El contrato de alquiler de contenedores

Los contenedores de transporte pueden utilizarse mediante contratos de alquiler que se formalizan con alguna empresa especializada en su suministro o bien con el operador de transporte (naviera, operador logístico, compañía ferroviaria, etc.).

Normativa internacional sobre transporte de contenedores

- **Convenio CSC.** Convenio Internacional sobre la Seguridad de los Contenedores o CSC *(Convention for Safe Containers)*, adoptado en 1972 por acuerdo de la Organización Marítima Internacional (OMI) y las Naciones Unidas.
- **Convenio RICO.** Reglamento internacional sobre transporte de contenedores por ferrocarril (Anexo III del Convenio CIM).

Los contratos de alquiler de contenedores más utilizados son:

1. El modelo *short term lease* o *trip lease,* de una duración mínima de treinta días, a su vez puede ser:

   a) *One way*
   Contrato donde se acuerda el alquiler de un contenedor para atender un único trayecto. Éste es alquilado en el local de origen de la carga y devuelto en el local de descarga o en otro lugar donde haya un agente de la empresa de *leasing.*
   b) *Round trip*
   Contrato en el que se especifica que el contenedor es alquilado y devuelto en un mismo puerto después de completar un viaje de ida y vuelta.

2. *Master lease agreement*
   Modelo de contrato muy utilizado en el que se pacta el alquiler de un número mínimo de contenedores, sin especificar su identificación, por un período de tiempo determinado, superior a un año.

3. *Long term agreement*
   Tipo de contrato de alquiler de un número concreto y con numeración de contenedores de largo plazo, en el que la duración generalmente varía de uno a cinco años, a cuyo vencimiento los contenedores deben ser devueltos.

Identificación de los contenedores
Los contenedores se identifican de acuerdo con lo que establece la norma ISO 6346, mediante:

- Un sistema de identificación con un código alfabético de tres letras que indica el propietario y una letra para el tipo de equipamiento, y un código numérico con el número de serie asignado por el propietario y un dígito de comprobación.
- Un código de cuatro dígitos que indica las medidas y el tipo de contenedor. El primero se refiere a la longitud del contenedor, el segundo a la altura y a la presencia o no de túnel en cuello de cisne, mientras que los otros dos son alfabéticos e indican el tipo de contenedor.
- Un código de país (norma ISO 3166).
- Marcas de operación con información para la manipulación del contenedor: peso, altura superior a la estándar, riesgo eléctrico…

Esta normativa está impulsada desde el Bureau International des Containers et du Transport Intermodal (BIC), entidad donde se registran las compañías propietarias de contenedores para obtener su código de propietario.

Los contratos deben incluir las siguientes especificaciones:

- Precio del alquiler.
- Duración del contrato.
- Período de tiempo de arriendo.
- Coste de la entrega y devolución de los contenedores.
- Condiciones de pago.
- Condiciones de intercambio de los contenedores con terceras partes.
- Condiciones de devolución del equipo por fin de contrato.
- Condiciones para las inspecciones de los contenedores.
- Condiciones de mantenimiento.
- Valor depreciado y pérdida total.

6   Otras unidades de transporte de carga intermodal

Además del contenedor, existen otras unidades de transporte de carga construidas para su uso en el transporte intermodal, como la caja móvil, el vehículo de carretera o camión, el vagón de mercancías o el semirremolque.

- **La caja móvil** *(swap body)*
  Se trata de un equipo de transporte formado por una caja de camión separable de su chasis, equipada con dispositivos adecuados para el trasbordo entre modos de transporte, habitualmente carretera-tren. Puede quedar depositada en un lugar mediante cuatro patas desplegables (véase la figura 2.35). También las hay apilables, provistas de herrajes de esquina superiores para permitir el levantamiento por la parte superior.

- **El camión** *(truck)*
  Es el vehículo por excelencia para su uso en el transporte de mercancías por carretera. Está formado por la unidad tractora y la caja que ésta arrastra. El camión puede ser rígido, sin que se pue-

dan separar los dos elementos, o articulado, en cuyo caso la caja se denomina semirremolque (véase la figura 2.36).

- **El semirremolque** *(semi-trailer)*
  Es la caja o remolque formado por una plataforma o un conjunto carrozado, sin sistema de tracción propia, que es arrastrado por una unidad tractora en la que se ensambla y reposa parcialmente, y que le transmite una parte significativa de su masa y carga. No tiene eje delantero, y puede disponer de uno (monoeje), dos (tándem o doble) o tres (trídem o triple) ejes traseros (véase la figura 2.37).

- **El vagón** *(wagon)*
  Es la unidad móvil ferroviaria habilitada para el transporte de mercancías,

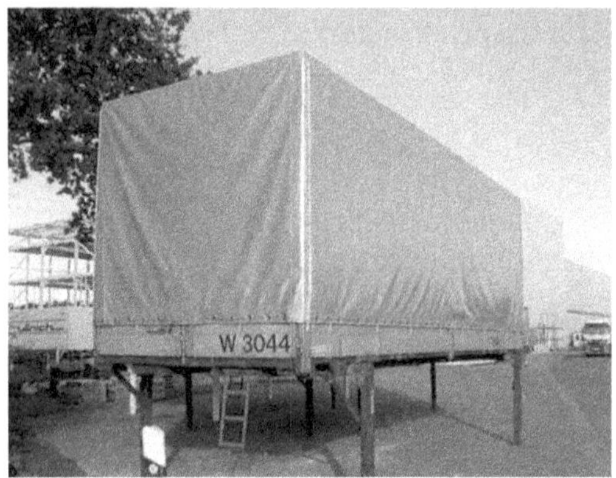

Figura 2.35. Caja móvil sustentada sobre sus patas desplegadas.

Figura 2.36. Camión con semirremolque.

Figura 2.37. Semirremolque tipo furgón, con sistema de apertura lateral para facilitar la carga y descarga.

Figura 2.38. Semirremolques transportados sobre vagones canguro.

que no dispone de ningún sistema de propulsión propio. Existen numerosos tipos de vagones, adaptados a las necesidades del transporte ferroviario, como los plataforma, cerrados, canguro, tolva cerrada o abierta, cisterna, portavehículos, refrigerantes o portacontenedores, entre otros (véase la figura 2.38).

Capítulo 3
Los profesionales y los operadores de transporte

En los procesos del transporte de mercancías intervienen numerosos profesionales, los cuales por lo general están encuadrados en la operativa de un determinado modo de transporte y llevan a cabo su labor en organizaciones empresariales, con carácter de persona física o jurídica. Los denominamos operadores especializados.

En este capítulo describiremos las principales actividades empresariales y las figuras profesionales que intervienen en cada modo de transporte.

En ocasiones, los límites de algunas actividades principales o auxiliares del transporte no están perfectamente definidos, pero trataremos de puntualizarlos de la manera más precisa posible, primero en el ámbito general del transporte y luego en cada uno de sus modos.

1 Operadores comunes a todos los modos de transporte

En el transporte nacional e internacional, las figuras profesionales y los operadores que realizan labores especializadas y cuya actividad abarca todos los modos de transporte son:

- **Agente de aduanas / agente aduanal** *(customs agent)*
  Profesional o empresa especializada que, por cuenta de terceros (generalmente el propietario de las mercancías o cargador), lleva a cabo ante la aduana los trámites necesarios en el despacho de las mercancías que se exportan o importan. El servicio de agente de aduanas es uno de los que puede prestar una empresa transitaria.

- **Almacenista** *(warehouse manager)*
  Su actividad consiste, de acuerdo con lo que se establezca en un contrato, en recibir en depósito y en locales adecuados los bienes o mercancías de terceros. Puede efectuar operaciones de ruptura de cargas, almacenamiento, custodia, manipulación, administración, control de existencias, preparación de pedidos y cualquier otra que se haya convenido. Inclusive puede realizar su posterior distribución en la forma, el tiempo y el lugar que determine el depositante, en virtud de un contrato de transporte (OT).

- *Courier* / integrador *(courier)*

  Operador de transporte urgente «puerta a puerta» de documentos, paquetería y cargas fragmentadas, nacional e internacional. Integra todos los servicios logísticos necesarios para la recogida en el domicilio del expedidor y la entrega en el del destinatario, en los diferentes tramos del transporte, donde se puede emplear más de un modo. Por el carácter urgente del transporte, se utiliza como preferente el modo aéreo en el tramo principal, con la finalidad de minimizar el plazo de tiempo de todo el proceso.

- **Embalador** *(packing company)*

  Empresa dedicada a la introducción de mercancías en sus envases, recipientes o embalajes y que prepara los bultos para su transporte.

- *Fourth party logistics* (4PL)

  Expresión inglesa que se utiliza para referirse a una empresa de servicios con capacidad para coordinar, gestionar y aportar la financiación necesaria a una cadena de suministro, subcontratando para ello los servicios logísticos necesarios a operadores especializados.

- **Gestor de consorcio de palés** *(pallet pool manager)*

  Empresa propietaria de parques de palés que alquila a los fabricantes para que paleticen sus productos y los remitan a sus clientes. Lleva a cabo todas las actividades logísticas de recuperación, clasificación y reparación de los palés, así como la gestión de la información inherente a dichas actividades.

- **Grupajista / agente consolidador / agrupador** *(freight consolidador; consolidador)*

  La función de este operador de transporte es consolidar las cargas, agrupando en una misma unidad de carga, generalmente en un contenedor, las mercancías de diferentes remitentes dirigidas a distintos destinatarios.

- **Mensajería** *(messenger service; messenger company)*

  Operador logístico especializado en efectuar el servicio de recogida, transporte y reparto urgentes de correspondencia y paquetería, de ámbitos urbano, nacional e internacional.

- **Operador de logística inversa** *(reverse logistics operator)*

  Operador logístico cuyas funciones básicas son la proyectación y el seguimiento de la red logística; la gestión de inventarios, devoluciones y residuos; la gestión del transporte y el procesamiento de pedidos. Entre sus funciones de apoyo se encuentran el almacenaje, la manipulación de mercancías, la gestión de embalajes y

Figura 3.1. El transporte aéreo es el modo utilizado preferentemente en el tramo principal de transporte urgente «puerta a puerta» de documentos, paquetería y cargas fragmentadas.

contenedores, el aprovisionamiento y la recogida, la programación de entregas y la gestión de la información.

- **Operador de terminal** *(terminal operador)*
  Propietario de una terminal o cualquier organización o persona en la que el propietario haya delegado la responsabilidad de las operaciones que se lleven a cabo en la misma: carga y descarga, embarque y desembarque, almacenamiento, servicios auxiliares del transporte, tránsito, aduana, manutención, fraccionamiento y grupaje, etiquetaje, embalaje y preparación de cargas, etc.

- **Operador de transporte (OT)** *(transport operator; carrier)*
  Es quien intermedia entre cargadores y porteadores en la contratación del transporte de mercancías. Contrata como porteador con el usuario y como cargador con el transportista. Puede actuar con una misma autorización, conocida como OT, en las modalidades de agencia de transportes, transitario y almacenista-distribuidor.

- **Operador de transporte multimodal (OTM)** *(multimodal transport operador)*
  Se refiere a quien asume la responsabilidad de las condiciones de un contrato de transporte multimodal (CTM), actuando como principal, no como agente o intermediario del destinatario o de los transportistas de las operaciones de transporte multimodal. Ofrece un servicio de transporte «puerta a puerta» y emite un documento de transporte único. Responde ante el cargador tanto de las mercancías como de la correcta ejecución del transporte, con la obligación de alcanzar un óptimo resultado.

- **Operador económico autorizado (OEA)** *(authorized economic operator, AEO)*
  Figura profesional desarrollada por el Código Aduanero Comunitario de la UE, provista de una certificación que le autoriza a efectuar actividades reguladas por la legislación aduanera. Existen tres posibles certificaciones:

    - Simplificaciones Aduaneras.
    - Seguridad y Protección.
    - Simplificaciones y Seguridad.

- **Operador logístico** *(logistics operator)*
  Es el operador de ámbito nacional o internacional cuya oferta de servicios puede abarcar las operaciones de transporte en cualquier medio de transporte, el almacenamiento y la manutención, los servicios auxiliares del transporte, el tránsito, los trámites aduanales, las funciones de distribución física, el fraccionamiento de las cargas, el grupaje, la gestión de existencias, la preparación de pedidos, el embalaje y etiquetaje, la organización de los sistemas de información y la gestión de los flujos de mercancías, además de operaciones de carácter comercial como la facturación, el fletamento y otros servicios de ingeniería logística.

- **Proveedor logístico externo** *(third party logistics, 3PL)*
  Operador logístico especializado en la prestación de servicios relacionados con el aprovisionamiento, la producción, el almacenaje, la manipulación y la distribución de mercancías.

- **Transitario** *(freigth forwarder; forwarding agent)*
  La empresa transitaria actúa como operador de transporte especializado en la organización y gestión, por encargo del usuario (cargador), de la cadena de transporte internacional de mercancías (o de parte de ella) en cualquiera de sus modos (aéreo, carretera, ferrocarril y marítimo).

  Para su labor, subcontrata o realiza con medios y recursos propios todas las operaciones que ello conlleva: transporte físico de las mercancías, operaciones aduaneras, embalajes, consolidación y desconsolidación de cargas, almacenajes, seguros, trámites bancarios y documentarios, etc.

  La actividad de la empresa transitaria, que comercializa y coordina todo tipo de transporte, se centra especialmente en el transporte en régimen de grupaje, además de ofrecer una amplia gama de servicios logísticos.[1]

---

[1] La actividad de las empresas transitarias está regulada en España por la Ley 16/1987 sobre Ordenación de los Transportes Terrestres (LOTT).

El transitario puede actuar como operador de transporte multimodal (OTM), en cuyo caso puede expedir documentos de la Fiata (Federación Internacional de Transitarios) como el FCT *(forwarding agent certificate transport),* «certificado de transporte del transitario», o el FBL *(Fiata bill of lading),* «conocimiento Fiata negociable para el transporte multimodal», que formalizan el contrato de transporte internacional de mercancías intermodal entre el transitario y el cargador. Las responsabilidades e indemnizaciones asumidas por el transitario en caso de siniestro son las que correspondan al modo de transporte utilizado en el momento del daño o pérdida. Están regulados por el Convenio de Ginebra de 1980 y reconocidos por la CCI (Cámara de Comercio Internacional).

- **Transportista** *(carrier; haulier)*
  Persona física o jurídica que lleva a cabo un servicio de transporte de mercancías con medios propios o subcontratados, de acuerdo con las normas contractuales establecidas por la Administración pública, utilizando cualquier modo o combinación de modos de transporte (aéreo, carretera, ferroviario o marítimo).

2　Transporte por carretera

La imagen de un camión evoca la figura del profesional del transporte, el transportista, que recorre cientos y miles de kilómetros para trasladar una carga desde el lugar de origen al de destino. Este profesional con frecuencia desarrolla su actividad con una cierta independencia, como trabajador autónomo, y acostumbra a encuadrarse en alguna de las especialidades que se describen en este apartado.

- **Camionero** *(truck driver; lorry driver)*
  Conductor cualificado que conduce un camión, para lo que dispone del permiso de conducción pertinente y las autorizaciones que correspondan en función del tipo de vehículo y de la carga que acepta para su transporte.

- **Agencia de transporte** *(transport agency)*
  Operador de transporte nacional o internacional dedicado a la explotación de los medios de transporte necesarios para el tránsito de una carga, a la vez que realiza actividades de gestión, información, oferta y organización del transporte, y media con plena responsabilidad entre cargadores y consignatarios, así como con los transportistas. Puede contar con medios propios o bien subcontratar los servicios al propietario directo del medio de transporte.
  Las agencias de transporte pueden prestar servicios de carga completa o fraccionada:

- **Agencia de transporte de carga completa** *(full load agency)*
  Presta servicios de transporte de mercancías en condiciones de unidad completa o vehículo completo, dentro del territorio de un país. El servicio puede ser de un solo remitente a uno o varios destinatarios.

- **Agencia de transporte de carga fraccionada** *(break bulk agency)*
  Operador de transporte dedicado a la prestación de servicios de transporte, dentro del territorio de un país, para cargas de carácter fragmentario, que no ocupan una unidad de vehículo. Sobre estas cargas, aparte de la función propia de traslado, desde la recepción de las mismas hasta su entrega al destinatario, es necesario realizar actividades logísticas previas o complementarias, por ejemplo la manipulación, el almacenamiento, la consolidación, la clasificación o el embalaje.

- **Operador de transporte por carretera** *(carrier)*
  Es el responsable de la ejecución física del transporte de mercancías por carretera por cuenta ajena, para lo que cuenta con una flota propia, o subcontratada en muchos casos, de vehículos de carretera. Responde de la carga ante el cargador.

3   Transporte ferroviario

- **Maquinista** *(engine driver)*
  Conductor de una unidad tractora de transporte ferroviario, al mando del personal del tren y responsable del cumplimiento de las órdenes de las señales y las normas del Reglamento General de Circulación.

- **Operador ferroviario** *(railway operador)*
  Responsable de la ejecución física del transporte ferroviario, para lo cual dispone de los medios necesarios: elementos de tracción, vagones o plataformas, etc. En la Unión Europea, abona un canon a un ente gestor de las infraestructuras ferroviarias (vías, terminales, apartaderos, etc.), dependiente de la Administración del Estado.

4   Transporte marítimo y fluvial

Los profesionales y los operadores específicos en este medio de transporte son:

- **Agente marítimo** *(broker)*
  Agente intermediario que opera entre el cargador y el naviero, mediando entre ambos para conseguir el cierre de contratos, a cambio de una comisión por su trabajo.

- **Armador/a o naviera/o** *(shipowner; shipping company)*
Propietario/a del buque, encargado de la ejecución física del transporte marítimo, responsable de su avituallamiento y de aportar los recursos necesarios para su mantenimiento.

   En los tráficos *tramp* éste es en la mayor parte de los casos su único cometido, pues incluso las operaciones de estiba y desestiba y de carga y descarga suelen ser por cuenta del cargador. El servicio ofertado es «puerto a puerto» o en «flete FIOS», que es la condición más habitual en los tráficos *tramp* de fletamentos por viaje.

   En los tráficos de línea regular, la compañía naviera es generalmente la propietaria de los buques y de los contenedores. Puede comercializar sus bodegas directamente, por medio de agencias locales propias o delegaciones; o indirectamente, a través de transitarios.

- **Capitán** *(captain)*
Máxima autoridad del buque y responsable último de cuanto en él acontece. Posee la doble capacidad, técnica y jurídica, de dirigir la navegación y representar al Estado cuya bandera se muestra en el buque durante la navegación.

Enlaces en internet...

Organizaciones profesionales y empresariales
   - CETM (Confederación Española de Transporte de Mercancías)
     www.cetm.es
   - Alaf (Asociación Latinoamericana de Ferrocarriles)
     www.alaf.int.ar
   - Anave (Asociación de Navieros Españoles)
     www.anave.es
   - Feteia – OLT (Federacion Española de Transitarios Expedidores Internacionales y Asimilados)
     www.feteia.org
   - Alacat (Federación de Asociaciones de Agentes de Carga de América Latina y el Caribe)
     www.alacat.org
   - CEL (Centro Español de Logística)
     www.cel-logistica.org
   - ICIL (Fundación ICIL)
     www.icil.org
   - Colegio Oficial Nacional de Prácticos de Puerto
     www.practicosdepuerto.es
   - Lógica (Organización Empresarial de Operadores Logísticos)
     www.logica.org
   - Comme (Colegio Oficiales Marina Mercante)
     www.comme.org

- **Consignatario** *(ship broker)*
Persona física o jurídica intermediaria que, en nombre y por cuenta del armador o naviera, propietaria del buque, actúa como depositaria de las mercancías mientras éstas se hallan en la terminal portuaria, asumiendo su recepción y entrega, y el cobro de los fletes. Asimismo, presta servicios al buque y a su tripulación (autorizaciones y gestión de entrada y salida del puerto, aprovisionamiento, operaciones de carga y descarga, despachos documentales, gestión de tripulaciones, negociación, gestión y liquidación de fletes, etc.), y realiza las gestiones relacionadas con la presencia del mismo en el puerto. Es habitual que realice la gestión comercial de la línea o las líneas que representa.

- **Contramaestre** *(boatswain)*
Oficial responsable de dirigir la marinería y las maniobras y faenas a bordo del buque.

- **Estibador** *(stevedore; docker)*
Empresa que está a cargo directo de las operaciones de estiba/desestiba, trincaje, embarque/desembarque, traslado, trasbordo, recepción y entrega de la mercancía en puerto. Puede ser contratada por el fletador o por el armador, según las condiciones del fletamento.

- **Fletador** *(charterer)*
Es quien alquila un buque para su explotación comercial, suscribiendo con el armador o naviero un contrato de fletamento que lo convierte en el transportista efectivo ante el cargador.

- **Fletante** *(shipper)*
Es el que, con capacidad legal suficiente para disponer de un buque, suscribe un contrato de fletamento, mediante el cual concede su utilización para transportar al fletador, mediante el pago de un flete.

- **NVOCC** *(NVOCC)*
Siglas de *non-vessel-operating common carrier* u «operador de transporte marítimo sin buque propio», utilizadas para designar a los operadores de grupaje o consolidación marítimos, agentes transitarios que ofrecen sus servicios a otros transitarios, que a su vez los comercializan al cliente final, receptor o expedidor de las mercancías.

- **Piloto** *(pilot)*
Primer oficial de puente de un navío, quien debe sustituir al capitán, en caso de incapacidad de éste, salvo nombramiento distinto por parte de la compañía naviera. Es el responsable del manejo técnico y la seguridad interior del buque.

Figura 3.2. Imagen de la lancha de un práctico operando en las aguas interiores de un puerto.

- **Práctico** *(pilot)*
  Agente privado que desarrolla la labor de asistencia y guía al capitán del buque en su entrada o salida del puerto y en las maniobras de atraque y desatraque.

- **Sobrecargo** *(supervisor)*
  Profesional a cargo del control de las mercancías cargadas en un buque.

- **VOMTO** *(VOMTO)*
  Siglas de vessel *operating - multimodal transport operating* u «operador de transporte multimodal con buque propio».

5   Transporte aéreo

Se debe diferenciar entre el transporte aéreo de carga y el de pasajeros, ya que aunque en muchas ocasiones comparten la misma aeronave, su logística es muy diferente. En el caso de que las mercancías se transporten en aviones de pasajeros, nos encontramos ante un servicio mixto, para el que se utiliza un avión «combi».

- **Agente consolidador** *(freight consolidator)*
  Agente de carga aérea o agente IATA que comercializa el espacio que previamente ha reservado en la bodega del avión. Lleva a cabo la consolidación de cargas, agrupando en un mismo contenedor cargas de diferentes remitentes dirigidas a distin-

tos destinatarios, que consigna a su agente desconsolidador en el aeropuerto de destino.

- **Agente de carga aérea** *(air freight forwarder)*
  Cuando una empresa transitaria ejerce su actividad en el ámbito del transporte aéreo se denomina «agente de carga aérea». Comercializa las bodegas de las líneas aéreas, constituyendo el sistema de distribución de la carga aérea, y coordina la demanda de transporte aéreo con la oferta de las compañías.

  Si no está registrado y reconocido por la Asociación Internacional de Transporte Aéreo (IATA), no puede emitir contratos de transporte aéreo internacional ni efectuar el cobro de los fletes.

- **Agente general de ventas** *(general sales agent, GSA)*
  Persona física o jurídica en la que ha sido delegada la representación comercial de una compañía aérea, con fines de ventas de transporte de mercancías o pasajes, para un ámbito geográfico determinado y que recibe una remuneración por dichos servicios.

- **Agente** *handling (handling agent)*
  El transporte aéreo de carga requiere la intervención del agente *handling,* que recibe la carga en el aeropuerto y la prepara para su posterior embarque y vuelo. Se distingue entre agente *handling* de terminal y de rampa; el primero se encarga de recibir y preparar la mercancía y el segundo, del transporte al avión y del embarque.

- **Agente IATA** *(IATA agent)*
  Agente de carga aérea autorizado para actuar en nombre de las líneas aéreas adscritas a la Asociación Internacional de Transporte Aéreo (IATA), emitir contratos de transporte aéreo internacional, cobrar fletes, coordinar la carga y descarga de aeronaves y efectuar los trámites oportunos ante las autoridades aeroportuarias y aduaneras. Para ser agente IATA, la empresa titular debe tener la solvencia técnica (dos personas con la capacitación profesional IATA) y económica (depósito de una cantidad económica en la sede central de IATA en Ginebra o Montreal) suficientes para responder adecuadamente a las demandas de los cargadores. Los documentos IATA, que tienen carácter oficial, incluyen una responsabilidad civil profesional de la que tiene que hacerse cargo el emisor.

  IATA permite a sus agentes realizar operaciones entre todas las compañías adscritas, lo que supone actuar como cámara de compensación para el cargo y abono entre empresas por intercambio de operaciones.

  Las agencias de viaje son agentes IATA y esto les permite emitir los documentos de contrato de transporte.

Figura 3.3. Algunos operadores especializados se dedican en exclusiva al transporte de carga aérea. En la imagen, un avión carguero efectuando operaciones de carga y descarga en una terminal aeroportuaria.

- **Comandante** *(command pilot)*
  En la aviación comercial, el piloto que ejerce el mando de una aeronave.

- **Compañía aérea / aerolínea** *(airline company)*
  Empresa que realiza el transporte aéreo de pasajeros, mercancías o correo mediante aeronaves propias o alquiladas.

- **Sobrecargo** *(supervisor)*
  En la aviación comercial, tripulante que tiene a su cargo la supervisión de funciones auxiliares, con responsabilidad sobre otros miembros de la tripulación de la cabina de pasajeros.

Capítulo 4
Los modos de transporte

Desde el último cuarto del siglo XX, un intenso proceso de globalización económica de ámbito internacional, liderado por los países industrializados, ha impulsado el desarrollo tecnológico de los medios de transporte, mientras que el incremento de los intercambios comerciales ha propiciado una mayor integración de los modos de transporte. A su vez, el control de las grandes rutas de transporte internacional y de los suministros de combustible ha sido fundamental para la internacionalización de los mercados.

En este capítulo se aborda esa integración intermodal, se describen las características operativas de cada modo de transporte, se consideran sus variables más significativas y se exponen los factores que pueden incidir en la decisión del cargador para utilizar uno u otro modo, entre los que influye sin duda alguna el coste del transporte.

1 El flete

En la figura 4.1 se observa la relación que existe entre los diferentes medios de transporte según la rapidez con que ejecutan el transporte, el volumen de la expedición y el valor de la mercancía transportada.

Mientras que un buque *tramp* está especialmente capacitado para transportar grandes volúmenes de graneles con bajo valor unitario, por ejemplo, el transporte internacional de objetos de arte y el de productos perecederos suele efectuarse por avión, porque aunque el coste por kilogramo transportado es muy superior, éste puede repercutirse en el valor de dichas mercancías. En algunos casos, como en el transporte de flores naturales desde países latinoamericanos a Europa, por ejemplo, el valor añadido de este producto reside precisamente en que pueden servirse en mercados muy distantes de su lugar de crecimiento natural por la rapidez y las garantías de conservación que ofrece el transporte aéreo.

Así, el acuerdo comercial que establecen el cargador y el transportista con el objetivo de trasladar una mercancía de un lugar a otro, está determinado no sólo por la naturaleza y el valor de la mercancía sino también por la urgencia con que el cargador ne-

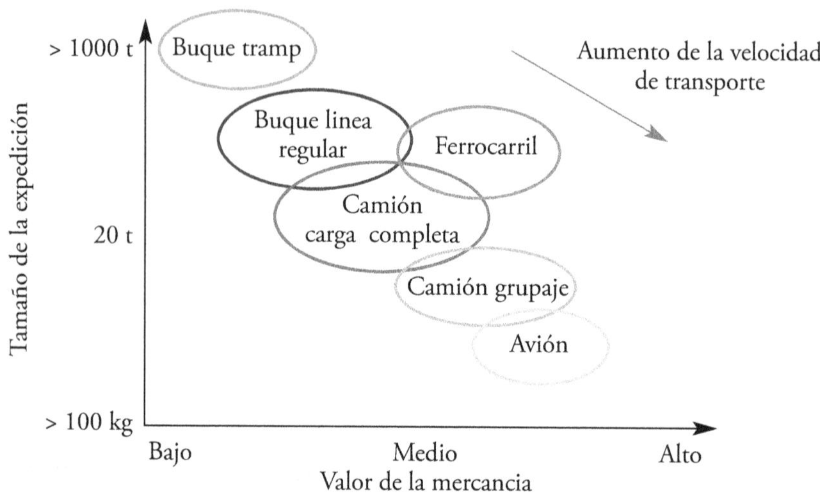

Figura 4.1. Relación que existe entre los diferentes medios de transporte según la rapidez con que ejecutan el transporte, el volumen de la expedición y el valor de la mercancía transportada.

cesite que los productos lleguen a destino, e incluso por el embalaje utilizado, etc. Adicionalmente, dos factores que se han de tener en cuenta y que influyen en el coste del transporte son el peso que ejerce la masa de la carga y la cantidad de espacio que ésta ocupa en el vehículo de transporte.

La interacción del conjunto de variables que hemos señalado son las que determinan que el cargador y el transportista pacten un determinado precio, un «flete», por el servicio de transporte. El vocablo «flete» proviene del holandés *vragft* y el alemán *frehti.*

De este modo, el flete es la retribución que el responsable de la explotación de un medio de transporte (marítimo, terrestre o aéreo) percibe por el transporte y la entrega de la mercancía, o por el alquiler de un buque o de una parte de éste. La base de cálculo más utilizada es la tonelada, pero se emplea el metro cúbico si el cálculo es por volumen. Puede ser pagado o debido, mediante lo que se establece si el pago se hace en origen o en destino, respectivamente.

Las formas más usuales de cálculo de fletes son:

- **Flete por peso**
  Se aplica cuando el peso de las mercancías es mayor que el establecido como promedio en la relación peso/volumen. La unidad de medida más utilizada es la tonelada (t), equivalente a 1.000 kg, si bien en Estados Unidos es la tonelada corta, equivalente a 907,18474 kg y a 2.000 libras, y en el Reino Unido es la tonelada larga, que equivale a 1.016 kg.

- **Flete por volumen**
  Se utiliza cuando las mercancías son voluminosas o de escasa densidad. La unidad de medida que usa es el metro cúbico, si bien en Estados Unidos se emplean los 40 pies cúbicos, equivalente a 1.132 m^3.

- **Flete ad valórem**
  Se aplica a mercancías de mucho valor, y consiste en un porcentaje sobre el valor atribuido a las mismas.

En cuanto a la manera de abonar el flete, puede ser *debido,* cuando el operador de transporte lo cobra en destino, junto con la entrega de la mercancía; o *pagado,* cuando percibe su importe en origen, al margen del momento en que se produzca la entrega final de la mercancía.

Existen otras modalidades de flete de aplicación específica en algunos modos de transporte, que trataremos en los diferentes apartados de este capítulo.

2   El transporte intermodal

Las eficiencias de los distintos modos de transporte se conjugan en lo que se denomina *transporte intermodal,* un sistema integral para transportar mercancías en el que éstas, agrupadas en unidades de carga, utilizan más de un modo entre el lugar de expedición y el de destino, al amparo de un único documento o contrato.

Tanto en comercio internacional como nacional, el uso de unidades de transporte intermodal (UTI) –como el contenedor o la caja móvil– presenta una serie de beneficios:

- Reducción de hasta un 70 % en los tiempos de carga y descarga.
- Reducción de hasta un 70 % de los costes de estiba.
- Disminución sustancial de la tasa de robos, daños y, con ello, de las primas de seguro.
- Acortamiento de los plazos de transporte.
- Abaratamiento de los costes de transporte.
- Reducción de los controles e inspecciones gracias al sellado del contenedor.
- Simplificación documental.
- Mejor seguimiento de la mercancía mediante sistemas informatizados.

El transporte intermodal puede presentarse con las formas de *transporte multimodal* y *transporte combinado* que describimos a continuación. Ambas coinciden en:

- La regularidad en la frecuencia del transporte.

– El uso de nodos logísticos (centros de transporte, puertos, centros integrales de mercancías o zonas de actividades logísticas, por ejemplo) para el traslado de las UTI de uno a otro medio de transporte –del camión al barco o al tren (u otras posibles combinaciones)–, con las mayores garantías de seguridad y rapidez en las operaciones.

2.1 *Transporte multimodal*

El signo distintivo del transporte multimodal reside en que en el principal tramo del transporte que se debe realizar, es decir, en el recorrido más largo, intervienen diferentes medios de transporte: camión y buque; camión y tren; camión y avión; camión, barco y tren; o cualquier otra combinatoria posible entre ellos.

La intermodalidad entre la carretera y el transporte marítimo de corta distancia,[1] por ejemplo, permite recorrer largos trayectos sin requerir la presencia física del personal de conducción y obtener reducciones de tiempo de transporte, sin los efectos contaminantes del camión, con costes inferiores y descongestionando las infraestructuras terrestres. Para ello, resulta determinante la máxima simplicidad en la operativa portuaria y los trámites administrativos –al efectuarse este tipo de transporte entre puertos de un mismo país o región económica, no precisa de despacho aduanero.

El transporte multimodal posee también dos características singulares:

– Tanto en el caso de una carga completa como en una de grupaje, el contenedor expedido en origen no sufre ruptura de carga, es decir, las mercancías nunca se separan hasta que el contenedor llega al destinatario.

Saber más...

Transporte por superposición

Sistema de transporte combinado en el que se produce una superposición física de los medios de transporte y de contratos. Los casos más frecuentes son los del camión sobre vagón ferroviario, denominado *ferroutage*, y el camión sobre el buque, conocido por *transroulage*.

En el *ferroutage*, se transfieren unidades de carga o vehículos de transporte por carretera a plataformas ferroviarias, mientras que en el *transroulage*, se transfieren vehículos de transporte por carretera o ferroviarios a buques, para el transporte de éstos con sus unidades de carga por vía marítima o fluvial.

Otra modalidad de transporte por superposición consiste en el *sistema UFR*, donde se transporta un semirremolque en el interior de un vagón de ferrocarril. Para no exceder los gálibos, los semirremolques deben tener una altura menor de la habitual.

---

[1] En inglés, *short sea shipping* (SSS).

Figura 4.2. En el transporte multimodal, el contenedor expedido en origen no sufre ruptura de carga hasta que llega al destinatario. En la imagen, transporte de contenedores por ferrocarril desde una terminal portuaria.

– Se utiliza un solo documento de transporte para todos los medios. En el transporte internacional se tratará habitualmente del conocimiento de embarque Fiata negociable para el transporte multimodal *(negotiable Fiata multimodal transport o Fiata bill of lading, FBL).*

2.2 Transporte combinado

El factor significativo del transporte combinado es la interacción que se produce entre distintos medios de la cadena de transporte principal. Ejemplos de ello son:

– Un camión que viaje transportado a bordo de un buque *ro-ro (roll-on/roll-of)*, es decir, de manutención horizontal.
– Un camión que viaje mediante algún sistema de sustentación sobre raíles.

En el transporte combinado existe un único contrato con el cargador, aunque el trayecto se realice por uno o varios porteadores en distintos modos de transporte. Mediante el contrato se aplica un régimen fraccionado de responsabilidad, de manera que a cada modo de transporte le corresponden las normas específicas que lo regulen.

El transporte combinado puede ser *acompañado,* cuando se trata del transporte de un camión completo acompañado por el conductor mediante otro medio de transporte, como el tren o un buque ro-ro, o no *acompañado* cuando el conductor no acompaña al transporte del camión.

3   El transporte por carretera

Es la modalidad de transporte más utilizada y la más eficaz para servicios puerta a puerta, siempre que la naturaleza y el volumen de la mercancía, así como la orografía de la posible ruta lo permitan.

La carretera, por otro lado, en la mayoría de las situaciones, es el modo que permite a los demás llegar en el origen o destino a casa del expedidor y del destinatario, respectivamente, articulando la intermodalidad de la cadena de transporte.

En un capítulo posterior se exponen las características técnicas de los diferentes tipos de vehículo respecto a los pesos que pueden transportar, los pesos por eje, y las limitaciones existentes en cuanto a alturas, anchuras y longitudes, en la legislación española.

3.1   *Características del transporte por carretera*

Las características más significativas del transporte por carretera son:

- *Flexibilidad.* Se adapta con facilidad a los requerimientos del mercado y las particularidades de los clientes, tanto en origen como en destino, ya sea mediante el tipo de vehículo que se deba utilizar o del servicio que se tenga que llevar a cabo. Los vehículos pueden transportar desde pequeños paquetes a grandes volúmenes, con la versatilidad de transportar productos de muy diversa naturaleza: sólidos, líquidos o gaseosos.
- *Internacionalización.* Es el modo de transporte más utilizado en la mayoría de países del mundo.
- *Penetración.* Permite realizar un servicio puerta a puerta de manera eficaz en la mayor parte de los casos y contribuye, además, a que los otros sistemas de transporte alcancen ese objetivo.
- *Rapidez.* Es un modo especialmente adecuado para los envíos urgentes, por la facilidad que ofrece para la carga y descarga de las mercancías, la versatilidad en la organización de los horarios y la propia velocidad de los vehículos.
- *Coordinación con otros medios.* Su capacidad de acceso a los más diversos nodos logísticos (terminales ferroviarias o marítimas, centros de carga aérea, etc.) facilita la manipulación y el trasbordo de las cargas unitizadas en el transporte intermodal o la carga de los vehículos sobre otro medio de transporte (buque o tren).
- *Mayor trazabilidad.* Permite realizar el seguimiento de los vehículos mediante técnicas de localización vía satélite (GPS) en las mejores condiciones.
- *Adaptación a la rotación de existencias.* La rapidez y la adaptabilidad a las más diversas capacidades permiten que el transporte por carretera sea un modo idóneo para mantener un nivel óptimo de existencias en el almacén, así como para atender adecuadamente las «puntas de demanda».

– *Mayor siniestralidad en el índice de toneladas por kilómetro.* Esto supone un riesgo en comparación con los demás modos de transporte.
– *Mayor emisión de gases contaminantes.* Es el modo de transporte más contaminante, lo que lo hace incompatible con las políticas de reducción de gases de efecto invernadero que se deben aplicar en todos los sectores industriales.

Aunque las estadísticas lo sitúan el primero en cuota de mercado, excepto en EEUU, donde el ferrocarril es el líder con el 40 %, se cuestiona de manera creciente la idoneidad de su uso por motivos medioambientales. Los vehículos inciden en la congestión de las redes de carreteras, en la contaminación acústica, especialmente en el entorno de núcleos urbanos, y en la contaminación atmosférica a través del CO^2 que emiten los motores, una de las principales causas del cambio climático que experimenta la Tierra.

Las diferencias en la cantidad de energía necesaria para mover una tonelada de peso, en función del medio de transporte que se utiliza, y los impactos sobre el medio ambiente están haciendo revisar las políticas de transporte en todo el mundo, y la carretera no es ajena a ello.

Los motores de combustibles alternativos como los biodiesel no son una alternativa viable porque la producción de éstos genera mayor consumo de energía que el que se ahora; sin embargo, los motores de células de hidrógeno y los motores mixtos (gasolina-electricidad) abren nuevas puertas al desarrollo sostenible. Esto no supondrá la pérdida de seguridad ni de potencia, con lo que se puede indicar que el cambio hacia las nuevas tecnologías puede que se produzca a un paso lento pero inevitable, especialmente si a las cuestiones medioambientales se añade la previsible escasez de combustibles fósiles para dentro de pocas décadas y el incremento de precio de los mismos.

Las políticas de los Estados con legislaciones más estrictas sobre pesos máximos y dimensiones de los vehículos, junto con las normas sobre horarios de trabajo y su control a través de tacógrafos digitales, los impuestos por el uso de infraestructuras, el precio de los combustibles y las cuestiones ecológicas que hemos comentado, indican que la misión básica de la carretera es el servicio de hasta los 500-700 km. Las distancias siempre se tendrán que valorar en función de las infraestructuras que haya que utilizar y el tiempo de conducción, así como el radio de influencia para cubrir las distancias cortas y realizar la distribución física de recogida o reparto, es decir, la distribución capilar.

La mayor organización internacional del sector de la carretera, la IRU, además de destacar la importancia de hacer del transporte una actividad sostenible, apuesta por la combinación de todos los modos de transporte. Con esto se busca que la misión de cada sistema de transporte se especialice en función de una segmentación de los tipos de servicio, y que la propia combinación de los modos permita la mejora global de la cadena de suministro.

Los estudios sobre la congestión en las carreteras en el futuro, como refleja el Libro Blanco 2010 de la Unión Europea, indican la necesidad del trasvase de ciertos tráficos de la carretera hacia el ferrocarril, el transporte marítimo de corta distancia y el transporte aéreo.

Finalmente, en los acuerdos económicos internacionales como el Mercosur, el NAF-TA o la propia Unión Europea, el transporte por carretera no va a la misma velocidad que la libre circulación del capital, lo que conlleva significativos desequilibrios legales y normativos que impiden alcanzar unos estándares más armónicos en cuanto a masa máxima autorizada, dimensiones de los vehículos, gálibos, etc.

3.2   *Los servicios de transporte por carretera*

Una de las ventajas competitivas del transporte por carretera reside en su versatilidad. Veámoslo a través de sus servicios.

En el transporte de mercancías por carretera *nacional* –cuando la mercancía no sale de las fronteras del país de origen– o *internacional* –cuando el destino de la carga se encuentra más allá de las fronteras del país del expedidor– se distinguen dos segmentos de actividad:

- **Cargas completas** *(full load; full truck load; FTL)*
  Transporte desde un punto de origen hasta uno de destino de cargas que ocupan la capacidad completa de un camión.

  A su vez, la carga completa puede presentarse con la forma de *granel* o *carga embalada.*

Saber más...

La Euroviñeta
Denominación con que se conoce la Directiva 1999/62/CE del Parlamento Europeo y del Consejo, de 17 de junio de 1999, relativa a la aplicación de gravámenes a los vehículos pesados de transporte de mercancías por carretera por la utilización de determinadas infraestructuras. Esta Directiva, de uso opcional en los Estados de la UE, se aplica en algunos países (Alemania, Suiza, Holanda, Francia...) a los impuestos sobre vehículos, a los peajes y a las tasas establecidos sobre los vehículos con una MMA igual o superior a 12 t. Esta norma busca incrementar la eficiencia del transporte de mercancías por carretera mediante el pago por su uso, internalizando los costes directos de las infraestructuras viarias y de operación y tratando de que se asuman los costes externos o externalidades, como son la contaminación ambiental y la acústica, los accidentes, la congestión y el cambio climático.

Figura 4.3. El transporte en vehículos cisterna es una modalidad de transporte de cargas completas. En la imagen, un camión de transporte de productos lácteos circulando por una autopista.

- **Cargas fraccionadas o grupaje** *(partial load; groupage)*

  La modalidad de carga fraccionada (transporte nacional) o grupaje (transporte internacional) es necesaria cuando el peso o volumen de las mercancías que envía el cargador no completan un vehículo de carretera, un contenedor o una caja móvil. Por razones de economía conviene entonces agrupar las mercancías de distinto peso, clase o volumen, de diferentes cargadores, atendiendo a su origen en una zona determinada del país de expedición, y consignadas a sus destinos.

  Estas operaciones son llevadas a cabo por operadores de transporte (consolidadores de carga) —transitarios en el caso del transporte internacional— que pueden tener reservado espacio de carga en vehículos de línea regular para garantizar la atención a sus clientes.

  En esta modalidad de transporte se integran los servicios de paquetería urgente y la distribución urbana de mercancías (DUM).

A su vez, cualquier servicio de transporte por carretera puede prestarse con la fórmula de:

- **Transporte regular** *(regular transport)*
  Cuando la empresa transportista presta el servicio con una periodicidad, unas tarifas y un trayecto preestablecidos que pone en conocimiento de sus potenciales clientes. Se utiliza para atender el transporte general de volúmenes de carga pequeños, medianos o grandes, incluyendo la posibilidad de un vehículo o unidad de carga completos.

- **Transporte discrecional** *(private transport hire; multiple drop transport)*
  Servicio de transporte por carretera de grandes volúmenes de mercancía, en general mediante el arrendamiento por el cargador de uno o más vehículos completos para efectuar uno o más viajes. El transporte discrecional no está sujeto a ningún itinerario, frecuencia o zona geográfica determinada, calendario u horario preestablecido, ni tarifas fijas, ya que los precios quedan supeditados a las oscilaciones del mercado.

- **Transporte dedicado** *(dedicated transport)*
  En este caso, la empresa cargadora contrata a la transportista por un período de tiempo determinado los servicios de uno o más camiones, con las características que se ajusten a las mercancías que hay que transportar, bien sea para realizar trayectos regulares o no.

Agentes que intervienen:

– Empresa de transporte o transportista (agencia de transporte, grupajista...).

Enlaces en internet...

Transporte por carretera
  – Astic (Asociación del Transporte Internacional por Carretera)
    www.astic.net
  – CETM (Confederación Española de Transporte de Mercancías)
    www.cetm.es
  – Fenadismer (Federación Nacional de Asociaciones de Transporte de España)
    www.fenadismer.es
  – IRU (Unión Internacional del Transporte por Carretera)
    www.iru.org
  – Transfrigoroute International
    www.transfrigo.com

4 El transporte ferroviario

Utiliza el ferrocarril como medio de transporte en el segmento principal de su cadena de transporte.

El principio de rodadura sobre un camino fijo de metal que utiliza el ferrocarril se basa en un descubrimiento que ya se aplicaba en la antigüedad. Los carriles de piedra o de bronce que reducían el rozamiento de las rodaduras y facilitaban el transporte de cargas pesadas fueron utilizados por los egipcios, indios, persas y romanos.

En la actualidad, el ferroviario es el modo de transporte con más perspectivas de crecimiento en Europa en las próximas décadas, a pesar de haber perdido una considerable cuota de mercado en el último cuarto del pasado siglo XX (de un 17 % en 1970 a un 8 % en 2009), muy lejos de la que mantiene en otras regiones del mundo (en EE.UU. tiene una cuota del 40 %).

En algunos países, el ferrocarril todavía tiene muy poca representación en su sistema de transporte de mercancías. En España, sólo se transportan en el modo ferroviario el 4 % del total de mercancías transportadas, con un volumen de 30,9 millones de toneladas en 2006, y un descenso del 34 % en el período de 1980 a 2005. Al no haberse creado las infraestructuras ni los servicios relacionados con éstas, las grandes inversiones del ferrocarril se encuentran básicamente focalizadas hacia el transporte de pasajeros. Por otro lado, la utilización de la alta velocidad para este segmento de mercado ha supuesto un avance frente al uso del modo aéreo en las distancias cortas –hasta las cuatro horas en avión.

4.1 Características del transporte ferroviario

Las características más significativas del transporte ferroviario de mercancías son:

Enlaces en internet...

Transporte ferroviario
- Adif (Administrador de Infraestructuras Ferroviarias)
  www.adif.es
- Alaf (Asociación Latinoamericana de Ferrocarriles)
  www.alaf.int.ar
- Fundación de los Ferrocarriles Españoles
  www.ffe.es
- Otif (Organización Intergubernamental para el Transporte Internacional por Ferrocarril)
  www.otif.org
- Renfe
  www.renfe.es

- *Capacidad.* Es el único modo de transporte que puede competir con el marítimo en el movimiento de grandes cargas.
- *Internacionalidad.* La uniformidad técnica en cuanto a infraestructuras y equipos en la mayor parte de los países facilita el desarrollo de los intercambios ferroviarios.
- *Penetrabilidad.* Después de la carretera, es el medio con mayores posibilidades para el servicio «puerta a puerta» en el tráfico de grandes volúmenes de carga mediante ramales y apartaderos particulares o estaciones en grandes industrias.
- *Seguridad.* Tiene uno de los índices de siniestralidad más bajo entre los medios de transporte.
- *Segmentación de productos.* Es especialmente idóneo para el transporte de productos de poco peso y mucho volumen (que en carretera serían casi prohibitivos), o bien para los de mucho peso y poco volumen (no pueden circular por carretera), o aquellos otros con una necesidad de velocidad de servicio no inmediata. En este último sentido, la velocidad relativa del ferrocarril condiciona su idoneidad para el transporte urgente de mercancías o para tráficos de flujo tenso,[2] como las entregas «justo a tiempo».
- *Servicios rentables a larga distancia.* Es más rentable y se justifican sus tiempos cuando se supera una distancia mínima de 500-700 km, aproximadamente.
- *Infraestructuras.* Precisa de grandes inversiones en infraestructuras y en equipos, lo que dificulta la participación de empresas privadas en los servicios de transporte ferroviario.
- *Sostenibilidad.* Es el modo menos contaminante para el medio ambiente atendiendo a su tasa de arrastre por tonelada movida respecto a la energía consumida, con un coeficiente de rodadura o *resistencia específica a la tracción* del 3 %, lo que significa que es necesaria sólo una fuerza de tres toneladas para desplazar horizontalmente una carga de mil toneladas.
- *Intermodalidad.* Posibilidades de interactuar con otros modos de transporte, como el marítimo y por carretera. El modo aéreo no ha desarrollado su potencialidad mediante contenedores.
- *Trazabilidad.* Completa trazabilidad en el seguimiento de las unidades de carga, tanto en el ámbito de las terminales como en el recorrido de los tráficos.
- *Retornos en vacío.* Retornos en vacío de material ferroviario y equipo móvil (contenedores, cajas móviles, semirremolques, etc.) a precios muy competitivos respecto a otros modos de transporte.

---

[2] *Flujo tenso* es como se conoce al sistema de reposición de productos a la plataforma final de cliente o punto de venta basado en los sistemas «tirar» *(pull)* y «justo a tiempo», sin *stock* de seguridad, a través del cual la demanda genera los pedidos de manera automatizada desde los centros de venta a los centros de almacenaje y distribución, que los suministrarán de acuerdo con los acuerdos y condicionantes de servicio.

– *Regularidad.* Factor de la calidad del servicio del ferrocarril. Permite la circulación permanente, incluidos los fines de semana y en condiciones atmosféricas muy adversas, a diferencia de las restricciones de otros modos: en la carretera, fines de semana sin poder circular; en el aéreo y el marítimo mayores restricciones frente a las inclemencias del tiempo, por ejemplo.

4.2   Los servicios de transporte ferroviario

En el transporte de mercancías por ferrocarril se distinguen estas modalidades principales de prestación de servicios:

- **Transporte combinado**
  Es el transporte ferroviario mediante contenedores, cajas móviles, semirremolques u otras unidades de transporte intermodal, entre terminales especializadas, desde las que son acarreadas al lugar de origen o destino en vehículos de transporte por carretera.

- **Cargas completas**
  Transporte de mercancías desde origen a destino en vagones completos, en tren multicliente o tren completo, en este último caso generalmente con un solo pro-

Figura 4.4. Transporte de etanol en vagones cisterna entre la planta de fabricación de este biocombustible en Babilafuente (Salamanca), en Castilla y León, y el puerto de Santander, en Cantabria, distante 400 km.

Saber más...

La seguridad en el transporte

C-TPAT

Son las siglas de *Customs Trade Partnership Against Terrorism*, programa voluntario de seguridad de la cadena de suministro para los importadores con sede en EEUU, promovido por el gobierno de este país con la finalidad de prevenir la actuación de organizaciones terroristas contra sus intereses.

Mediante el programa C-TPAT se gestiona en el exterior de EEUU los riesgos para su seguridad. Ello requiere que los proveedores en el extranjero de las empresas que participan en el programa sean auditados respecto a diversos componentes de la seguridad. Las empresas adheridas obtienen ventajas en la reducción de los tiempos de inspección en las aduanas, agilizan los trámites aduaneros e incrementan la seguridad de las mercancías durante el proceso de comercio internacional.

Los aspectos más destacados del programa C-TPAT se refieren a:

— Seguridad del personal.
— Seguridad física de las instalaciones respecto a elementos de seguridad como barreras, compuertas, iluminación, alarmas, cerraduras...
— Control de acceso físico a instalaciones mediante tarjetas de banda magnética, identificación fotográfica, control de llaves...
— Seguridad de los procedimientos, especialmente los relacionados con el control de entrada y salida de productos y su trazabilidad, sistemas de seguridad, etc.
— Seguridad de los sistemas de información y comunicación, mediante procedimientos para la seguridad de los sistemas informáticos y planes de contingencia.
— Formación en seguridad.
— Seguridad de los contenedores, mediante procedimientos para la inspección, carga y descarga, sellos y cierres de seguridad, etc.

Código PBIP (ISPS Code*)*

Código de Protección de Buques e Instalaciones Portuarias *(Ship and Port Facilities Security Code)*, de ámbito internacional, en vigor desde el 1 julio de 2004, impulsado por la OMI, para la seguridad del transporte marítimo de mercancías y pasajeros, donde se incluye la protección de los buques y las instalaciones portuarias.

Las medidas más destacadas del Código PBIP sobre la gestión de la seguridad se centran en:

— Designar a oficiales de seguridad para las instalaciones, los buques y los operadores en general.
— Desarrollar planes y efectuar evaluaciones de seguridad en buques e instalaciones.
— Formar en seguridad.
— Implantar controles de accesos a buques e instalaciones.
— Determinar zonas de acceso restringido.
— Implantar una interfaz entre la instalación portuaria y el buque.
— Monitorizar la seguridad.

ducto perteneciente a un mismo cliente. El transporte de cargas completas es particularmente adecuado para el acarreo de determinadas mercancías de gran peso o volumen a largas distancias: graneles sólidos y líquidos, materiales de construcción, productos semielaborados del hierro y del acero, mercancías unitizadas no contenerizadas, automóviles, etc. Los operadores ferroviarios especializados disponen de material rodante para cada tipo de carga, y ofrecen servicios asociados a entregas y recogidas en apartaderos privados o en las terminales ferroviarias.

- **Cargas fraccionadas**
  Servicio de transporte puerta a puerta de cargas que no alcanzan a llenar un vagón o un contenedor.

A su vez, de manera similar que en otros modos, los servicios de transporte ferroviario pueden prestarse con la fórmula de transporte regular, con una frecuencia, un itinerario y unas tarifas preestablecidos, o bien el cliente puede contratar el transporte de un tren completo en *régimen facultativo,* en cuyo caso pactará con el operador ferroviario el itinerario y los horarios, la posible frecuencia y la tarifa.

Agentes que intervienen:

- El operador de transporte intermodal.
- La compañía ferroviaria.
- El gestor de infraestructuras ferroviarias.

5   El transporte marítimo

Desde los albores de las culturas mediterráneas, el transporte marítimo es el modo más utilizado en el comercio internacional. La facilidad de acceso al medio marítimo, el desarrollo tecnológico de los buques y la globalización de los mercados lo ha consolidado como el modo de transporte que mueve una mayor cantidad de carga, especialmente la contenerizada y las grandes masas de graneles líquidos y sólidos.

Su desarrollo futuro seguirá determinado por el hecho de que el medio marino actúa como una infraestructura natural, a la que sólo se debe añadir el medio de transporte y los nodos logísticos necesarios: los puertos y sus zonas de actividades logísticas. Más allá de las grandes rutas intercontinentales, dominadas por un reducido grupo de navieras, el reducido coste que deben soportar las mercancías transportadas por mar hace del transporte marítimo de corta distancia el modo de transporte más eficiente entre puertos de un mismo país o región.

5.1   *Características del transporte marítimo o fluvial*

Las características básicas del transporte marítimo son:

- *Internacionalidad.* Es el modo de transporte de más bajo coste y el menos contaminante para transportar grandes volúmenes de mercancía entre puntos geográficamente distantes, ya sean graneles sólidos, líquidos o carga contenerizada.
- *Versatilidad.* El diseño de los buques ha alcanzado una gran especialización, adaptándose a la naturaleza de la mercancía que se ha de transportar.
- *Gran capacidad.* Existen buques de una amplia gama de tamaños, desde los pequeños de 100 TPM (toneladas de peso muerto), hasta los mayores de 300.000 TPM.
- *Competencia.* La mayor parte del tráfico internacional se efectúa en libre competencia en el mercado de fletes. Habitualmente, oferentes y demandantes conocen sus respectivas necesidades, los fletes que se practican y las operaciones que se realizan.
- *Velocidad relativa.* Sin poder competir en velocidad con otros modos (aéreo, carretera o ferroviario), la velocidad del transporte marítimo se establece en función del tipo de servicio y del diseño del buque.
- *Infraestructuras y equipamientos.* Necesidad de infraestructuras portuarias en tierra, con instalaciones adecuadas a las cargas transportadas (terminales, grúas, accesos, áreas para el trasbordo de cargas, etc.).
- *Intermodalidad.* Interactúa con otros modos de transporte, como el ferroviario y la carretera.
- *Escasa penetrabilidad.* Posee una gran dependencia de la carretera o del ferrocarril para alcanzar el destino de la mercancía, salvo en el caso de empresas que cuentan con terminales portuarias dedicadas (refinerías de hidrocarburos, plantas de gasificación, etc.).

El transporte por vías navegables en el interior de los territorios posee la mayor parte de estas características, sumando los siguientes aspectos:

- Costes reducidos de transporte mediante el sistema de arrastre de gabarras por un remolcador.
- Capacidad de mover grandes masas hacia el interior y el exterior de los continentes, llegando con facilidad a los centros de distribución de las grandes ciudades.
- Pocas infraestructuras básicas.
- Uso polivalente de los buques o gabarras para cualquier tipo de producto.

Es un modo muy usado en algunas zonas del mundo, por ejemplo:

- En Europa central, en ríos como el Danubio, el Po, el Ródano y el Rin, combinados con una amplia red de canales navegables.

- En EEUU, en la zona de los Grandes Lagos, en la frontera con Canadá y, en el sur, en el río Misisipí.
- En Sudamérica, en toda la cuenca del río Amazonas y la hidrovía del río Paraná, con salida al Río de la Plata.

5.2 Los servicios de transporte marítimo

En el transporte marítimo de mercancías se distinguen dos mercados principales de prestación de servicios:

Saber más...

La estiba

Es la operación de movimiento de la mercancía, mediante su manipulación, distribución y colocación adecuadas en un medio de transporte para evitar o minimizar su posible daño, facilitar descargas y proteger a las personas o las cosas.

En el transporte marítimo, incluye el movimiento de la mercancía, desde que se halla suspendida en el costado del buque hasta que se encuentra definitivamente emplazada a bordo del mismo, de manera que no pueda desplazarse ni sufrir daños o deterioros, ocupando el menor espacio posible, y dispuesta para que después pueda manipularse con facilidad.

Por extensión, en las operaciones de almacenamiento también se denomina estiba a la acción de colocar una unidad de carga en su ubicación.

El factor de estiba

Es la relación que existe entre el peso y el volumen de una mercancía que se debe transportar. Es diferente para cada modo de transporte:

FACTOR DE ESTIBA

Aéreo	1 t = 6 m³	1 m³ = 166,66 kg
Carretera	1 t = 3 m³	1 m³ = 333,33 kg
Ferroviario	1 t = 4 m³	1 m³ = 250 kg
Marítimo	1 t = 1 m³	1 m³ = 1.000 kg

Para tarifar el precio de un transporte se debe multiplicar la tarifa por el peso real de la mercancía, aunque teniendo en cuenta su ocupación en metros cúbicos. Para ello, también se debe realizar la conversión de volumen a peso, a través de su ratio (factor de estiba) correspondiente, y repetir la multiplicación con los kilos que se hayan obtenido de dicha conversión. El precio definitivo será igual al del valor más elevado de los dos cálculos.

Respecto al seguro en el transporte, en el pago de las indemnizaciones no se considera ninguna relación peso/volumen, sino que sólo se toma en cuenta el peso bruto declarado, en el que debe incluirse el de los envases y embalajes correspondientes.

- **Mercado de tráficos de línea regular**

  - Se llevan a cabo de acuerdo con unos servicios preestablecidos y con un itinerario determinado, con previsión de día y hora de salida y llegada en cada puerto de escala en la ruta que sigue el buque y ofreciendo públicamente al mercado su servicio de transporte.
  - Los buques de línea regular generalmente transportan materias primas de alto valor unitario, componentes semielaborados y productos manufacturados.
  - Las mercancías suelen transportarse en contenedores –siempre que su naturaleza lo permita– que coexisten con otras unidades de carga: la carga rodada (camiones), y otras que se utilizan en la mercancía general: los palés, los sacos, las cajas, los bidones, etc.
  - El establecimiento y mantenimiento de líneas regulares requiere unas inversiones importantes y una compleja organización por parte de la compañía naviera:

    - Flotas equipadas para el tipo de transporte que hay que desarrollar.
    - Equipamientos y equipos auxiliares para desarrollar la logística del transporte, sean propios o subcontratados.
    - Redes comerciales y administrativas.
    - Sistemas informáticos capaces de soportar la operativa comercial y de navegación.
    - Capacidad para prestar servicios logísticos integrales.

  Empresas o agentes que intervienen:

  - Naviera.
  - Transitaria.
  - Consignataria.
  - Estibadora.

  La estructura de costes que afectan al transporte marítimo de mercancías de línea regular consta de dos partes:

  a) Los costes previos al embarque (utilizando como modelo el incoterm FOB):

  - Gastos de transporte terrestre hasta el puerto de carga.
  - Recepción y almacenaje de la mercancía.
  - Traslado, carga y estiba a bordo.
  - Tarifa portuaria (si existe), como la T-3 en España (operaciones de carga, descarga y trasbordo a un precio por tonelada).
  - Gastos de preparación de documentos.
  - Despacho aduanero de exportación (en su caso).

Figura 4.5. El transporte marítimo es el de más bajo coste y el menos contaminante para transportar grandes volúmenes de mercancía. En la imagen, la terminal de contenedores TCV, en el puerto de Valencia.

b) *El flete* o retribución económica que se abona al transportista. El flete básico se deriva directamente de la tarifa que corresponda aplicar en función del peso o del volumen de la mercancía que se ha de transportar. A estas dos modalidades de flete, descritas al inicio de este capítulo, debe añadirse el «flete *lumpsum*».

El flete *lumpsum* o «flete por precio global» consiste en un tanto alzado que el fletador abona a la naviera por disponer de la bodega del buque y, por tanto, de su capacidad de carga, no por la cantidad de mercancía embarcada o entregada realmente.

Una modalidad de este flete es el «flete único por unidad contratada» *(lumpsum box rate),* es decir, por unidad de carga, que se aplica en el transporte de contenedores e incluye la carga, estiba, desestiba y descarga (en términos de línea o muelle). En este caso, los contenedores más pesados soportan un flete unitario superior al de los contenedores ligeros, con mercancía de un peso menor.

A su vez, el flete básico puede verse afectado por una serie de factores de ajuste o recargos:

– *Ajuste de combustible* o BAF *(bunker adjustment factor).* Ajuste en las tarifas que aplican las navieras por el incremento o descenso del precio del combustible, según el día en el que se efectúa la carga, expresado en porcentaje o como importe fijo por TEU transportado.

— *Ajuste por compensación de cambio* o CAF *(currency adjustment factor)* que aplican las compañías de transporte sobre el flete, según el día en el que se produce la carga, por diferencias de cambio de divisas, en sentido positivo o negativo.

— *Cargo por manipulación en la terminal* o THC *(terminal handling charge)*. Cantidad que el armador cobra en concepto de manipulación (estiba, desestiba, movimientos internos...) de las mercancías o unidades de carga en la terminal portuaria.

— *Recargo por carga peligrosa* o HCS *(hazardous cargo surcharge)* que se aplica por cargas peligrosas de acuerdo con los códigos de la IMO.

— *Recargo por congestión* o CS *(congestion surcharge)* en el puerto de salida o de destino.

— *Recargo por longitud excesiva* o ELS *(extra length surcharge)* que aplican las navieras por exceso en las dimensiones de la mercancía en la contratación del flete.

— *Recargo por cobro en destino (collect surcharge)* que aplican las compañías sobre el flete por su cobro en el destino de la carga, y que habitualmente equivale al 3 % del valor del flete.

— *Recargo por peso excesivo* o EWS *(extra weight surcharge)* que aplican las compañías navieras por sobrepeso en la contratación del flete.

Pueden existir otros recargos que eventualmente pueden exigir las navieras, de acuerdo con las circunstancias del mercado, como la estacionalidad o el riesgo de guerra, por ejemplo. Es el caso del «flete de retorno», que aplica la naviera para cubrir el retorno de una mercancía al puerto de origen o a otro puerto, en caso de no poder entregarla por causa de fuerza mayor.

También puede existir una indemnización que percibe el armador, conocida como «flete en vacío», que puede exigir éste cuando el fletador no proporciona la carga en la cantidad prevista o cuando ésta no ocupa el espacio reservado a bordo del buque.

- **Mercado de tráficos** *tramp*

En este mercado, los servicios de transporte marítimo no tienen ruta fija ni fletes uniformes, y se lleva a cabo por los denominados buques volanderos o *tramp* que no prestan servicios regulares o conferenciados, con el fin de transportar mercancías entre diferentes puertos, según la demanda del cargador. Una vez finalizado el servicio, el armador queda libre de compromiso para contratar cualquier otro servicio de transporte. Los fletes en los tráficos *tramp* no acostumbran a incluir los costes de carga-descarga y estiba-desestiba.

La relación contractual entre el propietario o fletante y el cargador o fletador se fija mediante la póliza de fletamento, que puede formalizarse en las modalidades de:

- *Arrendamiento a casco desnudo,* mediante la cesión del buque por el propietario al arrendatario o fletador por un tiempo determinado a cambio de un flete, con lo que este último se convierte en armador del buque, y controla la gestión náutica y comercial del mismo.
- *Fletamento a tiempo y fletamento por viaje,* a través de la cesión del buque, equipado y en perfecto estado de navegabilidad, por el fletante al fletador a cambio de un flete. Si es por viaje, éste puede ser sencillo, de ida y vuelta o redondo, y por un determinado número de viajes consecutivos. Si es por un tiempo determinado, puede ser con tripulación o sin ella.

Para obtener un flete adecuado, hay que tener en cuenta una serie de factores en función del coste diario del mismo:

- La proximidad del buque que se fleta al puerto de carga.
- La relación velocidad del buque/consumo de combustible.
- El número de tripulantes necesarios para la navegación.
- El tiempo que se dedica a las operaciones de carga y descarga, que se traduce en un plazo conocido como «tiempo de plancha», que el cargador-receptor y armador estipulan en el contrato de fletamento, durante el cual el buque deberá permanecer en puerto.
- La adecuación del volumen de la bodega al tamaño del cargamento.

En este mercado, las mercancías están constituidas principalmente por materias primas o productos de escasa elaboración, como graneles sólidos o líquidos (minerales, cereales, combustibles, etc.), en partidas de gran volumen que configuran el cargamento completo de un buque que se contrata específicamente para cada transporte. Por lo general, se trata de mercancías de bajo valor unitario que no pueden soportar costes de transporte elevados.

Empresas o agentes que intervienen:

- Naviera.
- Agente marítimo o *broker.*
- Consignataria.
- Estibadora.

5.3   El transporte fluvial

El transporte por vías navegables en el interior de los territorios posee unas características muy similares al modo marítimo, incidiendo particularmente en los siguientes aspectos:

- Costes reducidos de transporte mediante el sistema de arrastre de gabarra por un remolcador.
- Capacidad de mover grandes masas hacia el interior y el exterior de los continentes, llegando con facilidad a los centros de distribución de las grandes ciudades.
- Pocas infraestructuras básicas.
- Sistema intermodal mediante la utilización de contenedores, con fácil conexión a otros modos de transporte (marítimo, ferroviario y por carretera).
- Uso polivalente de los buques o gabarras para cualquier tipo de producto.

Es un medio muy usado en algunas zonas del mundo, por ejemplo:

- En Europa central, en ríos como el Danubio, el Po, el Ródano y el Rin, combinados con una amplia red de canales navegables.
- En EEUU, en la zona de los Grandes Lagos, en la frontera con Canadá y, en el sur, en el río Misisipí.
- En Sudamérica, toda la cuenca del río Amazonas y la hidrovía del río Paraná, con salida al Río de la Plata.

5.4   Contratación de fletes y términos de entrega

En la contratación del transporte marítimo, tanto de línea regular como en régimen de fletamento, tiene gran importancia la definición de a quién corresponden los gastos de carga, estiba y, en su caso, trimado, estrechamente relacionados con el incoterm que se haya pactado en la operación de compraventa, por lo que se debe indicar qué parte de dichos gastos están englobados en el flete y cuáles corresponden al cargador. Esta definición se realiza mediante unas cláusulas que especifican los «términos de entrega»:[3]

- **FIO** (*free in and out* o **«libre dentro y puesta fuera del buque»**)
  Cláusula mediante la que el fletador asume los riesgos y la ejecución de cualquier operación hasta el momento en que la mercancía se encuentre a bordo del buque,

---

[3] Las cláusulas que se indican son las utilizadas preferentemente en Europa Occidental.

abonando sus costes. Ello incluye el traslado de la mercancía hasta el puerto, la descarga del vehículo terrestre, el despacho de aduana, los impuestos, la carga y la estiba, y las operaciones contrarias en el puerto de destino. La obligación de custodia por el fletante se inicia a bordo del buque en el puerto de carga, y finaliza con la entrega de la carga dentro de la bodega del buque en el puerto de descarga.

- **FIOS** (*free in and out stowed* o **«libre dentro, estibada y puesta fuera del buque»**)
  Cláusula de transporte marítimo de iguales características que la FIO, donde se precisa que la estiba es de responsabilidad exclusiva del fletador, siendo éste quien corre con el coste de la colocación de la carga en las bodegas del buque.

- **FIOST** (*free in and out stowed and trimed* o **«libre dentro, estibada, trimada y puesta fuera del buque»**)
  Cláusula de transporte marítimo de iguales características que la FIO, donde se precisa que la estiba y el trimado son de responsabilidad exclusiva del fletador, siendo éste quien corre con el coste de la colocación y el enrasado de la carga en las bodegas del buque.

Cuando el operador de transporte marítimo presta sus servicios en régimen de línea regular, indicando con ello que posee un buen conocimiento de las condiciones operativas de una determinada ruta, puede ofertar unas «condiciones de línea» *(liner terms)*, donde el flete incluye los gastos y riesgos de la carga, estiba, desestiba y descarga:

- **FILO** (*free in/liner out*)
  Cláusula mediante la que el fletador asume expresamente los riesgos y la ejecución de las operaciones de carga y estiba en el puerto de carga, abonando sus costes, mientras que el armador o fletante asume los riesgos y la ejecución de la desestiba y descarga en el puerto de destino. La obligación de custodia de la carga por el fletante se inicia a bordo del buque en el puerto de carga, y finaliza con la entrega de la misma en el muelle, al costado del buque, en el puerto de descarga.

- **LIFO** (*liner in/free out*)
  Cláusula opuesta a la FILO, mediante la que el armador o fletante asume expresamente los riesgos y la ejecución de las operaciones de carga y estiba en el puerto de carga, abonando sus costes, mientras que el fletador asume los riesgos y la ejecución de la desestiba y descarga en el puerto de destino. La obligación de custodia por el fletante se inicia con la recepción de la carga en el muelle, al costado del buque, en el puerto de carga, y finaliza con la entrega de la mercancía a bordo del buque en el puerto de descarga.

- **LILO** *(liner in/liner out; full liner terms* o «condiciones de línea completas»)
  Cláusula referida a que el flete de una carga incluye los gastos de estiba en el puerto de carga, así como los de desestiba en el de descarga.

- **Muelle a muelle** *(pier to pier)*
  Modalidad de condiciones de línea donde el operador de transporte marítimo incluye en el flete todos los gastos de manipulación de la mercancía (carga y estiba, desestiba y descarga), desde que se encuentra depositada en el muelle del puerto de embarque hasta que se sitúa sobre el muelle del de descarga, a disposición del destinatario.

Existen asimismo otras cláusulas que se pueden utilizar en circunstancias determinadas:

- **COP** *(custom of the port)* o «costumbres del puerto»
  Cláusula referida a los gastos y riesgos sobre la carga, estiba, desestiba, descarga,

---

Enlaces en internet...

Transporte marítimo y fluvial
- Comisión Interamericana de Puertos
  www.oas.org/CIP
- Amanac (Asociación Mexicana de Agentes Navieros, AC)
  www.amanac.org.mx
- Anave (Asociación de Navieros Españoles)
  www.anave.es
- BIC (Bureau International des Containers)
  www.bic-code.org
- Bimco (Consejo Marítimo Báltico e Internacional)
  www.bimco.dk
- Dirección General de la Marina Mercante
  www.fomento.es
- IIDM (Instituto Iberoamericano de Derecho Marítimo)
  www.iidmaritimo.org
- IMO (Organización Marítima Internacional)
  www.imo.org
- Pianc (Permanent International Association Navigation Congress)
  www.pianc.org
- Puertos del Estado
  www.puertos.es
- Shortsea Promotion Centre – Spain (Asociación Española de Promoción del Transporte Marítimo de Corta Distancia)
  www.shortsea-es.org

etc., que debe asumir el fletante, en el sentido que dichas operaciones quedan sometidas a las «costumbres del puerto».

- **FIOCOP** *(free in and out customs of the port)*
Cláusula de transporte marítimo, similar a la FILO, mediante la que el fletador asume los riesgos y la ejecución de las operaciones de carga y estiba en el puerto de carga, abonando sus costes; mientras que el armador asume los riesgos y la ejecución de la desestiba y descarga, de acuerdo con las «costumbres del puerto» de destino.

- **FD** *(free discharge)*
Cláusula mediante la cual el fletador se compromete a asumir los riesgos y la ejecución de las operaciones de desestiba y descarga, abonando sus costes. La obligación de custodia por el fletante finaliza con la entrega de la carga dentro de la bodega del buque en el puerto de descarga.

En el transporte marítimo de contenedores, donde no se cotizan los fletes con cláusulas FIO, suelen aplicarse condiciones de línea completas o cláusulas y condiciones específicas para este tipo de unidades de carga:

Figura 4.6. En el transporte marítimo de contenedores suelen aplicarse condiciones de línea completas o cláusulas y condiciones específicas para este tipo de unidades de carga. En la imagen, buque portacontenedores en el muelle de la Terminal XXI del puerto de Sines (Portugal).

- **Puerta a puerta** *(door-to-door / house to house)*

  Cláusula de transporte marítimo de contenedores mediante la que el fletador asume la obligación de cargar el contenedor en su almacén y entregarlo al porteador. Éste lo transporta por su cuenta y riesgo desde el almacén de origen al de destino, donde lo entrega al receptor, siendo por cuenta de este último la operación de desagrupar la carga del contenedor. Una vez descargado el contenedor, el receptor debe devolverlo a la naviera en el plazo que se haya acordado con ésta. Transcurrido este tiempo incurre en una sobretasa diaria. Habitualmente, el remitente corre con los gastos de alquiler del contenedor.

- **Puerta a puerto** *(house to pier)*

  Modalidad de tráfico marítimo de contenedores en la que el exportador es responsable de la carga y estiba, en tanto el transportador lo es de la descarga y desestiba en el puerto de destino, así como de poner el contenedor a disposición del consignatario. El importador transporta el contenedor desde el puerto hasta el lugar de depósito de las mercancías, descarga el contenedor y lo devuelve a la naviera.

- **Puerto a puerta** *(pier to house)*

  Modalidad de tráfico marítimo de contenedores en la que el transportador es responsable de la carga y estiba del contenedor, en tanto que la descarga y desestiba lo son del importador. Como en el caso anterior, el importador transporta el contenedor desde el puerto hasta el lugar de depósito de las mercancías, descarga el contenedor y lo devuelve a la naviera.

- **CY/CY** *(container yard/container yard* o **«desde patio de contenedores a patio de contenedores»**)

  Expresión que se indica en los conocimientos de embarque en el transporte de contenedores para referirse a su transporte desde que éste se encuentra en la terminal de carga en el puerto de origen hasta que se deposita en la terminal de descarga en el puerto de destino.

6   El transporte aéreo

Es el modo de transporte de más reciente implantación. El primer vuelo comercial con mercancías partió del aeropuerto civil de Hounslow, cercano al lugar donde se encuentra actualmente el aeropuerto de Heathrow, en Londres, el 25 de agosto de 1919 con destino a París.

Desde entonces, la carga aérea ha ido acomodándose a la capacidad de las bodegas de los aviones, impulsando el uso de contenedores o ULD *(unit load device* o «elemento unitario de carga»), la construcción de aeronaves cargueras especialmente diseñadas para el transporte de mercancías, y utilizando vuelos discrecionales o líneas regulares dedicadas.

En el desarrollo del transporte aéreo influyen especialmente los siguientes factores:

– La demanda de mayor *rapidez* en el transporte como servicio integrado en los modelos de comercialización y distribución.
– La distribución de productos con un elevado *valor unitario.*
– El incremento de las *distancias* entre origen y destino, debido al alejamiento de las áreas de almacenamiento y consumo de las de producción.
– El aumento de *tipologías* de productos que se introducen en el comercio internacional.
– El creciente consumo de productos *perecederos.*

6.1 Características del transporte aéreo

Las características más significativas del transporte aéreo son:

– *Rapidez.* El transporte aéreo es especialmente adecuado para mercancías urgentes, productos perecederos y aquéllos de elevado valor unitario.
– *Seguridad.* Los índices de seguridad del transporte aéreo alcanzan la más alta cota entre todos los medios de transporte.
– *Internacionalidad.* La utilización del espacio aéreo de unos países por otros, la navegabilidad del medio aéreo y la facilidad de acceso de las aeronaves a cualquier territorio hacen del transporte aéreo el más internacional de los modos.
– *Flexibilidad.* Existe una versátil y amplísima gama de modelos de aeronaves: desde las pequeñas avionetas hasta los grandes cargueros para vuelos intercontinentales.
– *Costes.* El elevado coste del transporte aéreo limita su uso a mercancías de alto valor unitario o a aquellas en que la rapidez en la entrega es un valor añadido significativo. Sin embargo, la rapidez de la operativa del transporte aéreo tiende a reducir el inmovilizado en existencias de las empresas, mejora el índice de rotación de los almacenes y agiliza la operativa de las operaciones comerciales, con lo que se reducen los costes logísticos y financieros globales de las mismas.
– *Intermodalidad.* Aunque permite el uso de contenedores, sus características específicas son una limitación para la combinación con otros modos de transporte.
– *Limitaciones en la carga.* Son debidas a las dimensiones de las puertas de las aeronaves, así como a la capacidad en metros cúbicos y al peso total de la mercancía.

Empresas o agentes que intervienen:

- Compañía aérea.
- Transitario / Agente de carga aérea / Agente IATA.
- Integrador o *courier.*
- Agente de *handling.*

6.2 Los servicios de transporte aéreo

A excepción de las mercancías que ocupan grandes volúmenes (hidrocarburos, graneles, minerales, etc.), la mayor parte tienen cabida en el transporte aéreo. No obstante, como observamos en la tabla 4.1, existen productos cuya naturaleza y valor los hacen especialmente susceptibles de ser transportados en el modo aéreo.

En cuanto a las modalidades de los servicios, el transporte aéreo ofrece las siguientes:

- **Servicios regulares** *(regular services)*
  Son los servicios de transporte aéreo de pasajeros y carga, de manera conjunta o por separado, incluidos en el tráfico programado de una compañía aérea, con horarios y tarifas anunciados.

Figura 4.7. El elevado coste del transporte aéreo limita su uso a mercancías de alto valor unitario o a aquellas en que la rapidez en la entrega es un valor añadido significativo. En la imagen, operaciones de carga en una terminal aeroportuaria.

- **Servicios chárter** *(charter services)*
  Servicios de transporte aéreo de pasajeros o de grandes volúmenes de mercancía, por lo general, mediante el arrendamiento de aeronaves completas para un recorrido determinado *(spot charter)* o una serie de viajes *(contract charter)*, sin que éstas tengan que servir una zona geográfica concreta ni se hallen sujetas a frecuencias ni tarifas fijas, ya que los precios quedan supeditados a las oscilaciones del mercado. Los servicios chárter se pueden realizar en circuito cerrado (viaje redondo), para evitar recorridos en vacío, o bien en vuelos unidireccionales, y pueden contratarse en exclusividad o en régimen de alquiler compartido *(split charter)*.

- **Grupaje aéreo** *(air groupage)*
  Es el servicio de transporte de mercancías con la modalidad de grupaje que presta un agente de carga aérea.

- **Servicios de alimentación por superficie** *(road feeder services o RFS)*
  Son un buen ejemplo de intermodalidad para atender eficazmente al mercado. En estos servicios (véase la figura 4.8), el camión se utiliza como vehículo comple-

Sector	*Productos*
Pesca	Pescado, crustáceos, moluscos, etc.
Vegetales	Plantas, frutas, flores, legumbres, hortalizas, cereales, productos de la molinería, semillas, etc.
Electrónica	Aparatos de óptica, telecomunicaciones, fotografía, electrónicos, audiovisuales, médicos, computadoras, etc.
Textil	Prendas confeccionadas, complementos de vestir, tejidos, etc.
Editorial	Prensa, revistas, libros, catálogos, etc.
Automoción	Equipos y componentes de la automoción, piezas de repuesto y ensamblaje, etc.
Farmacéutico y químico	Antibióticos y medicinas en general, vacunas, etc.
Calzado	Calzado y partes del mismo.
Peletería	Pieles, manufacturas de cuero y peletería en general.
Industrias alimentarias	Preparados, artículos de confitería, bebidas, etc.
Animales	Animales de compañía, reproducción, cría, etc. (ungulados, equinos, aves, peces...).
Joyería	Perlas, piedras preciosas, metales preciosos, manufacturas, bisutería y monedas.
Maquinaria	Máquinas, aparatos y sus componentes, piezas de repuesto, etc.

Tabla 4.1. Sectores que utilizan en mayor medida el transporte aéreo de carga.

mentario del avión, aunque la mercancía ha de estar documentada como de tráfico aéreo, es decir, debe disponer de su contrato de transporte aéreo y manifiesto de vuelo.

Los servicios RFS son realizados por una compañía aérea con medios propios o subcontratados y pueden hacerse cargo de mercancía a granel o paletizada.

6.3 Las tarifas aéreas

Por sus características particulares, el transporte aéreo permite definir unas determinadas tarifas que pueden aplicarse con carácter general:

- **Tarifa general GCR** *(general cargo rate)*
  Tarifa de transporte aéreo que se fija ad valórem, es decir, mediante un porcentaje del valor atribuido a la carga, con una tasa fija y una variable, decreciente en función del peso de la mercancía o con sobrecargos para bultos de menor peso, ajustadas a la naturaleza de la mercancía, a su fragilidad, etc.

- **Tarifa de clase** *(class rate)*
  Incremento o descuento sobre las tarifas que puede aplicarse para el transporte aéreo de determinadas mercancías (prensa, animales vivos, restos humanos, equipajes, etc.).

- **Tarifa de contrato** *(special rate)*
  Se aplica a aquellos clientes preferenciales que se comprometen a transportar grandes cantidades de carga en períodos determinados.

Enlaces en internet...

Transporte aéreo
- Aceta (Asociación de Compañías Españolas de Transporte Aéreo)
  www.aceta.es
- Aena (Aeropuertos Españoles y Navegación Aérea)
  www.aena.es
- ALA (Asociación de Líneas Aéreas)
  www.alaspain.com
- ALTA (Asociación Latinoamericana de Transporte Aéreo)
  www.alta.aero
- IATA (International Air Transport Association)
  www.iata.org
- TIACA (The International Air Cargo Association)
  www.tiaca.org

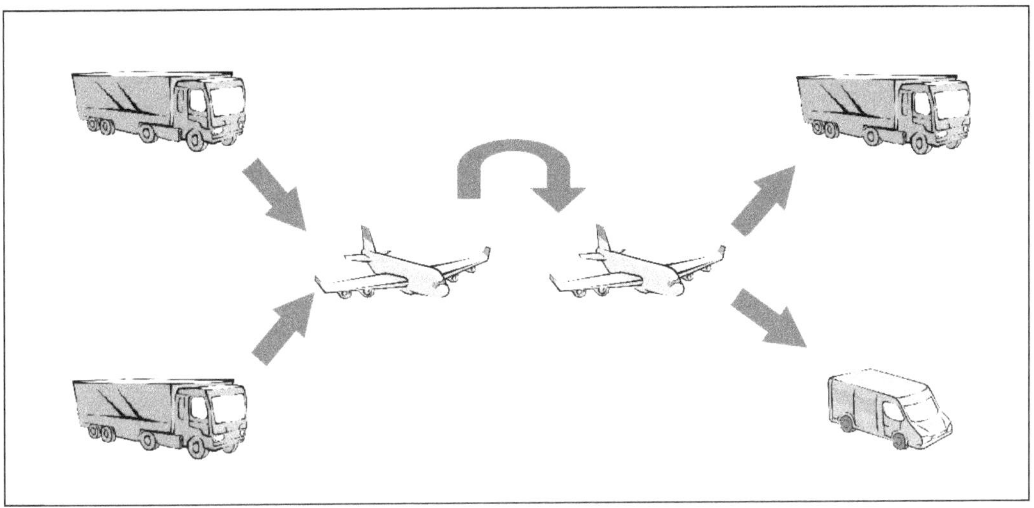

Figura 4.8. Esquema del proceso de los servicios de alimentación por superficie (RFS).

- **Tarifa para mercancía específica** *(specific commodity rates,* SCR)
  Tarifa especial destinada a incentivar el transporte aéreo de determinadas mercancías, en función del país de origen y del trayecto que se debe recorrer.

- **Tarifa por unidad de carga** *(ULD rate)*
  Tarifa de transporte aéreo para mercancías paletizadas o contenerizadas, fijada en función de la unidad de carga (ULD). Está compuesta por un precio fijo mínimo para un determinado número de kilogramos (tarifa *pivot)* más una tarifa complementaria (tarifa *over pivot)* que se aplica a los kilogramos restantes.

7   El transporte por tubería y cinta

A continuación, citamos los distintos recursos tecnológicos que permiten el movimiento de grandes cantidades de productos entre puntos fijos, recorriendo largas distancias o en instalaciones portuarias, refinerías, etc. Nos referimos a:

- Los oleoductos.
- Los gasoductos.
- Los sistemas de tubería en general.
- Las cintas transportadoras o los sistemas similares que posibilitan el traslado de productos a grandes distancias con dispositivos automatizados.

Capítulo 5
Aspectos técnicos de los medios de transporte

El concepto «medio de transporte» engloba el conjunto de técnicas, instrumentos y dispositivos que se utilizan para el traslado de personas o mercancías de un lugar a otro, incluida la marcha a pie. De manera más estricta, en este capítulo nos referiremos a los tipos de vehículos empleados para el transporte. Como veremos, cada modo de transporte dispone de una tipología específica.

Según el ámbito en el que se desenvuelven, los vehículos de transporte están concebidos en relación con distintos principios físicos, que se corresponden con los diferentes modos de transporte (véase la tabla 5.1)

Todos los vehículos o medios de transporte, sin embargo, presentan una serie de rasgos comunes en su explotación:

- Limitaciones de capacidad, peso y dimensiones.
- Requerimientos de resistencia estructural.
- Necesidad de optimizar el consumo de combustible.
- Cumplimiento de normas de seguridad.
- Capacidad de adaptación entre vehículos y mercancía.
- Autonomía relativa y complementariedad con otros medios (buque-camión, camión-tren, etc.).

Principio físico	*Modo de transporte*	*Vehículo* *Medio de transporte*
Principio de sustentación del ala	Aéreo	Aeronave
Principio de rodadura sobre camino fijo	Ferroviario	Tren
Principio de Arquímedes	Marítimo o fluvial	Buque
Principio de rodadura sobre camino variable	Carretera	Camión

Tabla 5.1. Relación entre los modos de transporte y los principios físicos en que se sustentan.

Estas características comunes condicionan, a su vez, aspectos tan significativos como:

- El volumen de la zona de carga.
- La potencia de la máquina propulsora.
- La disposición y protección de los espacios de carga.
- El bienestar y la comodidad de las tripulaciones.
- La seguridad de las mercancías que se transportan.

1   Transporte por carretera

1.1   La prestación del servicio

Para prestar servicios de transporte de mercancías por carretera, la Administración pública regula en cada país distintos tipos de autorización. La autorización de transporte habilita a una persona física o jurídica para realizar la actividad de transporte de mercancías en un determinado territorio: localidad, comarca, provincia, comunidad autónoma, Estado, o en el ámbito internacional.

Los transportes internacionales por carretera pueden estar:

- *Liberalizados:* exentos de autorización especial. De acuerdo con los convenios o tratados internacionales o las normas de organizaciones internacionales, para ejercer dicha actividad habitualmente basta con poseer la habilitación genérica que prevea la normativa vigente.
- *Fuera de contingente:* precisan autorización, pero no están limitados en número.
- *Contingentados,* precisan autorización y están sujetos a cupos.

Por otro lado, algunas regiones económicas, por ejemplo la Unión Europea, establecen políticas de armonización entre diferentes Estados que influyen en la eficiencia y los costes del transporte:

- *Tarifarias:* mediante el establecimiento de unas tarifas de referencia.
- *Fiscales:* por medio de una regulación homogénea de las distintas políticas fiscales.
- *Sociales:* controlando los tiempos de conducción y descanso, y fijando los requisitos de capacitación profesional.
- *Técnicas:* imponiendo el cumplimiento de normativas comunes sobre seguridad, dimensiones y pesos de los vehículos, etc.

1.2   Características de los vehículos

Los principales factores que influyen como limitaciones físicas de los vehículos en el transporte por carretera son:

- *La masa máxima autorizada (MMA).* Limitación legal estipulada para la circulación de un vehículo con carga por una vía pública, de modo que su masa en carga no debe superar nunca su MMA. Es igual a la suma de la carga útil más la tara del vehículo.
- *La masa por eje.* Es la masa que gravita sobre el suelo y que transmite el conjunto de ruedas acopladas a un determinado eje de un vehículo.
- *La longitud del vehículo,* referida a la longitud máxima del camión o unidad tractora más los remolques o semirremolques que arrastre.
- *La anchura del vehículo,* que puede variar dependiendo de la función que desempeñe el vehículo. En Europa, por ejemplo, el máximo es 2,55 m, pero puede ser de 2,60 m para los vehículos frigoríficos y algunos vehículos especiales de las fuerzas de seguridad.
- *La altura del vehículo,* incluida la carga que transporte.

En el transporte por carretera existen notables diferencias entre los diversos tipos de vehículos que circulan por las carreteras de los distintos países. Esas diferencias son más acusadas entre un continente y otro, especialmente en aspectos como la longitud de los vehículos, el peso por eje y la masa que pueden transportar.

Las legislaciones de cada país autorizan longitudes, anchos, alturas, pesos por eje… diferentes, que suponen en ocasiones un obstáculo para una logística eficiente y el libre acceso de los países a los mercados internacionales.

Saber más…

La cabeza tractora
Vehículo a motor que actúa como tractor de arrastre de un semirremolque, formando con él un conjunto articulado denominado «tráiler». Dispone de una plataforma situada sobre el eje motor, denominada «quinta rueda», sobre la que apoya parte de su peso el semirremolque, que carece de eje delantero.

El remolque
Elemento móvil sin motor, arrastrado por otra unidad que hace de tractor de arrastre, utilizado en el transporte horizontal de cargas. La unidad tractora puede arrastrar varios remolques enganchados entre sí.

El semirremolque
Caja o remolque formado por una plataforma o un conjunto carrozado, sin sistema de tracción propia, que es arrastrado por una unidad tractora en la que se ensambla y reposa parcialmente, y que le transmite una parte significativa de su masa y carga. No tiene eje delantero, y puede disponer de uno (monoeje), dos (tándem o doble) o tres (trídem o triple) ejes traseros.

Un camión no va a viajar de Europa a Australia, pero sí va a hacerlo por el interior de América o de Europa, de modo que las diferencias en cuanto a los criterios utilizados en el diseño y construcción de los vehículos pueden significar un grave inconveniente para la logística del comercio internacional.

Habitualmente, las consideraciones legales son más tolerantes para los vehículos matriculados en el propio país en relación con las flotas provinentes de otros países que pretenden operar en el mismo. Aunque los acuerdos internacionales tienden a alcanzar acuerdos igualitarios, en la práctica, los países en posición comercial dominante implantan políticas restrictivas, aduciendo argumentos relacionados con la seguridad política, con la antigüedad de los vehículos extranjeros, u otros.

En este apartado, vamos a reflejar las características de los vehículos autorizados a circular por la legislación española (véanse las figuras 5.1 a 5.8), que el lector quizá deba contrastar con otras legislaciones, dependiendo del país donde se encuentre.

Como veremos en el apartado dedicado a la tipología de los vehículos, existe un vehículo para cada necesidad.

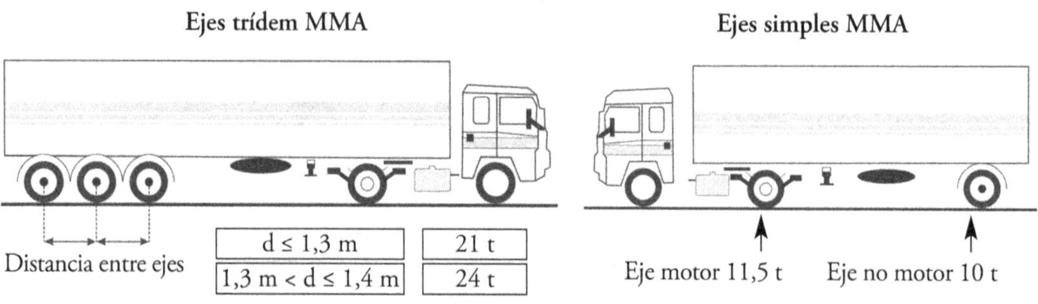

Ejes tándem MMA

Distancia entre ejes	Ejes tándem motor	Ejes tándem no motor
d < 1 m	11,5 t	11 t
1 m ≤ d < 1,3 m	16 t	16 t
1,3 m ≤ d < 1,8 m	18/19/20 t	18 t
≤ 1,8 m		20 t

La masa máxima autorizada (MMA) para un eje tándem motor cuando la distancia entre sus centros es igual o superior a 1,3 m e inferior a 1,8 m es de 18 t. Si el eje está equipado con neumáticos dobles y suspensión neumática (o equivalente en la Unión Europea), o cuando cada eje motor está equipado con neumáticos dobles y la masa máxima de cada eje no excede de 9,5 t, su MMA aumenta a 19 t.

Ejes trídem MMA

Distancia entre ejes		
d ≤ 1,3 m	21 t
1,3 m < d ≤ 1,4 m	24 t

Ejes simples MMA

Eje motor 11,5 t   Eje no motor 10 t

Figura 5.1. Masa máxima autorizada por eje en vehículos de transporte por carretera.

MMA de los vehículos a motor rígidos de cuatro ejes

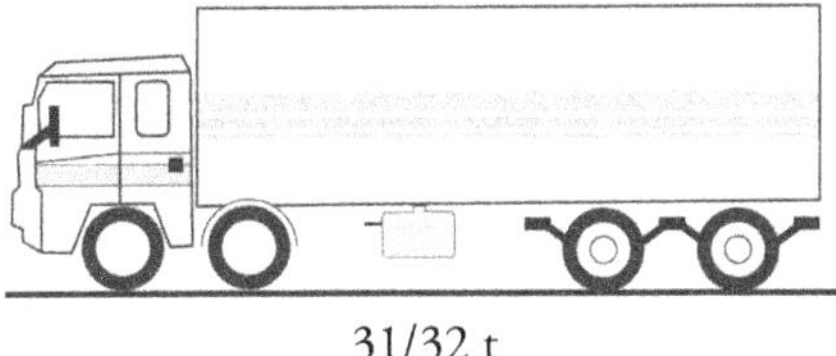

31/32 t

Vehículo rígido de cuatro ejes con dos direccionales, cuando el eje motor está equipado con neumáticos dobles y suspensión neumática (o equivalente en la UE) o si cada eje motor está equipado con neumáticos dobles y la masa máxima de cada eje no excede de 9,5 t.

MMA de los vehículos a motor de tres ejes

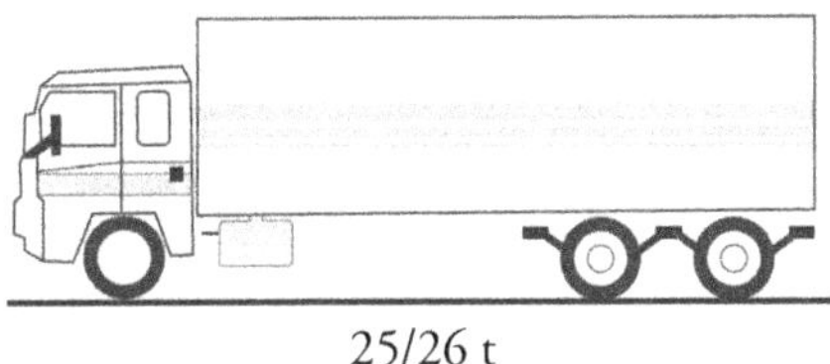

25/26 t

Cuando el eje motor está equipado con neumáticos dobles y suspensión neumática (o equivalente en la UE), o cuando cada eje motor está equipado con neumáticos dobles y la masa máxima de cada eje no excede de 9,5 t.

MMA de los vehículos a motor de dos ejes

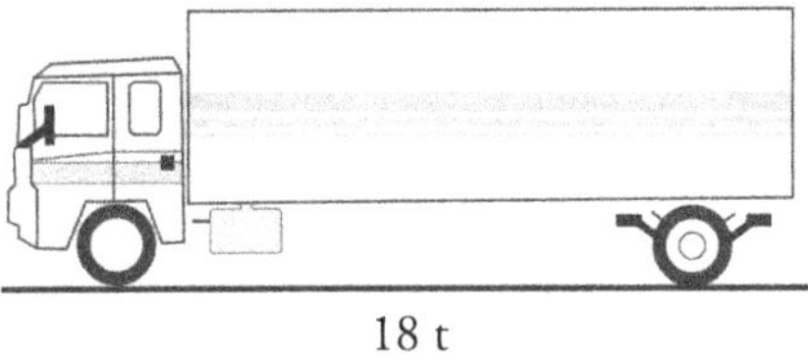

18 t

Figura 5.2. Masa máxima autorizada en los vehículos de motor para el transporte de mercancías.

MMA de los remolques de dos ejes

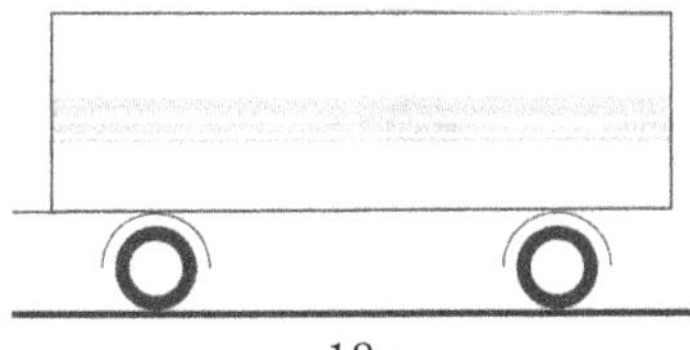

18 t

MMA de los remolques de tres ejes

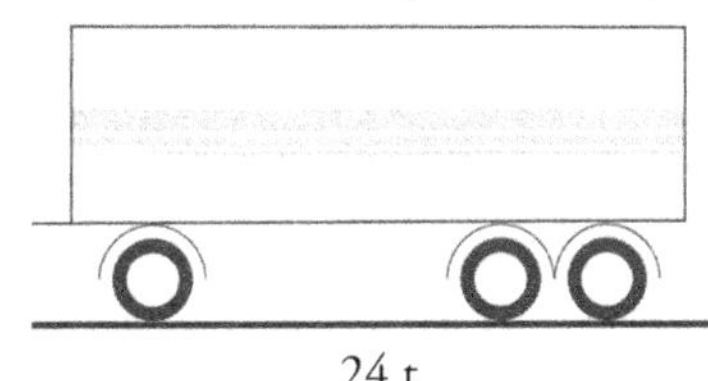

24 t

Figura 5.3. Masa máxima autorizada en los remolques destinados al transporte de mercancías.

MMA de los tráilers de cuatro ejes

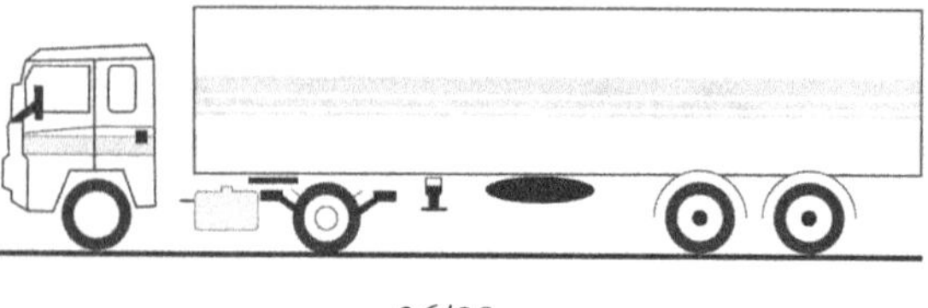

36/38 t

Vehículo motor de dos ejes, equipado en el eje motor con ruedas gemelas, suspensión neumática (o equivalente en la UE) y por un semirremolque con una distancia entre ejes superior a 1,80 m, en el que se respetan la MMA del vehículo motor (18 t) y la MMA de un eje tándem del semirremolque (20 t).

Cuando el semirremolque está equipado con caja basculante reforzada para su utilización en la construcción, las obras públicas o la minería, la MMA es de 38 t, siempre que la carga impuesta sobre el dispositivo de acoplamiento sea compatible con las masas máximas por eje.

MMA de los tráilers de más de cuatro ejes

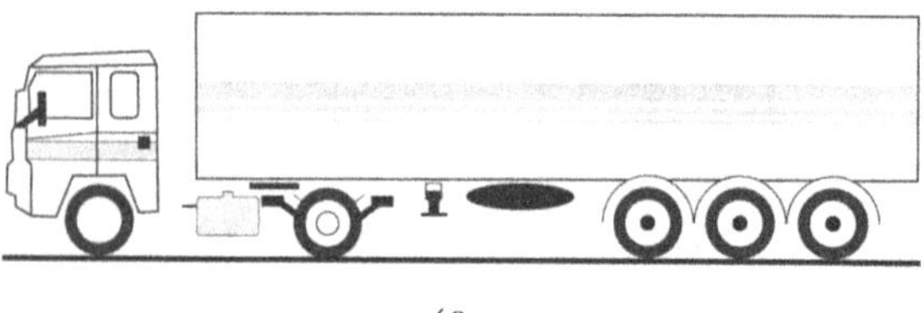

40 t

40 t

Figura 5.4. Masa máxima autorizada en los tráileres para el transporte de mercancías.

Transporte combinado

Vehículo motor de tres ejes con semirremolque de dos
o tres ejes transportando un contenedor o caja móvil cerrados, igual o superior a 20 pies y homologado para el
transporte combinado.

Vehículo motor de dos ejes con semirremolque de tres
ejes transportando un contenedor o caja móvil cerrados,
igual o superior a 20 pies y homologado para el transporte combinado.

Figura 5.5. Masa máxima autorizada en transporte de contenedores.

MMA de los trenes de carretera de más de cuatro ejes

MMA de los trenes de carretera de cuatro ejes

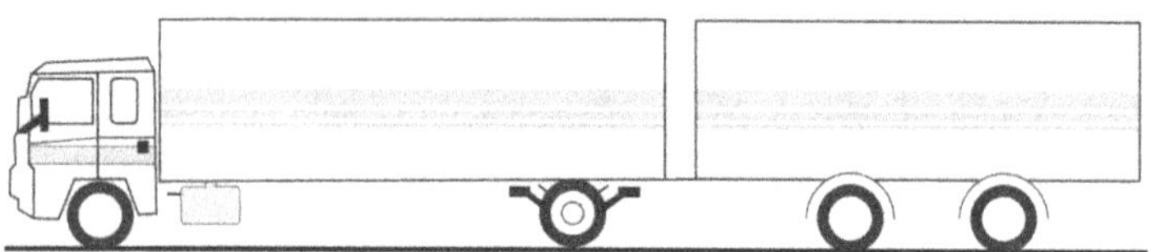

Figura 5.6. Masa máxima autorizada en los trenes de carretera.

Altura máxima

Altura máxima de los vehículos, incluida la carga = 4 m.

Anchura máxima

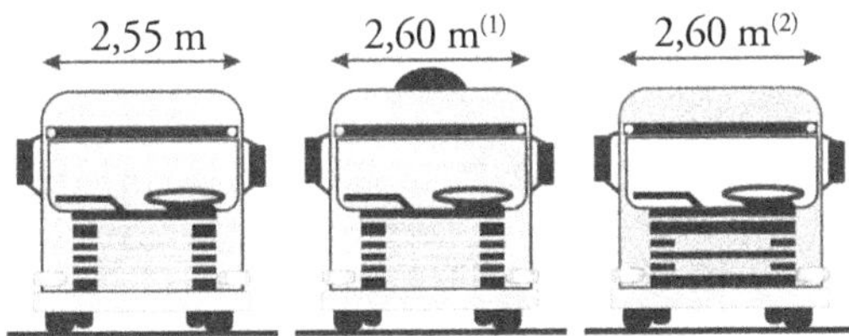

1. Vehículos frigoríficos.
2. Vehículo tipo autobús, acondicionado para el traslado de presos, detenidos, presos y penados.[1]

Figura 5.7. Altura y anchura máximas en los vehículos de transporte por carretera.

Longitud máxima autorizada, incluida la carga, de los vehículos rígidos, excluidos los autobuses y autocares

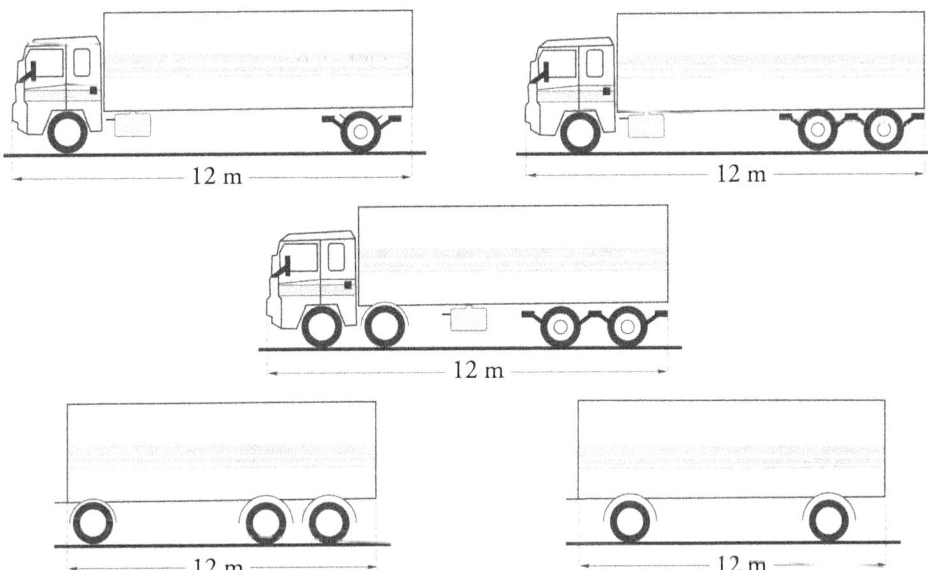

Figura 5.8. Longitudes máximas en los vehículos de transporte por carretera. (Continúa en página siguiente.)

---

[1] En España, Orden del Ministerio de Justicia e Interior de 15 de junio de 1995, BOE 148 de 22-6-1995.

Longitud máxima de los trenes de carretera: 18,75 m

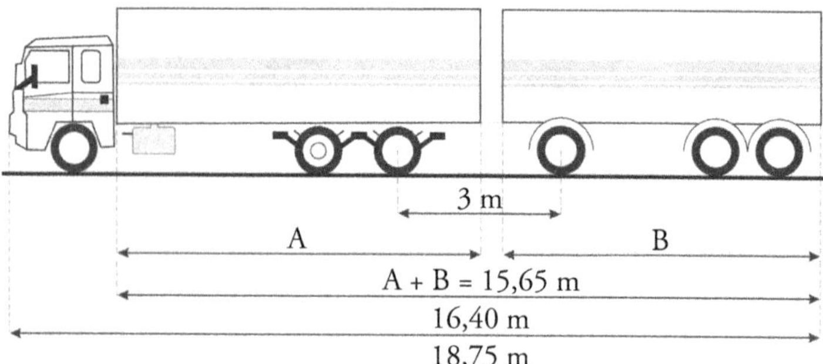

- Distancia mínima entre el eje posterior del vehículo motor y el delantero del remolque en los trenes de carretera: 3 m.
- Distancia máxima entre el comienzo de la zona de carga, situada detrás de la cabina, y el final del remolque: 16,40 m.
- La diferencia entre la distancia que separa el comienzo de la zona de carga, situada detrás de la cabina, y el final del remolque, menos la distancia que separa al vehículo remolcador del remolque, no podrá superar los 15,65 m.

Longitud máxima para los vehículos articulados: tráiler 16,50 m

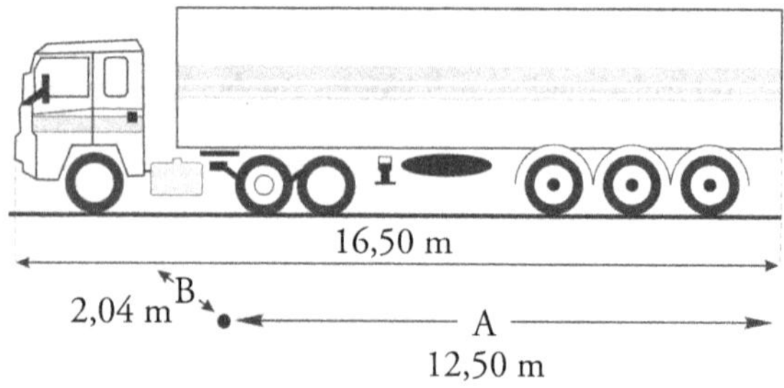

A. La distancia máxima entre el pivote de enganche y la parte trasera del semirremolque no puede superar los 12 m.

B. La distancia entre el pivote de enganche y un punto cualquiera de la parte delantera del semirremolque no puede ser superior a 2,04 m.

Longitud máxima de los trenes de carretera para el transporte de vehículos

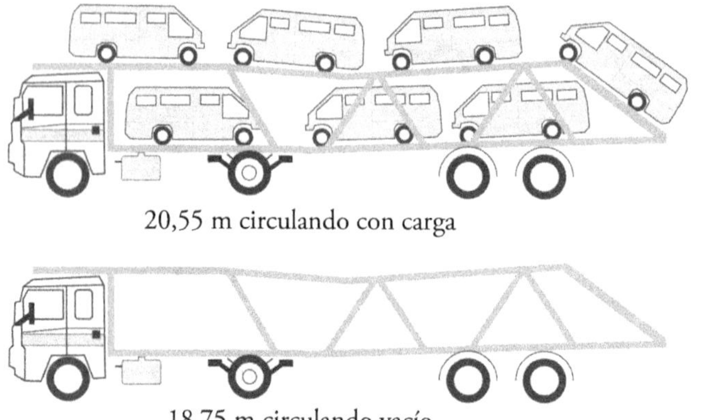

La longitud de los trenes de carretera dedicados al transporte de vehículos, circulando con carga, puede alcanzar 20,55 m utilizando un voladizo o soporte de carga trasero autorizado, que no puede sobresalir en relación con la carga. Ésta puede sobresalir por detrás, sin exceder el total autorizado, si el último eje del vehículo que se transporta descansa en la estructura del remolque. La carga no puede sobresalir por delante del vehículo de tracción.

Figura 5.8. (Continuación)

1.3 Tipología de los vehículos

El medio sobre el que se sustenta el transporte por carretera es el camión, vehículo formado por la *unidad tractora* y la *caja* que ésta arrastra, también llamada *semirremolque*. El camión puede ser rígido, sin que se puedan separar los dos elementos y de modo que la carga reposa sobre el chasis, o articulado.

El semirremolque es, pues, la caja o remolque formado por una plataforma o conjunto carrozado, sin sistema de tracción propia, que es arrastrado por una unidad tractora en la que se ensambla y reposa parcialmente, transmitiéndole una parte significativa de su masa y carga. No tiene eje delantero, y puede disponer de uno (monoeje), dos (tándem o doble) o tres (trídem o triple) ejes traseros.

En la distribución por vías urbanas se utiliza como unidad de transporte la camioneta o furgoneta (en España, para un máximo de 7 t de MMA), vehículo de dimensiones más reducidas que el camión.

En el transporte por carretera existe un modelo de vehículo para cada tipo de mercancía que se deba transportar. Tomando el camión como referencia, hay vehículos con diseños y equipamientos específicos para transportar graneles, líquidos o sólidos, productos refrigerados, contenedores, mercancías peligrosas...

El tipo de vehículo que se utiliza está también relacionado con los kilómetros de recorrido. En general, los camiones rígidos de hasta 20 toneladas recorren menos kilómetros diarios y es donde la relación tonelada/kilómetro recorrido también es menor. Ocurre lo contrario cuando se trata de camiones articulados de más de 20 toneladas. Es decir, cuanto mayor es la capacidad de carga mayor es el recorrido medio de la carga.

La versatilidad del transporte por carretera se relaciona con que exista un tipo de vehículo para cada necesidad, bien sea como camión rígido o articulado:

- **Vehículo basculante** *(tipper; hopper)*
  Especialmente indicado para el transporte de graneles sólidos, provisto de un dispositivo para elevar y girar la caja, con el fin de descargar bien por un lado o bien por la parte trasera del mismo (véase la figura 5.9).

- **Vehículo blindado** *(armoured vehicle)*
  Diseñado y construido como un receptáculo cerrado, reforzado mediante un blindaje, acondicionado para el transporte de personas y mercancías.

- **Vehículo botellero** *(bottle truck)*
  Diseñado y construido especialmente para el transporte de botellas o bombonas (véase la figura 5.10).

Figura 5.9. Vehículo ligero basculante.

Figura 5.10. Caja con separadores de un camión botellero.

Figura 5.11. Camión cisterna para el transporte de líquidos a alta presión.

- **Vehículo calorífico** *(heated vehicle)*

  Vehículo isotermo provisto de un dispositivo para un agente calorífico, distinto de un equipo mecánico, que permite elevar y mantener una temperatura de la caja vacía no inferior a +12 °C, de forma autosuficiente y durante un mínimo de 12 horas.

- **Vehículo cisterna** *(tanker; tank vehicle)*

  Habilitado con un depósito unido al chasis para el transporte a granel de líquidos o gases licuados por carretera (véase la figura 5.11).

- **Vehículo de temperatura dirigida** *(controlled temperature vehicle)*

  Construido con materiales aislantes, caracterizado por su capacidad de aislar del exterior la temperatura del interior de su depósito. Se utiliza especialmente para transportar productos alimenticios, de acuerdo con el convenio ATP, y puede ser isotermo, refrigerante, frigorífico o calorífico.

- **Vehículo especial** *(special vehicle)*

  Vehículo automóvil o remolcado, diseñado y construido para operar en la construcción de obras o en servicios especiales.

- **Vehículo frigorífico** *(refrigerated vehicle)*

  Vehículo isotermo provisto de un equipo mecánico para la producción de frío para uno o varios vehículos de transporte (véase la figura 5.12). De acuerdo con el convenio ATP, existe una clasificación de la A a la F para las distintas capacidades de producción de frío de los vehículos (entre +12 y –20 °C).

Figura 5.12. Semirremolque frigorífico.

Figura 5.13. Semirremolque góndola rebajada.

- **Vehículo góndola** *(gondola vehicle)*
  Construido a modo de plataforma con una altura reducida y un centro de gravedad bajo, adecuado para el transporte terrestre de maquinaria pesada y embarcaciones (véase la figura 5.13).

- **Vehículo hormigonera** *(cement mixer vehicle)*
  Construido para transportar elementos constitutivos del hormigón, provisto de un
  recipiente giratorio que puede mezclarlos durante el transporte, evitando que se so-
  lidifiquen (véase la figura 5.14).

- **Vehículo isotermo** *(insulated vehicle)*
  Construido con materiales aislantes y caracterizado por su capacidad de aislar del
  exterior la temperatura del interior de su depósito. Se utiliza para transportar mercancías perecederas o peligrosas (véase la figura 5.15).

- **Vehículo jaula** *(livestock vehicle)*
  Diseñado y construido para el transporte de animales vivos (véase la figura 5.16).

- **Vehículo ligero** *(light goods vehicle)*
  Vehículo automóvil acondicionado para el transporte de mercancías cuya masa máxima autorizada (MMA) no excede de 6 t, o que sobrepasando dicho peso su capacidad de carga útil no supera las 3,5 t (véase la figura 5.17).

- **Vehículo mixto** *(mixed vehicle)*
  Vehículo automóvil habilitado para el transporte de mercancías y de personas, simultáneamente o por separado, hasta un máximo de nueve incluido el conductor,

Figura 5.14. Camión hormigonera.

Figura 5.15. Camión isotermo.

Figura 5.16. Semirremolque jaula para el transporte de animales vivos.

Figura 5.17. Camión ligero.

Figura 5.18. Cabeza tractora.

en el que se puede sustituir parcial o totalmente el espacio para la carga por asientos para personas.

- **Vehículo pesado** *(heavy goods vehicle)*
Vehículo automóvil acondicionado para el transporte de mercancías cuyo peso máximo autorizado (PMA) es superior a 6 t y su capacidad de carga excede las 3,5 t. También se considera vehículo pesado a la cabeza tractora que posee una capacidad de arrastre superior a las 3,5 t de carga (véase la figura 5.18).

- **Vehículo plataforma** *(flat vehicle)*
Remolque construido en su parte superior como una superficie plana, sin protecciones laterales, en la que se depositan y fijan cargas pesadas, largas o especiales (bobinas, tubos, piedras, metales...) para su transporte (véase la figura 5.19).

- **Vehículo portacontenedores** *(container-carrier)*
Remolque provisto de una plataforma con dispositivos para el trincaje del contenedor a la misma. Existen modelos extensibles que permiten transportar un contenedor de 45 o 40 pies (véase la figura 5.20), dos de 20 pies, o sólo uno de 20 pies.

- **Vehículo portavehículos** *(vehicle transporter)*
Diseñado para transportar uno o más vehículos (véase la figura 5.21).

- **Vehículo refrigerante** *(refrigerating vehicle)*
Vehículo isotermo provisto de un dispositivo frigorífico para un agente frigorígeno no mecánico (hielo hídrico o carbónico, placas eutécticas, gases licuados, etc.), que permite mantener la temperatura deseada de forma autosuficiente (entre +7 y –20 ºC) durante un mínimo de 12 horas. Son idóneos para el transporte de mercancías perecederas tales como carne o fruta.

Figura 5.19. Semirremolque plataforma.

Figura 5.20. Remolque para el transporte de contenedores arrastrado por una cabeza tractora.

Figura 5.21. Transporte de vehículos efectuado por un operador logístico especializado.

Figura 5.22. Camión rígido.

- **Vehículo rígido** *(rigid vehicle; rigid truck)*
  Camión construido de forma que la cabina, el motor y la caja forman un conjunto rígido (véase la figura 5.22). A diferencia del furgón, existe una separación física entre la caja donde se depositan las mercancías y la cabina. Puede ser ligero o pesado.

- **Vehículo** *tautliner (tautliner vehicle)*
  Camión rígido o articulado cuya caja está formada por una estructura hecha de tablas de madera y una lona (véase la figura 5.23).

- **Vehículo tolva o silo** *(dump vehicle)*
  Diseñado y construido para el transporte de materiales sólidos granulosos o pulverulentos (véase la figura 5.24).

- **Volquete** *(dump truck; bulk trailer)*
  Vehículo provisto de un recipiente para transportar áridos u otros materiales, con un dispositivo mecánico para volcarlo (véase la figura 5.25).

2   Transporte ferroviario

2.1   Características y limitaciones físicas

El medio sobre el que se sustenta el transporte ferroviario de mercancías es el tren, un conjunto de vehículos acoplados que, remolcados por una o varias máquinas o unidades

Figura 5.23. Camión tipo tautliner.

Figura 5.24. Semirremolque bañera de tres ejes para el transporte de graneles sólidos.

Figura 5.25. Volquete articulado.

tractoras (locomotora, automotor, etc.), trasladan viajeros o mercancías de un lugar a otro por una vía férrea.

La estructura construida para la circulación ferroviaria es la *vía,* compuesta por dos carriles paralelos fijados sobre traviesas que se apoyan sobre una capa de balasto, y éste, a su vez, sobre la plataforma que soporta el conjunto.

La locomotora puede arrastrar vagones y coches, ambos sin sistema de propulsión propio. El *coche* es una unidad móvil habilitada para el transporte de pasajeros, mientras que el *vagón* lo es para las mercancías.

Los principales factores que pueden influir como limitaciones físicas en el transporte de mercancías por ferrocarril son:

- *El ancho de vía.* Es la distancia entre la parte interna de los raíles de una línea ferroviaria. El denominado *ancho internacional,* fijado por la Conferencia de Berna (1890), es de 1,435 m, mientras que el *ancho español* es de 1,667 m, muy similar a los de Argentina y Chile, de 1,676, y al de Portugal, de 1,665. En Rusia y Finlandia es de 1,523, mientras que en Australia es de 2,13. Cuando el ancho es inferior o igual a un metro se denomina «vía estrecha».

  El porqué de la existencia de diferentes anchos de vía entre países fronterizos acostumbra a tener su explicación en la logística militar. Con ello se pretendía evitar que tropas extranjeras pudiesen penetrar en el territorio propio utilizando el ferrocarril.

  En la actualidad, es un serio impedimento para la circulación de las mercancías y los viajeros, especialmente en regiones económicas donde se han anulado las tramitaciones aduaneras interiores, como ocurre en la Unión Europea, y comporta un encarecimiento en los costes de transporte y un tiempo adicional para superar ese escollo en las infraestructuras logísticas.

  Las alternativas para que las mercancías prosigan su viaje frente a un cambio del ancho de vía son:

    - Traslado de las mercancías, generalmente cargadas en unidades de carga intermodal (cajas móviles, semirremolques, contenedores...), mediante grúas pórtico instaladas en zonas habilitadas en la frontera, de un tren dispuesto en paralelo a otro, situados ambos sobre vías de diferente ancho.
    - Utilización de material rodante fabricado de manera que permite el cambio de ejes para adaptarse a cada ancho de vía.

- *Gálibo ferroviario.* Es el perfil o sección transversal de referencia para determinar el contorno máximo de la máquina tractora y los vagones remolcados (vagones de carga, plataformas para unidades de transporte intermodal, etc.), con el fin de que ninguna de sus partes entre en contacto con los túneles, puentes, andenes y dispositivos de la vía. Existen cuatro gálibos reconocidos por la UIC (Unión Internacional de Ferrocarriles): internacional, A, B y C.

La diferencia en los gálibos es una dificultad para el transporte ferroviario transfronterizo, dado que hay material rodante que no puede pasar de un país a otro a causa de la altura de la carga, los volúmenes de paso e incluso el tipo de vagón que puede circular por las vías.

- *Tracción.* La máquina o unidad tractora que arrastra los vagones puede consumir energía eléctrica o quemar combustible para producir la fuerza necesaria para la tracción. La tracción eléctrica precisa de catenarias, mientras que la tracción diesel permite la circulación sin instalaciones energéticas adicionales.

  Pueden existir diferentes voltajes en las catenarias de distintos países, lo que supone una dificultad añadida para el transporte ferroviario transfronterizo. En Europa existen seis sistemas diferentes que hacen posible que, por ejemplo, entre París y Bruselas se cambie cuatro veces de tensión eléctrica.

- *Capacidad de carga del vagón*, que depende de las líneas por las que circule y de la velocidad de transporte.

- *Dimensiones internas.* En el caso de vagones cerrados es esencial conocer la longitud, anchura y altura (centro y costados) útiles, así como las dimensiones de las puertas.

- *Longitud total del tren.* Pueden existir limitaciones físicas por los cambios de agujas y las características de los apartaderos. En Europa es de unos 900 m, mientras que en EEUU puede superar los 1.500 m.

- *Peso total máximo del tren.* Es la carga máxima de arrastre del tren, incluyendo la unidad tractora, condicionada por las infraestructuras ferroviarias y la orografía.

Adicionalmente a estos factores limitativos, la circulación de un tren incluye unas variables que pueden presentar significativas diferencias entre uno y otro país.

Una variable es la velocidad máxima para la que las vías estén acondicionadas, especialmente en cuanto a sus peraltes, es decir, la pendiente trasversal o mayor elevación de la parte exterior de una curva, con respecto a la interior, cuyo fin es evitar que los vehículos sean expelidos hacia dicha parte exterior por efecto de la fuerza centrífuga.

Otra variable la constituye el sentido de la circulación. En España, por ejemplo, se circula por la derecha, mientras que en su vecina Francia se hace por la izquierda, lo que afecta a la posición que ocupa el conductor en la locomotora del tren y en la ubicación de la señalización ferroviaria.

Cabe señalar, además, que la electrificación por catenaria impone un límite de altura en el transporte ferroviario. En países donde se utiliza el gasoil como combustible, por ejemplo en EEUU, los trenes que transportan contenedores cruzan el país de este a oeste y viceversa con dos o tres alturas de contenedores. Por otra parte, la contaminación ambiental provocada por el consumo de gasoil es menor que cuando se emplean energías eléctricas no renovables.

El transporte ferroviario de mercancías también se ve restringido frente a la alta velocidad (350 km/hora) y la velocidad alta (220 km/hora) que se aplican a los trenes de viajeros. No pueden emplearse en las mercancías porque no se dispone aún de la tecnología y el sistema de seguridad necesarios.

En cuanto a la gestión de las redes ferroviarias, mientras en EEUU las vías dedicadas a mercancías son privadas y no poseen subvención estatal, por lo que su mantenimiento recae sobre las empresas propietarias, en Europa, al amparo de la liberalización que representan las Directivas 440/91, 18/95 y 19/95, se está desarrollando un modelo de tres entes estatales independientes para la gestión de:

- Las infraestructuras.
- Los servicios de viajeros.
- Los servicios de mercancías.

En la práctica, supone que los operadores ferroviarios pueden utilizar las vías mediante el pago de un canon por el uso de las infraestructuras ferroviarias a un organismo público responsable de su administración.

En el futuro cercano, la puesta en marcha de autopistas ferroviarias a través de corredores con mejoras en la velocidad y los gálibos, y su enlace con los sistemas portuarios significará la prolongación de las "autopistas del mar" del transporte marítimo de corta distancia. Ello permitirá una mejora sustancial del proceso del transporte integrado en las cadenas logísticas de ámbito nacional e internacional.

2.2   *Tipología de los vagones*

En el transporte de mercancías por ferrocarril también existe un modelo de vagón para cada tipo de servicio y de mercancía que se deba transportar: carga paletizada, graneles, productos refrigerados, contenedores, combustibles...

Presentamos a continuación los tipos de vagón más habituales:

- **Vagón abierto** *(open wagon)*
  Vagón sin cubierta, de uso polivalente, provisto de paredes laterales con puertas o de puntales sujetos al bastidor para acoger las cargas y evitar su desplazamiento (véase la figura 5.26).

- **Vagón autocargante** *(basket wagon)*
  Provisto de una subestructura desmontable, con dispositivos para la carga y descarga vertical, destinado al transporte de semirremolques y otros vehículos terrestres (véase «vagón canguro»).

Figura 5.26. Vagón abierto utilizado para el transporte de madera en rollizos.

Figura 5.27. Vista parcial de un vagón canguro transportando un semirremolque.

- **Vagón canguro** *(kangaroo wagon)*
  Acondicionado para alojar los ejes de un semirremolque o de un camión completo en zonas rebajadas (véase la figura 5.27). Se puede cargar y descargar mediante grúas puente o de caminos de rodadura.

- **Vagón cerrado** *(covered wagon)*
  Vagón con cubierta fija, provisto de paredes laterales deslizantes, con o sin puertas, de uso polivalente y con diseños específicos para cargas paletizadas (véase la figura 5.28).

- **Vagón cerrado portabobinas** *(steel coil car)*
  Vagón portabobinas provisto de un sistema de toldo deslizante que protege las bobinas de agentes externos y que se repliega en un extremo para las labores de carga

Figura 5.28. Vagón cerrado de paredes deslizantes y cuatro puertas por costado, diseñado especialmente para el transporte de mercancías paletizadas.

Figura 5.29. Vagón cerrado, diseñado especialmente para el transporte de bobinas.

Figura 5.30. Vagones cisterna para el transporte de productos inflamables.

y descarga (véase la figura 5.29). Se utiliza para el transporte de bobinas con su eje en posición horizontal y otros materiales de alta densidad y peso.

- **Vagón cisterna** *(tank wagon)*
  Vagón sobre cuyo chasis se ha fijado una cisterna para el transporte a granel de líquidos o gases licuados, provista de bocas de carga y descarga, y válvulas de aireación (véase la figura 5.30). Puede disponer de válvulas de pesada.

Figura 5.31. Vagón de tolva abierta con bocas de descarga utilizado para el transporte de carbón.

Figura 5.32. Vagones de tolva cerrada en el descargadero de cementos de una estación.

- **Vagón de plataforma rebajada** *(low loader wagon)*
  Provisto de plataforma de carga rebajada para el transporte de unidades de transporte intermodal (véase «vagón canguro»).

- **Vagón de tolva abierta** *(open hopper tank)*
  Incorpora sobre su chasis una tolva abierta por su parte superior, destinada a contener mercancías sólidas a granel, granulosas o pulverulentas (minerales, abonos, productos agrícolas, materias primas para la construcción, etc.). Se vacía por las bocas de descarga y puede disponer de válvulas de pesada (véase la figura 5.31).

- **Vagón de tolva cerrada** *(covered bogie wagon)*
  Vagón cuyo chasis soporta una tolva cerrada de techo articulado o basculante, provista de bocas de descarga, o bien una tolva cilíndrica con bocas de carga, donde la descarga se efectúa mediante una fuente de alimentación exterior neumática a presión (véase la figura 5.32). Se destina al transporte de mercancías sólidas a granel (abonos, cereales, forraje, materias primas para la construcción, cenizas, etc.). Puede disponer de válvulas de pesada.

Figura 5.33. Vagones plataforma provistos de teleros.

Figura 5.34. Vagón plataforma portabobinas de cinco cunas.

*Figura 5.35. Vagones plataforma portacontenedores, en primer término,
transportando contenedores de 20 pies.*

- **Vagón esqueleto** *(spine wagon)*
Provisto de un chasis central destinado al transporte de semirremolques.

- **Vagón para semirremolque** *(pocket wagon)*
Vagón para el transporte combinado no acompañado carretera-ferrocarril, provisto de un hueco para recibir el conjunto de eje-ruedas de un remolque o semirremolque completo (véase «vagón canguro»).

- **Vagón plataforma** *(platform wagon)*
De uso polivalente, construido en su parte superior como una superficie plana en la que se depositan y fijan cargas pesadas, largas o especiales (contenedores, vehículos, bobinas, tubos, piedras, metales...) para su transporte. Suele disponer de teleros en los laterales y testeros, y puede estar provisto de válvulas de pesada en los bogies, tornos tensores de amarre y otros elementos de sujeción (véase la figura 5.33).

- **Vagón plataforma portabobinas** *(coil flat wagon)*
Dedicado al transporte de bobinas con su eje en posición horizontal, que se depositan en cunas y se sujetan mediante brazos (véase la figura 5.34).

- **Vagón plataforma portacontenedores** *(container wagon)*
Vagón plataforma sin piso que se utiliza para el transporte de contenedores y cajas móviles, provisto de válvulas de pesada y dispositivos para el trincaje del contenedor (véase la figura 5.35).

- **Vagón plataforma portavehículos** *(car carrier)*
Dedicado al transporte de automóviles. Algunos modelos se hallan provistos de una superestructura modular que permite disponer de dos pisos para la carga de los vehículos (véase la figura 5.36), mientras que en otros modelos la plataforma está cubierta y abierta en los testeros, por donde se efectúa la carga y descarga.

Figura 5.36. Vagón portavehículos cargado con una expedición desde la factoría de un fabricante de vehículos.

Figura 5.37. Vagón refrigerante dedicado al transporte de frutas.

- **Vagón portacontenedores de doble estiba** *(double stack wagon)*
  Provisto de una plataforma de carga rebajada de manera que permite el transporte de dos contenedores apilados.

- **Vagón refrigerante** *(refrigerating wagon)*
  Vagón isotermo provisto de un compartimiento frigorífico para un agente frigorígeno no mecánico (hielo hídrico o carbónico, placas eutécticas, gases licuados, etc.) y un sistema de ventilación que asegura la circulación del aire, que permite mantener la temperatura deseada de forma autosuficiente (entre 0 y +10 °C) durante un mínimo de 12 horas. Son idóneos para el transporte de mercancías perecederas tales como carne o fruta (véase la figura 5.37).

- **Vagoneta** *(small wagon; open railway truck)*
  Vagón de dimensiones reducidas y sin techo.

3   Transporte marítimo y fluvial

3.1   Características y limitaciones físicas

Los factores que influyen más directamente como limitaciones físicas en el transporte de mercancías por vía marítima o fluvial son:

- *El tonelaje de peso muerto* (TPM). Es la capacidad en toneladas de un buque y una expresión del principio de Arquímedes. Significa la suma del peso de la carga o la capacidad de carga más el peso de los consumibles del buque (combustible, provisiones, agua, etc.).

  Debe tenerse en cuenta que el TPM guarda relación con las dimensiones y la resistencia estructural del buque, así como con las exigencias de seguridad de la ruta por la que navega, reflejadas éstas en los límites máximos de calado, representados por la marca Plimsoll, en función de la naturaleza del agua (salada o dulce, verano o invierno…) y de su densidad respecto al buque.

— *La resistencia del piso de la bodega.* Es esencial conocer este dato para transportar determinadas cargas, por ejemplo, bobinas de acero, maquinaria pesada, etc.

— *La capacidad cúbica de las bodegas.* Es importante conocer la relación que existe entre el volumen de las bodegas y el peso que admiten, ya que ello puede optimizar los factores de estiba de la carga.

— *Las dimensiones de las escotillas de acceso a las bodegas* pueden imponer algunas limitaciones en la dimensión de los productos que se deban cargar.

— *La relación velocidad/consumo* ejerce una gran influencia en el coste diario de los buques y, en consecuencia, sobre los fletes.

3.2   *Tipología de los buques*

El modo marítimo utiliza el buque como medio de transporte en el segmento principal de su cadena de transporte. El Convenio Marpol 73/78 lo define como «todo tipo de embarcación que opere en el medio marino, incluidos los aliscafos, los aerodeslizadores, los sumergibles, los artefactos flotantes y las plataformas fijas o flotantes». Su etimología procede del céltico *buc*.

Los buques han alcanzado tal grado de especialización que pueden adaptarse a las diferentes características de las cargas que haya que transportar. En el mercado marítimo internacional existen buques mercantes acondicionados para transportar todo tipo de mercancías, atendiendo a su naturaleza, al volumen de la carga, a la distancia entre el puerto de origen y el de destino, etc.

A continuación, describimos los tipos de buques más utilizados en el transporte marítimo y fluvial:

- **Buque alimentador** *(feeder ship)*
  Buque portacontenedores interoceánico, utilizado para transportar contenedores entre puertos oceánicos consolidadores o *hub* y puertos de menor tamaño o *feeder,* dentro de una misma área geográfica, mediante navegación de cabotaje (véase la figura 5.38).

- **Buque aljibe** *(water tanker ship)*
  Acondicionado para el transporte y suministro de agua dulce (véase la figura 5.39).

- **Buque carguero** *(cargo ship; freighter)*
  Buque mercante destinado al transporte de uno o más tipos de mercancías (graneles, contenedores, carga general, etc.).

Figura 5.38. Buque portacontenedores Elly Maersk, *con capacidad para 11.000 contenedores de 20 pies.*

Figura 5.39. Buque aljibe Sichem Defender, *atravesando el canal de Kiel,*
que comunica el mar Báltico con el mar del Norte, en Alemania.

- **Buque cementero** *(cement carrier)*
  Buque granelero destinado al transporte de áridos y cementos (véase la figura 5.40).

- **Buque cisterna o tanque** *(tanker ship)*
  Buque granelero diseñado especialmente para el transporte de graneles líquidos (véase la figura 5.41).

- **Buque de carga horizontal** *(roll-on roll-off slip* o *ro-ro)*
  Diseñado para el transporte de mercancías sobre medios rodantes utilizados en el transporte terrestre, como plataformas, remolques o semirremolques, camiones, vagones, etc., que se colocan a bordo por sus propios medios o mediante carretillas elevadoras o grúas (véase la figura 5.42). Sus bodegas están constituidas por un garaje de varios pisos comunicados por rampas o ascensores, al que se accede por la popa, la proa o por el costado.

Figura 5.40. Buque cementero Cementador.

Figura 5.41. Buque cisterna Nena K, *dedicado al transporte de productos químicos.*

Figura 5.42. Buque de carga horizontal Birka Express.

Figura 5.43. Buque de carga vertical Laudio, *en el momento de un embarque
de piezas de grúas superpostpanamax.*

- **Buque de carga vertical** *(lift-on lift-off slip* o *lo-lo)*
  Buque de manutención vertical en el que la carga y la descarga de las mercancías se
  efectúan elevándolas mediante una grúa o un puntal (véase la figura 5.43).

- **Buque frigorífico** *(reefer ship)*
  Dotado de bodegas frigoríficas y destinado al transporte de productos perecederos
  (véase la figura 5.44).

- **Buque gasero** *(gas carrier)*
  Buque cisterna diseñado especialmente para el transporte de gases licuados (véase
  la figura 5.45).

- **Buque granelero** *(bulk carrier)*
  Construido con una única cubierta, con tanques superiores y tanques laterales de
  tolva en los espacios de carga, para el transporte de graneles sólidos y líquidos
  (véase la figura 5.46). La parte superior de sus bodegas tiene forma de pirámide
  para aprovechar mejor el espacio. Suele estar desprovisto de grúas. Algunos pueden atender alternativamente el transporte de líquidos o sólidos, como los denominados «obo».

- **Buque LNG (LNG carrier)**
  LNG son las siglas de *liquefied natural gas* o «gas natural licuado», relativas a buques que transportan gas natural licuado a una presión atmosférica y una temperatura de –162 °C, en tanques aislados por una membrana (véase la figura 5.47).

Figura 5.44. Buque frigorífico Falcon Bay, *partiendo del puerto de Portsmouth, en el Reino Unido.*

Figura 5.45. Buque gasero Hassi R'Mel.

*Figura 5.46. Operaciones de descarga de un buque granelero
en la terminal EBHI en el puerto de Gijón.*

- **Buque LPG** *(LPG carrier)*
  LPG son las siglas de *liquefied petrol gas* o «gas licuado de petróleo», relativas a buques que transportan tanques de petróleo y gas licuado a altas presiones y a temperaturas de hasta −104 °C.

- **Buque maderero** *(timber ship)*
  Buque mercante destinado al transporte de grandes cargas de madera en rollas y tablones (véase la figura 5.48).

- **Buque mercante** *(merchant ship)*
  Utilizado en el transporte de mercancías o pasajeros, generalmente diseñado para tráficos específicos: portacontenedores, trasbordadores, graneleros, cisterna, petroleros, etc. (véase la figura 5.49).

- **Buque mineralero** *(bulk-ore carrier)*
  Construido con una única cubierta, dos mamparos longitudinales y un doble fondo a lo largo de toda la zona de carga, destinado al transporte de minerales en las bodegas centrales exclusivamente.

- **Buque multipropósito** *(multipurpose ship)*
  Habitualmente provisto de dos cubiertas que, al igual que sus bodegas, han sido adaptadas para la carga de contenedores. Pueden disponer de sistemas *ro-ro*, refrigeración, tanques y grúas para carga pesada. Los buques multipropósito pueden transportar: graneles líquidos y secos, carga sobre automóviles, grandes piezas, palés, contenedores, carga general y carga perecedera.

- **Buque OBO** *(OBO ship)*
  Buque granelero que puede atender alternativamente el transporte de líquidos o sólidos. OBO son las siglas de *oil-bulk-ore*.

- **Buque panamax** *(panamax ship)*
  Buque portacontenedores de tercera generación (1980-1988), de entre 3.000 y 3.999 TEU de capacidad, cuyas dimensiones le permiten atravesar el canal de Panamá: eslora máxima, 295 m, manga máxima 32,25 m, y 13,5 m de calado.

- **Buque petrolero** *(crude oil carrier; oil products tanker)*
  Dedicado al transporte de petróleo u otros graneles líquidos derivados del petróleo. Sobre su cubierta se distribuyen los tubos y mangueras que se utilizan en la carga y descarga del crudo. La seguridad del transporte exige doble casco y dividir la bodega en mamparas (véase la figura 5.50).

Figura 5.47. Buque LNG Cross River *efectuando maniobras portuarias con la ayuda de remolcadores en el puerto de Sines, especializado en el tráfico de productos energéticos, en Portugal.*

Figura 5.48. Buque maderero Avalón.

Figura 5.49. Buque Smaragd, *dedicado a carga general, transportando tanques de depósito de cerveza de grandes dimensiones.*

Figura 5.50. Buque petrolero Sten Baltic.

- **Buque petrolero de crudo** *(crude oil carrier)*
Dedicado al transporte de petróleo crudo.

- **Buque petrolero de refinados** *(oil products tanker)*
Dedicado al transporte de graneles líquidos derivados del petróleo, que le son transferidos desde instalaciones o refinerías petrolíferas.

- **Buque portabarcazas** *(LASH [lighter aboard ship] ship)*
Trasbordador de gabarras para el transporte marítimo de mercancías, especialmente adecuado cuando se puede asociar a un puerto al que lleguen amplias hidrovías interiores. No precisa atraque en el lugar de fondeo; dispone las barcazas a flote y recibe otras que estén listas para el embarque, con lo que consigue una elevada rotatividad y una disminución de los tiempos de escala y de costes.

- **Buque portacontenedores** *(container ship)*
Diseñado para el transporte de contenedores, distribuidos en su cubierta y en las bodegas (véase la figura 5.51). Éstas se hallan divididas mediante mamparas en celdas o *bays* y disponen de guías para fijar el contenedor estibado. En función de su capacidad, las categorías de los buques portacontenedores son:

- Carguero o petrolero convertido (primera generación, 1956-1970): entre 500 y 800 TEU.
- Celular (segunda generación, 1970-1980): entre 1.000 y 2.500 TEU.
- Subpanamax: entre 2.000 y 2.999 TEU.
- Panamax (tercera generación, 1980-1988): entre 3.000 y 5.000 TEU.
- Postpanamax (cuarta generación, 1988-2000): entre 4.000 y 5.000 TEU.

Figura 5.51. Buque portacontenedores Maersk Piraeus
efectuando operaciones de carga y descarga.

Figura 5.52. Buque portavehículos Faust *efectuando operaciones
de carga en una terminal de automóviles.*

- Superpostpanamax (quinta generación, 2000-2008): entre 4.500 y 10.000 TEU.
- Suezmax (sexta generación, 2007): entre 10.000 y 12.000 TEU.
- Malacamax (séptima generación): hasta 18.000 TEU.

- **Buque portavehículos** *(vehicles carrier ship)*
  Buque de manutención horizontal, especialmente adaptado para el transporte de vehículos. Sus bodegas están constituidas por un garaje de varios pisos comunicados por rampas o ascensores, al que se accede por la popa o por el costado (véase la figura 5.52).

- **Buque postpanamax** *(post panamax ship)*
  Buque portacontenedores de cuarta generación (1988-2000), de entre 4.000 y 5.000 TEU de capacidad, en el que alguna de sus dimensiones (eslora, manga o calado) es mayor que la de un buque tipo panamax.

Figura 5.53. Buque tanque quimiquero Mar Maria.

Figura 5.54. Gabarra Draclapp-16.

Figura 5.55. Trasbordador Fortuny *durante operaciones de carga y descarga en una terminal de trasbordo rodado.*

- **Buque quimiquero** *(chemical tanker)*
  Buque cisterna diseñado especialmente para el transporte de productos químicos líquidos (véase la figura 5.53).

- **Buque ro-lo** *(ro-lo ship)*
  Buque en el que se combinan las características de un buque de carga horizontal *(ro-ro)* y uno de carga vertical *(lo-lo)*.

- **Buque subpanamax** *(subpanamax ship)*
  Buque portacontenedores de entre 2.000 y 2.999 TEU de capacidad.

- **Buque superpostpanamax** *(postpanamax plus ship)*
  Buque portacontenedores de quinta generación, con una capacidad de entre 4.500 y 10.000 TEU.

- **Gabarra** *(barge)*
  Embarcación mayor que la lancha, generalmente con cubierta, que suele ir remolcada. Se utiliza en las costas, los puertos y las vías navegables para el transporte de mercancías y, eventualmente, personas. También puede ir provista de vela y remo para su manejo. Se considera buque porteador a todos los efectos (véase la figura 5.54).

- **Trasbordador** *(ferry ship; ferryboat; ro-pax ship)*
  Embarcación de manutención horizontal destinada al transporte regular de pasajeros, mercancías, automóviles, trenes, etc., entre dos puntos relativamente próximos (las dos riberas de un estrecho, dos islas, un canal, un río, etc.) (véase la figura 5.55).

4 Transporte aéreo

4.1 *Características y limitaciones físicas*

Desde que en 1919 se efectuó el primer vuelo comercial con mercancías, la demanda del uso de aeronaves para el transporte de cargas no ha dejado de crecer. Esta demanda propició el uso de los contenedores aéreos y la necesidad de compatibilizar el transporte de pasajeros con la carga aérea, sin olvidar que existen aviones exclusivos para la carga o *cargueros.*

El avión es un vehículo capaz desplazarse con autonomía en el espacio aéreo, con capacidad para el transporte de personas, carga o correo. Los aviones, según su uso, se clasifican en cargueros, de pasajeros y mixtos; y según la autonomía de vuelo, en corta, media y larga. Por el número y tipo de su sistema de propulsión, pueden ser:

– *De hélice,* con motor de pistón.
– *De reacción,* impulsados por la salida de gases a chorro.
– *De turbopropulsión,* con motor de reacción provisto de una turbina de gas.

Una aeronave está compuesta de cuatro elementos:

– *El fuselaje monocasco:* estrecho *(narrow body)* o ancho *(wide body),* que integra la estructura y su recubrimiento, lo que permite presurizar el interior para volar a elevadas altitudes.
– *Las alas:* cada uno de los elementos aerodinámicos que a ambos lados del avión se encastran en el fuselaje, presentan al aire una superficie plana y confieren sustentación al aparato en el vuelo.
– *El empenaje de cola:* la estructura de la cola de las aeronaves, que consta normalmente de dos superficies: una horizontal y otra vertical; cada una de ellas con secciones fijas, para proporcionar estabilidad, y móviles, para ayudar a controlar el vuelo del aparato.
– *El tren de aterrizaje:* formado por el conjunto de ruedas, soportes, amortiguadores y equipos que soportan a una aeronave en tierra y que se emplean para despegar, aterrizar o maniobrar sobre una superficie. Dispone de dispositivos de direccionamiento y frenado, y tiene la capacidad de absorber impactos de cierta magnitud que amortiguan el aterrizaje. Existen trenes de rodadura, con flotadores y con esquíes.

Los factores que influyen de manera más determinante como limitaciones físicas en el transporte aéreo de mercancías son:

– *La capacidad de carga o carga útil.* Se puede definir en función del peso máximo al despegar mediante la fórmula siguiente:

$$PD = PV + CU + PC,$$

siendo:

- PD = peso máximo al despegue (dato que indica el fabricante de la aeronave),
- PV = peso del avión en vacío,
- CU = carga útil,
- PC = peso del combustible (depende de la duración del vuelo).

Pueden existir restricciones dadas por el comandante del avión respecto a la seguridad y, por tanto, las cifras pueden cambiar en función de su criterio, en detrimento de la carga máxima neta.

— *La resistencia del piso de las bodegas.* Está definida por el fabricante según el tipo de aeronave. La resistencia es superior en la bodega principal del avión. Puede optimizarse mediante el reparto correcto de la carga, siguiendo unas tablas relativas a la relación kilogramo/metro cúbico, que ayudan a distribuir el peso por el suelo de las bodegas sin afectar al fuselaje.

— *Las dimensiones de las puertas.* Limitan, según unas tablas preparadas por los fabricantes para cada uno de los modelos, las dimensiones máximas de un bulto o contenedor para que se acepte su transporte por vía aérea. Se deben optimizar manipulando de manera adecuada cada elemento que se debe transportar, atendiendo a las indicaciones del expedidor en cuanto al manejo de la carga.

4.2   Tipología de las aeronaves

En función del uso comercial a que se destinen las aeronaves, éstas pueden ser:

- **Avión carguero** *(cargo aircraft; freight aircraft; freighter)*
  Aeronave dedicada al transporte de mercancías contenerizadas o carga general y correo (véase la figura 5.56).

- **Avión cisterna** *(tanker aircraft)*
  Avión carguero cuyo fuselaje se ha acondicionado para el transporte de graneles líquidos. Existen modelos utilizados habitualmente por las fuerzas aéreas para el transporte de carburantes que son transferidos a otras aeronaves en vuelo, mediante mangueras o lanzas periscópicas, para su reabastecimiento. Otros transportan agua y se emplean en la lucha contra los incendios forestales.

Figura 5.56. La aeronave de carga Airbus Beluga *está especializada en transportar cargas voluminosas. Tiene una capacidad de 1.365 m3 y puede transportar hasta 40 t.*

Figura 5.57. Aeronave Airbus 380 con capacidad para transportar 853 pasajeros.

- **Avión combi** *(combi aircraft)*
  Aeronave que transporta pasajeros y mercancías en su cabina superior.

- **Avión convertible** *(convertible airplane)*
  Aeronave que, mediante pequeñas modificaciones, puede transformarse de aeronave mixta a carguera y viceversa.

- **Avión de pasajeros** *(passenger airplane)*
  Aeronave que en su piso superior o cabina de pasajeros, denominada en términos aeronáuticos *main deck,* transporta pasajeros; y en los compartimentos inferiores o bodegas, denominadas *lower deck,* transporta el equipaje, la mercancía, el correo y los repuestos. La mayoría de las aeronaves comerciales pertenecen a este grupo y simultanean el transporte de pasajeros, mercancía y correo (véase la figura 5.57).

5 Transporte intermodal

Consiste en la superposición o combinación de los cuatro modos de transporte que hemos tratado, a los que cabe añadir las limitaciones debidas a las unidades de transporte intermodal (UTI), que en este caso pueden ser contenedores, cajas móviles o semirremolques combinados con cada uno de ellos, a efectos de:

- Gálibos que afecten a la compatibilidad de una UTI utilizada en el transporte por carretera y que después deba transportarse en ferrocarril o viceversa.
- Pesos y medidas normalizadas.
- Equipo de manutención que los manipula (grúas pórtico, apiladores, carretillas pórtico, etc.) en traslación vertical y horizontal.
- Restricciones en el ámbito de cada país y modo de transporte en cada una de las características del sistema de transporte y sus legislaciones.

Figura 5.58. Transporte de camiones mediante un sistema de carretera rodante compuesto por vagones canguro de plataforma rebajada para acoger los vehículos sin sobrepasar el gálibo ferroviario.

- Tipos de escotillas, dimensiones de las bodegas, aperturas de las puertas, medidas interiores libres, etc.
- Elementos propios en cada combinación; por ejemplo, vías de ferrocarril dentro de un trasbordador o de un buque de carga horizontal para los vagones, rampas de acceso para la carga de vehículos o plataformas de semirremolques en buques, etc.

5.1 Combinaciones de sistemas intermodales

Las combinaciones más usuales entre modos de transporte y unidades de transporte intermodal son las siguientes:

- *Carretera con ferrocarril,* mediante contenedor, caja móvil, semirremolque o camión completo dispuestos sobre vagones plataforma (véase la figura 5.58). Para los semirremolques y camiones existen diferentes tipos de vagones de plataforma rebajada especialmente acondicionados y distintos sistemas de transferencia.
- *Carretera con marítimo,* mediante contenedor, caja móvil, camión o semirremolque, utilizando trasbordadores o buques de carga horizontal *(ro-ro).*
- *Carretera con aéreo,* mediante contenedores aéreos. Existen aviones de fuselaje ancho, indicados para cargas de gran volumen.
- *Ferrocarril con marítimo,* mediante trenes, utilizando trasbordadores o buques de carga horizontal *(ro-ro)* acondicionados para permitir el acceso de material rodante ferroviario.
- *Aéreo con ferrocarril o marítimo,* mediante contenedores aéreos, utilizando vehículos de carretera como elementos de conexión.

Capítulo 6
El contrato de transporte, sus documentos y los convenios internacionales

La ejecución de un transporte implica un acuerdo de voluntades y supone, por tanto, la realización de un contrato entre dos partes: el cargador o expedidor y el transportista.

Mediante el contrato de transporte, un porteador se compromete a transportar una mercancía, a la vez que un cargador se obliga a pagar un precio por este servicio de transporte. Al existir obligaciones para ambas partes, este contrato se conoce como bilateral o sinalagmático.

El contrato de transporte establece, entre otras cláusulas, que la mercancía objeto del mismo debe llegar a su destino en el plazo acordado, al precio estipulado y sin daño y menoscabo en su naturaleza.

En el comercio internacional, el contrato de transporte, unido a la contratación del seguro y los gastos accesorios, se refleja en acuerdos sustentados en las condiciones fijadas en los incoterms (véase el capítulo 11).

En el contrato de transporte intervienen los siguientes elementos:

- **Personales**
  - *Cargador:* el que disponiendo legalmente de la mercancía desea su traslado.
  - *Porteador:* el que toma la responsabilidad de efectuarlo.
  - *Destinatario:* la persona a quien van dirigidos los efectos que han de transportarse.

- **Reales**
  - *Mercancía:* elemento que se va a transportar y que caracteriza el contrato como mercantil; de acuerdo con el Código de Comercio, no deben existir limitaciones para su transporte.
  - *Precio*: compensación económica que recibe el porteador por efectuar el transporte.

    El pago de dicha compensación puede ser:

    - *Porte o flete pagado:* cuando el coste del transporte se abona en el momento de la carga.
    - *Porte o flete debido:* cuando el pago se efectúa en destino.

- **Formales**

  El contrato de transporte puede efectuarse verbalmente, sin embargo, lo habitual es que se refleje en un documento escrito. A continuación, estudiaremos este documento en cada modo de transporte.

  Si bien las regulaciones jurídicas de los diversos documentos son distintas, todos ellos tienen aspectos en común, ya que responden a la misma necesidad de reflejar las condiciones de transporte, por lo que siempre recogen:

  - Remitente.
  - Destinatario.
  - Fecha y lugar de carga.
  - Intermediario / agente (si se utiliza).
  - Número de bultos y marcas de los mismos.
  - Descripción de la mercancía (con mención especial de su peligrosidad, si existe).
  - Peso bruto y neto.
  - Instrucciones para el tratamiento de la mercancía.
  - Flete de la mercancía.
  - Gastos accesorios.
  - Documentos que acompañan al envío (lista de contenido, aduaneros, de calidad, facturas, etc.).
  - Forma de pago del transporte: porte pagado *(prepaid)* o a pagar en destino *(collect* o COD, *cash on delivery).*

Cada documento de cada modo de transporte se ampara en las correspondientes convenciones internacionales, que los regulan en sus derechos y obligaciones. Cabe destacar que los convenios internacionales tienen que ser firmados por un número de Estados previa aprobación de sus órganos de gobierno, lo que provoca que algunos tarden años en ser operativos en el ámbito internacional. Durante este tiempo, sólo afectan a los países signatarios.

Cada documento regula los siguientes aspectos:

- Condiciones de aceptación y rechazo del transporte.
- Circunstancias y personas a las que es aplicable la correspondiente regulación.
- Responsabilidad del transportista y sus límites.
- Plazos para reclamar por daños (aparentes u ocultos).
- Plazos de reclamación y prescripción.
- Indemnizaciones.

Es también muy importante que los documentos reflejen qué mercancía ha sido recibida por el transportista «en perfecto orden y condición aparente», lo que significa que el documento de transporte es «limpio», en contraposición al documento «sucio», en el que se expresa cualquier tipo de defecto o reserva (roturas, pérdidas, mojaduras, etc.).

Los documentos citados son los básicos para el que actúa como cliente en el proceso de transporte, pero existen otros muchos auxiliares o complementarios, por ejemplo:

- Certificado del cargador (mercancías peligrosas).
- Recibo de muelle y recibo del primer oficial (marítimo).
- Documento de tránsito (carretera, ferrocarril).

1   Documentos del transporte por carretera

Hay que diferenciar entre el transporte por carretera nacional o doméstico y el internacional. El nacional se rige por el documento llamado *carta de porte,* y el internacional por el *CMR.*

1.1   Carta de porte nacional

En cada país existe la legislación pertinente que regula este documento. Por ejemplo, en España se aplica la Ley 15/2009, de 11 de noviembre, del Contrato de Transporte Terrestre de Mercancías,[1] mediante el que se regula el contrato entre cargador y porteador para el transporte terrestre de mercancías realizado por medios mecánicos con capacidad de tracción propia.

El transporte y la carga y descarga de mudanzas (mobiliario, ajuar doméstico, enseres y sus complementos), quedan regulados por la mencionada ley mediante una modalidad de contrato específico para esta actividad.

La carta de porte nacional es el documento mediante el que se formaliza el contrato de transporte de mercancías por carretera, suscrito entre el cargador o expedidor y el transportista. Se emite en tres ejemplares originales, el primero de los cuales se entrega al cargador, el segundo viaja con las mercancías transportadas y el tercero queda en poder del porteador.

---

[1] Para conocer en profundidad el alcance de esta norma legal, consúltese *El contrato de transporte nacional por carretera. Ley 15/2009,* de Alfonso Cabrera, editorial Marge Books, Biblioteca de Logística, Barcelona, 2010.

1.2   Carta de porte internacional: convenio CMR (CMR Convention)

El Convenio CMR[2] se aplica a los transportes que se realizan por cuenta ajena en los que al menos uno de los puntos de carga o descarga está situado en uno de los países firmantes del convenio.

Su formalización se realiza mediante la «carta de porte internacional», donde se establecen las obligaciones y los derechos del transportista y el remitente. La carta de porte es, además, un título representativo de las mercancías y también especifica los plazos existentes para reclamar la mercancía, así como las responsabilidades en el caso de que en el transporte intervengan diversos transportistas. Se emiten tres ejemplares en papel autocopiativo (véase la figura 6.1); el primero (rojo) para el remitente, como recibo de la mercancía por el transportista; el segundo (azul) viaja con la mercancía en el vehículo porteador y se entrega junto con ésta al destinatario; el tercero (verde) para el transportista.

Los derechos y responsabilidades del expedidor y del transportista se resumen en los apartados siguientes.

1.2.1   Derechos del expedidor

- Exigir tantas cartas de porte como vehículos distintos vayan a ser utilizados o clases de mercancía se vayan a transportar.
- Exigir la verificación del peso bruto o del contenido de la mercancía.
- Disponer de la mercancía.
- Solicitar al transportista que detenga el transporte, modifique el lugar de entrega o el destinatario de la mercancía.
- Considerar perdida la mercancía si ésta no le ha sido entregada al transportista en los treinta días siguientes al plazo de entrega o, de no figurar éste, sesenta días después de la entrega al transportista.
- Exigir indemnización en los casos de pérdida total o retraso de la entrega de la mercancía, así como reclamar intereses sobre esta indemnización a razón del 5 % anual (o equivalente legal en su momento).

De acuerdo con el Convenio CMR, el remitente puede realizar una «declaración de interés en la entrega», consistente en una valoración que éste hace respecto de las conse-

---

[2] Convención sobre el Contrato de Transporte Internacional de Mercancías por Carretera. Fue firmado en Ginebra (Suiza) el 19 de mayo de 1956 (en España, BOE 109 de 7 de mayo de 1974).

cuencias que puede tener la demora, el daño o la pérdida de una mercancía (pérdida de pedidos, cliente, etc.) al margen del valor de la misma.

Asimismo, el remitente puede hacer una «declaración de valor», que consiste en una valoración respecto de una mercancía cuando considera insuficientes los 8,33 DEG por kilogramo que establece el Convenio CMR. La declaración de valor se aplica en el caso de pérdida, roturas, faltas parciales o totales, etc.

1.2.2   *Responsabilidades del expedidor*

- Facilitar los datos necesarios para realizar la carta de porte y otros documentos o informaciones aduaneras que sean necesarios.
- Responder de los pagos y perjuicios que sufra el transportista debido a la inexactitud o insuficiencia de los datos precisados en la carta de porte y documentación aduanera adjunta.
- Responder de los daños y gastos causados por defectos en el embalaje de la mercancía.
- Especificar la peligrosidad de la mercancía, en caso de tenerla, y las precauciones que se deben tomar.
- Identificar la mercancía indicando su peso, número de bultos, marcas y modo de embalaje.

1.2.3   *Derechos del transportista*

- Reclamar al expedidor el pago de los gastos de verificación que puede exigir y los perjuicios sufridos por causa de la inexactitud o insuficiencia de los datos facilitados por éste.
- Liberarse de responsabilidad cuando la pérdida o avería sea por una de las siguientes causas:

  - Utilización de vehículos abiertos cuando éstos no hayan sido convenidos (sigue siendo una consideración que hoy se sustituye por el vehículo cerrado).
  - Ausencia o deficiencia del embalaje de la mercancía o imperfección del marcado.
  - Manipulación, carga o descarga realizadas por el expedidor o por el destinatario.
  - Naturaleza de la mercancía o vicio propio de ésta.
  - Transporte de animales vivos.
  - Problemas producidos por quien tiene derecho sobre la mercancía.

1.2.4   Responsabilidades del transportista

- Responder de los perjuicios causados por el incumplimiento de la carta de porte.
- Responder de la mercancía desde que la recibe hasta que la entrega, así como del retraso en la entrega y de los actos de los empleados durante la realización de sus funciones.
- Revisar el número de bultos, marcas, estado aparente de la mercancía y de su embalaje, indicando las observaciones en la carta de porte.
- Cumplir las instrucciones del expedidor en la medida que ello sea posible y no perjudique a su empresa, y solicitarlas cuando por cualquier motivo el transporte sea irrealizable.
- Entregar un ejemplar de la carta de porte al destinatario, así como una copia al expedidor y otra que acompaña a la mercancía.
- Responder de la suficiencia de los vehículos en los que se realiza el transporte.

1.3   Cuaderno TIR (TIR carnet)

Documento necesario para el transporte internacional de mercancías por carretera, de acuerdo con el Convenio TIR.[3] Dispone de una portada y varias hojas para las distintas aduanas de paso (véase la figura 6.2). La Asociación Internacional de Transportes por Carretera (IRU),[4] con sede en Bruselas, es la garante de los cuadernos TIR.

Este convenio de ámbito aduanero sobre el transporte internacional de mercancías por carretera permite el transporte desde la aduana de un país de origen, con la carga precintada, hasta otra de un país de destino, pudiendo ser ambas interiores, sin que en las posibles fronteras sucesivas sea necesario ningún otro trámite que el sellado del cuaderno TIR.

Aunque existen zonas de acuerdo económico que han eliminado las fronteras, por ejemplo la Unión Europea, continúa existiendo la necesidad de mejorar los sistemas de atravesar las fronteras con rapidez y seguridad documental en lo que respecta a terceros países en el ámbito internacional.

El ámbito de aplicación del cuaderno TIR abarca a todos los países signatarios (la mayoría de los países del mundo), a excepción de los que tengan mayores facilidades entre ellos.

La aplicación del Convenio TIR implica que sólo pueden efectuar la inspección física de la mercancía las aduanas de origen y destino. En las aduanas de paso, únicamente se debe comprobar el plazo, el precinto y que el cable de seguridad esté bien pasado por las correspondientes argollas; además, se establece también el plazo e itinerario hasta la

---

[3] Suscrito en Ginebra (Suiza) el 14 de noviembre de 1975 (en España, BOE de 9 de febrero de 1983).

[4] Véase el sitio www.iru.org en internet para ampliar información sobre el régimen TIR.

siguiente aduana. Todas las aduanas de paso se quedan una copia del cuaderno TIR, con la matriz sellada y firmada.

Para operar en régimen TIR es preciso cumplir una serie de condiciones:

– Utilización de vehículos construidos de forma que no se pueda acceder a la zona precintada sin violar el precinto que se encuentra en un cajetín.
– Los vehículos deben llevar una placa exterior con la inscripción TIR.
– La zona de carga donde se halle la mercancía debe precintarse una vez inspeccionada en la aduana de partida.
– Presencia de transportistas habilitados TIR y garantizados por las asociaciones nacionales, llamadas *asociaciones garantes,* que en cada país responden ante las autoridades aduaneras a través de sus miembros y que funciona mediante un sistema de avales solidarios.[5]
– Utilización de aduanas especialmente concebidas para este transporte con precinto, en las que comienza y termina el transporte con este régimen, llamadas *aduanas* TIR.
– Sustitución de la inspección en las aduanas de tránsito por el cotejo del carnet TIR, que refleja los datos esenciales de la operación que se realiza y del cual se van entregando hojas de control en las aduanas de paso.
– Existe limitación en el número total de aduanas que pueden intervenir (de partida y destino), así como una recomendación para inspeccionar en tránsito sólo en caso de sospechas fundadas de irregularidad.

1.4   Otros documentos necesarios

Existe una serie de documentos adicionales a los ya mencionados, para facilitar los envíos. Algunos de los más usuales son:

- **Certificado ADR** *(ADR certificate)*
  Certificado expedido por un órgano de la Administración pública[6] de cada país relativo a la homologación del vehículo para el transporte de mercancías peligrosas y que se encuentra sujeto al Convenio Internacional sobre el Transporte de Mercancías Peligrosas por Carretera (ADR).[7] Este convenio indica las mercancías consideradas

---

[5] En España, la entidad garante es la Asociación de Transporte Internacional por Carretera (Astic).

[6] El Ministerio de Industria y Energía, en el caso de España.

[7] El Convenio Internacional sobre el Transporte de Mercancías Peligrosas por Carretera (ADR) se formalizó en Ginebra (Suiza) el 30 de septiembre de 1957, y entró en vigor el 29 de enero de 1968. Fue enmendado en 1975, 1985 y 2005.

especialmente peligrosas y aquellas que, aun siéndolo, pueden transportarse siempre que se tengan en cuenta las indicaciones de los anexos del convenio, los cuales se modifican bienalmente: etiquetaje y embalaje (Anexo A), construcción, equipamiento y operatividad del vehículo transportador (Anexo B).

- **Certificado ATP** *(ATP certificate)*
  Certificado expedido por un órgano de la Administración pública[8] de cada país relativo al Acuerdo sobre Transportes Internacionales de Mercancías Perecederas (ATP)[9] y sobre los vehículos especiales utilizados en estos transportes.

  En este acuerdo internacional, su Anexo I indica las características que han de poseer los vehículos para mantener la mercancía a una determinada temperatura y el modo de comprobar dichas variaciones con respecto al tiempo, mientras que los Anexos II y III regulan las muestras y temperaturas de las mercancías perecederas y congeladas.

- **Certificado de recepción del transportista**
  Documento emitido por el transportista que acredita la recepción de la mercancía. En este documento constan la descripción de la carga y otros aspectos recogidos en el contrato de transporte. Es utilizado por el vendedor en las operaciones de venta internacional para acreditar el cumplimiento de sus obligaciones frente al comprador.

2　Documentos en el transporte ferroviario

Respecto a este modo de transporte, existen convenios muy parecidos a los que regulan el transporte por carretera y, por este motivo, podemos decir que el convenio CIM es similar al CMR y que el TIF es similar al TIR cuando se circula con precinto aduanero (véase la tabla «Responsabilidades del operador en cada modo de transporte»).

2.1　*Carta de porte de transporte ferroviario* (railway bill)

Es el documento que emite la compañía ferroviaria y mediante el que se formaliza el contrato de transporte ferroviario de mercancías. Se emite con carácter nominativo, no es

---

[8] El Ministerio de Industria y Energía, en el caso de España.

[9] El Acuerdo sobre Transportes Internacionales de Mercancías Perecederas (ATP) se formalizó en Ginebra (Suiza) el 1 de septiembre de 1970, y fue modificado el 30 de septiembre de 2000, en el seno de Naciones Unidas.

endosable, y ampara las mercancías durante todo el trayecto, aunque en él intervenga más de un ferrocarril. En cada país existe un documento análogo de ámbito nacional.[10]

2.2   *Carta de porte internacional y Convenio CIM* (CIM Convention)

El Convenio Internacional sobre Transporte de Mercancías por Ferrocarril (Convenio CIM) es un acuerdo internacional que regula el contrato de transporte internacional de mercancías en este modo de transporte.

El Convenio CIM es un anexo del Convenio sobre el Transporte Internacional por Ferrocarril de mercancías y pasajeros de la OTIF (Organización Intergubernamental para el Transporte Internacional por Ferrocarril), formalizado en Berna (Suiza) el 9 de mayo de 1980. Entró en vigor el 1 de mayo de 1985.[11]

Consta básicamente de siete capítulos, que tratan de los siguientes aspectos:

- Generalidades: objeto del convenio, condiciones de aceptación y rechazo de la mercancía.
- Conclusión y ejecución del contrato de transporte: define la carta de porte.
- Modificación del contrato de transporte por parte del expedidor o del destinatario.
- Responsabilidad y acciones: determina la extensión y exenciones, carga de prueba e indemnizaciones.
- Ejercicio de los derechos en lo referente a reclamaciones y acciones judiciales.
- Relaciones entre ferrocarriles: cuentas y recursos entre compañías.
- Disposiciones especiales y derogaciones.

2.2.1   *Carta de porte CIM transporte combinado*

Mediante este documento, que se presenta en un pliego de siete hojas numeradas (véase la figura 6.3), se formaliza el contrato de agencia de transporte entre la empresa de transporte combinado y su cliente (hojas I y II) y el contrato de transporte CIM concluido entre el transportista y la empresa de transporte combinado (hojas 1 a 5).

La carta de porte CIM transporte combinado se puede confeccionar en uno o varios idiomas, entre los cuales han de figurar al menos el alemán, el inglés o el francés.

---

[10] En España se rige por la LOTT de 1987 y su Reglamento de 1990, actualizado por la Ley 29/2003 de 8 de octubre de 2003.

[11] En España, BOE 16 de 18 de enero de 1986 y corrección de erratas en BOE 185 de 26 de mayo de 1986.

2.3   Convenio TIF (TIF Convention)

Es un convenio aduanero firmado en Ginebra en 1952 que tiene como objeto reducir las inspecciones aduaneras en las diferentes fronteras, muy especialmente en los siguientes casos:

— Vagones expedidos en régimen acelerado.
— Transportes en tránsito internacional.
— Mercancías perecederas, animales vivos y similares.
— Transportes masivos de mercancías en trenes completos.

La inspección física de la mercancía se efectúa en las aduanas de origen y destino. Se utilizan precintos que evitan el acceso a las zonas de carga del vagón y, al igual que ocurre con el convenio TIR, se establece una Declaración de Garantía TIF que deben llevar a cabo las administraciones ferroviarias.

2.4   Otros documentos

- **Documento RID**
  Documento que ampara el transporte de mercancías peligrosas por ferrocarril, y para el que existe un reglamento.[12] Es similar al certificado ADR del transporte por carretera.

3   Documentos en el transporte marítimo

Como se observa en la tabla 6.1, donde se resumen las responsabilidades del operador en cada modo de transporte, para el transporte marítimo nacional (en España) y el internacional se usan los mismos documentos, teniendo en cuenta si se trata de una línea regular (conocimiento de embarque) o de una *tramp* (póliza de fletamento).

La regulación legal en el transporte marítimo nacional se hace a través del Código de Comercio y otras reglamentaciones de cada país y, en el internacional, a través de diferentes convenios:

---

[12] Reglamento Internacional de Transporte de Mercancías Peligrosas por Ferrocarril (RID), Anexo I del Convenio Internacional sobre Transporte de Mercancías por Ferrocarril que se encuentra en el Cotif. Consúltese el sitio www.otif.org, OTIF (Organización Intergubernamental para el Transporte Internacional por Ferrocarril).

Modo de transporte	Marítimo nacional	Marítimo internacional	Aéreo nacional
Documento contractual	Conocimiento de embarque o contrato de fletamento.[1]	Conocimiento de embarque,[2] o contrato de fletamento.	Conocimiento de embarque aéreo.[3]
Legislación	Código de Comercio.[9] Ley General de Navegación Marítima (en tramitación parlamentaria en 2010).	Protocolo de 21-12-1979, de modificación de las Reglas de la Haya, Convenio Internacional para la Unificación de Ciertas Reglas en materia de Conocimiento de Embarque.[10]	Ley 48/1960, de 21 de julio, sobre Navegación Aérea.[11]
Límite de indemnización por pérdida o avería	El valor de la mercancía según su factura comercial.	Si no existe declaración de valor de la mercancía en el conocimiento de embarque, la indemnización no superará 666,67 unidades de cuenta[17] por bulto o unidad de carga, o 2 DEG/kg bruto. De ambos límites se aplicará el más elevado, art. 2.	De no existir manifestación de valor declarado, 17 DEG/kg de peso bruto.[18]
Límite de indemnización por retraso	No existe límite expreso.	La legislación citada no contempla como responsabilidad de la naviera el retraso en la entrega.	Salvo manifestación de valor declarado, no superará el precio del transporte.[19]
Plazo de reclamación	Daños aparentes, en el momento de la entrega. Daños no aparentes, 24 h. siguientes a la entrega. Art. 366 del Código de Comercio.	Daños aparentes, en el momento de la entrega. Daños no aparentes, dentro de los tres días siguientes a la entrega.[21]	Dentro de los diez días siguientes a la entrega, art. 124.
Límite de prescripción	Un año, art. 952.2 del Código de Comercio.	Un año, art. 952.2 del Código de Comercio.	Seis meses desde que se produjo el daño, art. 124.

Observaciones sobre la aplicación de esta tabla:
- Los datos contenidos en esta tabla son de carácter general y, en cada caso, habrá que tener en cuenta los supuestos específicos que la norma reguladora del transporte o lo pactado por las partes establezca, ya que puede apartarse de estos principios. Así pues, los límites indemnizatorios señalados en la tabla son generales. Si existe pacto expreso sobre cuantías o condiciones diferentes en el transporte de la mercancía, se tendrá en cuenta éste –siempre que no vaya en contra de la ley–, y si existe dolo del transportista tampoco se aplicará su limitación general de responsabilidad.
- Para calcular el límite de responsabilidad se tomará como referencia el peso bruto de la mercancía perdida, averiada o retrasada.
- Las referencias a leyes, Código de Comercio, BOE *(Boletín Oficial del Estado)*, OFOM (Orden del Ministerio de Fomento) y RD (Real Decreto) se refieren a la legislación española.

---

[1] Arts. 652 y 706 del Código de Comercio. Art. 296, de la Ley General de Navegación Marítima, en tramitación parlamentaria en 2010.

[2] Sobre el contenido del conocimiento de embarque, Ley de 22 de diciembre de 1949, sobre unificación de reglas para los conocimientos de embarque en los buques mercantes (BOE 358, de 24-12-1949).

[3] Arts. 102 y 103 de la Ley 48/1960 sobre Navegación Aérea.

[4] Art. 5 del Convenio de Varsovia, para la unificación de algunas reglas del transporte aéreo internacional. Fue suscrito en Varsovia el 12 de octubre de 1929 y modificado por el Protocolo de la Haya de 1955 (BOE 34, de 9-2-1999).

[5] Art. 10 y ss. de la LCTT (véase la nota 13). Desde el punto de vista de la inspección de la Administración, dicho documento debe cumplir también con la OFOM 238/2003 de 31 de enero (BOE 38, de 13-2-2003).

[6] Art. 4 del Convenio CMR. En la práctica se utiliza la carta de porte CMR propuesta por la IRU.

[7] Art. 10 y ss. de la LCTT (véase la nota 13).

[8] Art. 12 y 13 del Convenio CIM de Berna, de 1980. Art. 6 y ss. del Protocolo de Vilna, de 3 de junio de 1999, que actualizó el Convenio CIM (BOE 149, de 23-6-2006).

[9] RD 22-8-1885, *Gaceta* 289 a 328, de 16 de octubre a 24 de noviembre de 1885.

Aéreo internacional	*Carretera nacional*	*Carretera internacional*	*Ferrocarril nacional*	*Ferrocarril internacional*
Conocimiento de embarque aéreo.[4]	Carta de porte.[5]	Carta de porte internacional CMR.[6]	Carta de porte.[7]	Carta de porte CIM.[8]
Convenio de Varsovia. Convenio de Montreal.[12]	LCTT (Ley del Contrato de Transporte Terrestre de Mercancías), LOTT, ROTT y OFOM 238/2003.[13]	Convención sobre el Contrato de Transporte Internacional de Mercancías por Carretera o Convenio CMR.[14]	LCTT (Ley del Contrato de Transporte Terrestre de Mercancías), LOTT, ROTT y OFOM 238/2003.[15]	Apéndice B del Convenio Internacional sobre Transporte de Mercancías por Ferrocarril o Convenio CIM.[16]
Salvo declaración especial de valor, 17 DEG/kg, art. 22.	Un tercio del IPREM diario por kilogramo bruto, art. 57.1 de la LCTT.	8,33 unidades de cuenta o DEG/kg de peso bruto, art. 23.3.	Un tercio del IPREM diario por kilogramo bruto, art. 57.1 de la LCTT.	17 DEG/kg bruto, art. 30.
Igual que en el supuesto de pérdida o avería.	Salvo pacto en contrario, el precio del transporte, art. 57.2 de la LCTT.	Salvo pacto en contrario no podrá exceder del precio del transporte, art. 23.5.	Salvo pacto en contrario, el precio del transporte, art. 57.2 de la LCTT.	El cuádruplo del precio del transporte, sin exceder a la que correspondiera en caso de pérdida.[20]
Catorce días en caso de avería y 21 días en caso de retraso, a contar desde que la mercancía se puso a disposición del destinatario, art. 26.	Daños aparentes, en el momento de la entrega. Daños no aparentes, siete días (naturales) desde la entrega, art. 60 de la LCTT.	Daños aparentes, en el momento de la entrega. Daños no aparentes, siete días desde la entrega, art. 30.	Daños aparentes, en el momento de la entrega. Daños no aparentes, siete días (naturales) desde la entrega, art. 60 de la LCTT.	Daños aparentes, en el momento de la entrega. Daños no aparentes, siete días desde la entrega, art. 47.
Dos años desde la llegada a destino, art. 35.	Un año, art. 79 de la LCTT.	Un año por reclamación contractual y tres en caso de dolo o falta equivalente, art. 32.	Un año, art. 79 de la LCTT.	Un año, art. 48.

[10] En la práctica, el clausulado del conocimiento de embarque conforma las condiciones del transporte. Las Reglas de la Haya fueron formalizadas en Bruselas (Bélgica) el 25 de agosto de 1924.

[11] BOE 176, de 23 de julio, correcciones en 209, de 31 de agosto. La Ley 48/1960 se actualizó mediante el RD 37/2001.

[12] Convenio de Varsovia para la unificación de ciertas reglas relativas al transporte aéreo internacional, firmado en Varsovia (Polonia) el 12 de octubre de 1929 (*Gaceta* 233, de 21-8-1931). Convenio de Montreal, convenio internacional sobre aviación civil, formalizado el 28 de mayo de 1999, sobre la Unificación de Ciertas Reglas para el Transporte Aéreo Internacional (BOE 20-5- 2004). Se complementa con la Decisión del Consejo de la Comunidad Europea (2001/539/CE) de 5 de abril de 2001.

[13] LCTT, Ley 15/2009, de 11 de noviembre (BOE 273, de 12-11-2009); LOTT, Ley de Ordenación del Transporte Terrestre (Ley 16/1987, de 30 de julio (BOE 182, de 31-7-1987); ROTT (Reglamento de la Ley de Ordenación de los Transportes Terrestres), RD 1211/1990 (BOE 241, de 8-10-1990); OFOM 238/2003 de 31 de enero (BOE 38, de 13-2-2003).

[14] Fue firmado en Ginebra (Suiza) el 19 de mayo de 1956 (BOE 109, de 7-5-1974).

[15] Véase la nota 13.

[16] Se formalizó en Berna (Suiza), el 9 de mayo de 1980 (BOE 16, de 18-1-1986) y fue actualizado por el Protocolo de Vilna, de 3 de junio de 1999 (BOE 149, de 23-6-2006).

[17] La unidad de cuenta es el «derecho especial de giro» (DEG) definido por el FMI. Ver www.imf.org.

[18] Art. 3 del RD 37/2001, de 19 de enero, que actualiza la cuantía por las indemnizaciones previstas en la Ley 48/1960 de Navegación Aérea.

[19] Art. 3.3. del RD 37/2001, de 19 de enero, que mantiene lo establecido por las indemnizaciones previstas en la Ley 48/1960 de Navegación Aérea, art. 118.

[20] Art. 33 del apéndice B del Convenio CIM, actualizado por el Protocolo de Vilna, de 1999.

[21] Art. 2 de la Ley de 22 de diciembre de 1949, sobre unificación de reglas para los conocimientos de embarque en los buques mercantes (BOE 358, de 24-12-1949).

Tabla 6.1. Responsabilidades del operador en cada modo de transporte.

- *Reglas de Rotterdam (Convenio de las Naciones Unidas sobre el Contrato de Transporte Internacional de Mercancías Total o Parcialmente Marítimo),* aprobadas en 2009 por la Comisión de las Naciones Unidas para el Derecho Mercantil Internacional (Uncitral), en Viena (Austria).
- *Convención de las Naciones Unidas sobre el Derecho del Mar.* Convenio internacional sobre derecho marítimo, firmado en Montego Bay (Jamaica) en 1982.
- *Protocolo de Bruselas* de 1979.[13]
- *Reglas de Hamburgo.* Convenio de Naciones Unidas sobre el Transporte de Mercancías por Mar, de 31 de marzo de 1978.[14]

Saber más...

Las Reglas de Rotterdam

El Convenio de las Naciones Unidas sobre el Contrato de Transporte Internacional de Mercancías Total o Parcialmente Marítimo describe los derechos y las obligaciones de todas las partes con intereses en el transporte de mercancías por mar en línea regular.

Las Reglas de Rotterdam sólo son aplicables a los contratos de transporte de ámbito internacional, cuando el lugar de recepción de la mercancía y el de su entrega se hallen en Estados distintos y, además, el puerto de carga y el de descarga en países diferentes, y alguno de ellos sea un Estado contratante.

De acuerdo con estas reglas, el cargador está obligado a entregar las mercancías al porteador, preparadas y acondicionadas para su transporte, así como a estibar y sujetar la mercancía a bordo de un contenedor u otra unidad de carga cuando su llenado competa al cargador. Asimismo, debe facilitarle la documentación e información necesarias para el transporte y la manipulación de las mercancías.

En cuanto a la responsabilidad del porteador, establecen un régimen «puerta a puerta», a diferencia del de «puerto a puerto» de las Reglas de La Haya-Visby. Así, el porteador es responsable de las pérdidas o los daños a las mercancías desde el momento en que las recibe hasta su entrega al destinatario. Por otro lado, ha de responsabilizarse de las operaciones de carga, estiba, desestiba y descarga, así como del retraso en la entrega de las mercancías.

La responsabilidad del porteador por el incumplimiento de sus obligaciones está limitada al mayor de los siguientes importes: *a)* 875 derechos especiales de giro (DEG) por bulto o unidad de carga (el contenedor u otras unidades de carga si en el contrato de transporte no se describen los bultos o unidades que contiene); o *b)* 3 DEG por kilogramo de peso bruto.

La responsabilidad por las pérdidas económicas derivadas del retraso en la entrega está limitada a un importe máximo de dos veces y medio el flete debido por la mercancía demorada. Estos límites no excluyen la aplicación de los que resultarían del Protocolo de Londres de 1996.

---

[13] Ratificado por España el 6 de enero de 1979.

[14] Las Reglas de Hamburgo tienen vigencia internacional desde el 1 de noviembre de 1992, transcurrido un año desde la ratificación del vigésimo país firmante (Zambia, el 7 de octubre de 1991). España aún no lo ha ratificado, aunque se puede aplicar entre países firmantes.

– *Reglas de Visby.* Protocolo que modifica el Convenio de Bruselas, suscrito en Visby (Suecia) el 23 de junio de 1968. Su función fue mejorar la definición de propiedad o dominio, con la adopción de un sistema de limitación de la reparación.[15]
– *Reglas de York y Amberes.* Reglamento que regula las averías gruesas aprobado en Amsterdam (Holanda) en 1950. Sólo son aplicables si las partes se han sometido voluntariamente a ellas, haciendo mención expresa en el contrato de fletamento o conocimiento de embarque.
– *Reglas de la Haya.* Convenio Internacional para la Unificación de Ciertas Reglas en materia de Conocimiento de Embarque, suscrito en Bruselas (Bélgica) en agosto de 1924 por veintiséis países. A principios del siglo XXI, contaba con setenta y dos Estados parte.[16]

3.1 Conocimiento de embarque marítimo (bill of lading o B/L)

Es el documento mediante el que se instrumenta y formaliza el contrato de transporte marítimo de mercancías, equivalente a la carta de porte en el transporte terrestre. Está regulado por el Convenio de Bruselas de 1924.

El conocimiento de embarque, que expide, firma y sella la compañía porteadora o su representante, debe contener las formalidades que se detallan en el modelo de la figura 6.4, y cumple como funciones:

Constituye el contrato de transporte entre el fletador y el fletante.
– Es un título con valor que representa la propiedad de las mercancías embarcadas en una línea regular.
– Acredita la recepción de las mercancías o que éstas han sido cargadas en el medio de transporte, con destino al punto final que se declara. Es una prueba del estado de las mismas y permite a su tenedor disponer de ellas durante el viaje.
– Permite al tenedor reclamar la entrega de la mercancía.
– Es un documento transferible y negociable cuando se extiende a la orden o al portador, y no lo es cuando se extiende nominativo.

Los conocimientos de embarque pueden extenderse con la modalidad «recibido para embarque» *(received for shipment* o *received to be shipped),* que indica que la mercancía ha sido recibida por el operador de transporte, pero no que haya sido embarcada. Está es-

---

[15] En España se ratificó en 1984 (BOE de 11 de febrero de 1984).
[16] Ratificado por España el 2 de junio de 1930, *Gaceta de Madrid,* núm. 212 de 31 de julio de 1930, y mediante la Ley de Transporte Marítimo en Régimen de Conocimiento de Embarque, de 22 de diciembre de 1949 (BOE 358 de 24 de diciembre de 1949).

pecialmente indicado para el transporte multimodal o de contenedores, ya que se emite cuando la mercancía se entrega al primer transportista o a la terminal de contenedores.

El conocimiento de embarque con la cláusula «a bordo» o «embarcado» *(shipped on board)*, acredita la recepción de la mercancía a bordo del buque, lista para su transporte.

3.1.1   *Conocimiento de embarque abreviado* (seaway bill of lading)

Existen un modelo «abreviado» de conocimiento de embarque, conocido como *seaway bill of lading,* que cumple la función de «carta de porte marítimo» con las mismas atribuciones que un conocimiento de embarque convencional, salvo que no es un título de propiedad de la mercancía y, por tanto, no es transmisible y no puede ser negociado.

3.2   *Póliza de fletamento* (charter party; charter policy)

Documento que formaliza el contrato de fletamento entre el fletante y el fletador para la utilización y explotación por este último de un buque de línea no regular o *tramp,* que lo destina al acarreo de mercancías mediante el pago de un flete. Estos contratos estipulan la utilización del buque basándose en tres modalidades de póliza de fletamento, aunque en el mercado internacional pueden existir más de doscientos tipos de pólizas basados en las clases de barcos o en los tipos de productos y teniendo en cuenta las zonas geográficas del mundo:

– Contrato de fletamento a casco desnudo.
– Contrato de fletamento por tiempo.
– Contrato de fletamento por viaje.

3.2.1   *Contrato de fletamento a casco desnudo*

Modalidad de contrato de fletamento mediante la que el fletador dispone, durante un determinado período de tiempo, de la plena disponibilidad y responsabilidad sobre el buque, de su navegación, administración y aprovechamiento o explotación, mediante el pago de un arrendamiento al fletante.

3.2.2   *Contrato de fletamento por tiempo*

Modalidad de contrato de fletamento donde el fletador alquila un buque para utilizarlo a su discreción en el acarreo de mercancías por un plazo de tiempo determinado, asumiendo los costes de dicha explotación (combustible, estiba y desestiba de la carga, trincaje y destrincaje, tasas portuarias, agentes marítimos, etc.), mientras que la navegación y administración técnica del buque siguen estando en manos de la empresa naviera.

3.2.3   Contrato de fletamento por viaje

Tipo de contrato de fletamento mediante el que un armador (fletante) pone a disposición del fletador toda o parte de la capacidad de un buque, para el transporte de unas determinadas mercancías, en uno o más viajes consecutivos, entre unos puertos y unas fechas que se fijan. El fletante asume la explotación del buque y el transporte de la carga como contraprestación del flete que paga el fletador.

3.3   Otros documentos

Pueden existir los siguientes documentos auxiliares, con aplicaciones muy particulares en el ámbito de determinados Estados o puertos, en función de las decisiones de las autoridades aduaneras o controles oficiales:

- **Admítase** *(admitance note)*
  Documento que elabora el consignatario o responsable del transporte marítimo, que el transportista de la mercancía presenta a la terminal portuaria para su admisión, donde se hace responsable del pago de la estancia. Una vez sellado por ésta, se une al «documento único administrativo» (DUA) en la Unión Europea o documento análogo en otros lugares del mundo, como justificante de que en el momento del despacho aduanero la mercancía se encuentra sobre el muelle de la terminal a disposición de la aduana.

- **Admítase para embarco** *(ready to board)*
  Documento que se utiliza en sustitución de la nota de embarque. Existen diferentes tipos para tramitar los despachos de aduana, facilitar datos estadísticos al puerto, proporcionar al estibador los pesos y las dimensiones de la carga, y componer la lista de carga para el buque.

- **Carta de garantía** *(letter of guarantee)*
  Documento que se emite cuando algunas partidas de una misma mercancía, amparadas por un solo conocimiento de embarque, se deben entregar a diferentes receptores.

- **Certificado de inspección de bodegas** *(ship's holds inspection certificate)*
  Documento que garantiza que las bodegas de un buque reúnen las condiciones adecuadas para recibir la carga a bordo y contenerla de modo seguro.

- **Certificado de lista negra** *(black list certificate)*
  Documento que certifica que el buque, la mercancía que éste transporta o el remitente de la misma no están boicoteados por ningún Estado u organismo (véase la figura 6.5).

- **Confirmación de reserva de espacio** *(slot confirmation)*
  Documento que el cargador dirige a la naviera o su agente confirmando la reserva de espacio para el transporte de sus mercancías en un determinado viaje.

- **Entréguese** *(delivery)*
  Documento que acredita la titularidad de la mercancía y que el agente consignatario del buque entrega al agente de aduanas, una vez satisfechos los gastos relativos al flete y la manipulación de la carga. A su vez, éste lo entrega al transportista o importador, ya que su presentación en la terminal portuaria es imprescindible para retirar la mercancía.

- **Levante** *(customs release, note)*
  Documento aduanero o similar aceptado internacionalmente (copia 9 del DUA) mediante el cual la aduana indica que se ha producido el despacho de la mercancía, una vez llevadas a cabo las oportunas inspecciones y análisis, y liquidados los derechos y tributos a la Hacienda pública. Su obtención por parte del agente de aduanas es imprescindible para la posterior retirada de la mercancía de la terminal. En numerosos puertos se ha sustituido por el llamado «levante sin papeles», que permite su gestión electrónica y una mayor agilidad.

- **Listado de contenedores y precintos** *(list of containers and seals)*
  Relación que elabora la empresa estibadora a partir del listado numérico y que entrega al confronta portuario.

- **Listado numérico de contenedores** *(container numerical list)*
  Listado de los contenedores que se deben cargar o descargar, con indicación de su contenido y del número de precinto, elaborado por el agente consignatario para un determinado buque, a partir de la información remitida por el armador en el caso de la descarga. Este listado es entregado a la empresa estibadora junto con el plano de carga.

- **Manifiesto** *(manifest)*
  Relación descriptiva de toda la mercancía que se halla a bordo del buque, así como

de sus materiales y de las pertenencias de la tripulación. Obra en poder del capitán, quien lo entrega al resguardo para que lo remita a la aduana. Posteriormente, en presencia del agente consignatario del buque, se coteja el manifiesto con el premanifiesto para elaborar el manifiesto definitivo, documento a partir del cual se liquidarán los despachos efectuados. Debe actualizarse en cada puerto donde se produce una carga o descarga de mercancías.

- **Nota de cierre** *(shipping note)*
  Se emite al principio de la contratación de un transporte marítimo y acredita la reserva de espacio en firme, con los pormenores de sus condiciones: fechas, flete convenido, cantidad y naturaleza de la mercancía, etc.

- **Nota de embarque** *(shipping order)*
  Se utiliza para la entrada de la mercancía en el puerto de embarque. Este documento contiene la declaración completa de la mercancía que hay que embarcar, y también puede contener los detalles del conocimiento de embarque que amparará la carga del buque.

- **Permiso de descarga** *(discharge licence)*
  Certificado que acredita que las grúas del barco pueden trabajar sin dificultad hasta alcanzar una determinada carga.

- **Premanifiesto** *(pre-manifest)*
  Documento normalizado que la empresa consignataria elabora con anterioridad a la llegada del buque a partir de la información de la carga que el armador o naviero le remite, y que presenta en la aduana como paso previo al proceso de despacho de la mercancía.

- **Reserva de espacio para embarque** *(booking note)*
  Documento que el cargador dirige a la naviera o a su agente, mediante el cual expresa su intención de transportar una cantidad de mercancías en un determinado viaje, a la espera de confirmación, para lo que solicita una reserva de espacio en el buque.

Los sistemas de gestión electrónica permiten el despacho electrónico y la trazabilidad de la información, en la que participan todos los agentes de la comunidad logística portuaria. En esta comunidad se incluyen los organismos tributarios de la Administración pública, las entidades bancarias, las organizaciones empresariales sectoriales y las de usuarios de los servicios de transporte, lo que facilita la mayor interacción entre dichos agentes y la optimización de los procesos logísticos.

4   Documentos del transporte fluvial

Como ocurre con otros modos de transporte, en cada país existe una legislación que regula los documentos necesarios para esta modalidad. En España, mientras no se regule por una ley específica, el contrato de transporte fluvial de mercancías está sometido a la Ley 15/2009, de 11 de noviembre, del Contrato de Transporte Terrestre de Mercancías.

5   Documentos del transporte aéreo

Como se indica la tabla 6.1 sobre responsabilidades de los operadores de transporte, el transporte aéreo nacional se rige por la ley que se aplica en cada país.[17]

El transporte aéreo internacional (mercancías, pasajeros y equipajes) se rige por los siguientes acuerdos:

- *Convenio de Montreal.* Convenio internacional sobre aviación civil formalizado el 28 de mayo de 1999 (en aplicación desde el 4 de noviembre de 2003 por la firma de treinta países) sobre la Unificación de Ciertas Reglas para el Transporte Aéreo Internacional.[18]
- *Protocolo de Guatemala.* Acuerdo internacional sobre aviación civil, formalizado el 8 de marzo de 1971. Modificó el Convenio de Varsovia (1929) en cuestiones relativas al transporte de pasajeros, principalmente, aunque incidió también en el de mercancías.
- *Protocolo* de 24 de septiembre de 1968 sobre el que se aprueba el texto auténtico del Convenio de Chicago.
- *Convenio de Tokio* de 14 de septiembre de 1963. Se establecieron medidas que hicieran posible la regulación y la actuación en el caso de delitos efectuados a bordo de una aeronave, definiendo la jurisdicción del país según la bandera del avión y las facultades del comandante del aparato, que incluyen la detención del trasgresor.
- *Convenio de Guadalajara.* Acuerdo internacional sobre aviación civil, formalizado en Guadalajara (México) en 1961, que modificó el Convenio de Varsovia (1929) y el Protocolo de la Haya (1955) en cuanto a la responsabilidad por operaciones entre transportistas.

---

[17] En España se rige por la *Ley de Navegación Aérea* de 1960 y por el RD 2333/83.

[18] Se complementa con la Decisión del Consejo de la Comunidad Europea (2001/539/CE) de 5 de abril de 2001.

— *Protocolo de la Haya.* Acuerdo internacional sobre aviación civil, formalizado el 28 de septiembre de 1955. Modificó el Convenio de Varsovia (1929) en cuanto a la ampliación de la responsabilidad del transportista.

— *Convenio de Roma.* Convenio internacional sobre aviación civil formalizado el 7 de octubre de 1952. Uno de sus resultados más notables consistió en garantizar la indemnización a terceros en tierra por daños y lesiones causados por aparatos en vuelo, incluyendo las operaciones de despegue y aterrizaje.

— *Convenio de Chicago.* Convenio sobre aviación civil firmado en 1944, en vigor desde 1947, en el que se recogía la primera normativa sobre transporte de mercancías peligrosas por vía aérea (Anexo 18). Fue el antecedente de la OACI (Organización de Aviación Civil Internacional).

— *Convenio de Varsovia.* Convenio sobre aviación civil para la unificación de algunas reglas relativas a los títulos de transporte, la responsabilidad del porteador y otras disposiciones relacionadas con el transporte aéreo internacional. Fue suscrito en Varsovia (Polonia) el 12 de octubre de 1929.

5.1   *Conocimiento de embarque aéreo* (air way bill, AWB)

Hay un documento único que sirve tanto al transporte aéreo nacional como al internacional (véase la figura 6.6). Lo emite la compañía aérea y mediante él se formaliza el contrato de transporte aéreo de mercancías. Es un acuse de recibo de las condiciones en que se ha recibido la mercancía para su transporte y una guía de instrucciones para el transportista.

Este documento está regulado por el Convenio de Varsovia de 1929. A diferencia del conocimiento de embarque marítimo, no es un título-valor y, por tanto, no es negociable porque es nominativo.

Está compuesto por un juego de tres originales y, como mínimo, de seis copias (puede llegar hasta nueve copias). El primer original es para el transportista, firmado por el embarcador o por su agente. El segundo es para el consignatario, el que recibe la mercancía. El último original lo firma el transportista y se lo entrega al embarcador cuando la mercancía ha sido aceptada para la entrega.

Existe una versión diferente que se da cuando la emite el transitario en vez de la compañía aérea; en ese caso, se llama *House AWB*.

El conocimiento de embarque aéreo puede ser emitido por un agente IATA y, por tanto, refleja la responsabilidad civil profesional correspondiente delante de los demás agentes que intervienen en el contrato con este documento de transporte. Cualquier reclamación no atendida puede realizarse ante la IATA para que la resuelva y abone, en su caso, las indemnizaciones no atendidas en función de la fianza depositada en este organismo.

El conocimiento aéreo sirve como documento de transporte y certificado de recepción de las mercancías, actuando como una declaración para el despacho aduanero y como factura de transporte. Se detallan la naturaleza, la cantidad, las dimensiones y el peso bruto de la mercancía, así como el valor asegurado. En este último caso, la diferencia que debe cubrir el seguro puede ser contratada con el agente emisor si ofrece este servicio de póliza flotante.

En la práctica, en el transporte aéreo se producen incidencias que pueden afectar a cualquiera de los agentes que intervienen en el contrato de transporte. Por ejemplo, pueden surgir dificultades en las conexiones en el aeropuerto *hub* entre diferentes vuelos, también puede suceder que la mercancía transportada en aviones de fuselaje ancho no pueda acondicionarse en aviones de fuselaje estrecho, por lo que ésta deba transportarse por carretera, y ello produzca retrasos sustanciales e incremente el coste del flete.

6   Documentos del transporte multimodal

El transporte multimodal es un «sistema de transporte combinado en el que no se produce una ruptura de la unidad de carga y en la fase de transporte principal o de largo recorrido se utiliza una sucesión de distintos medios: camión-tren, camión-barco, camión-barco-tren u otra combinación posible. Todo ello al amparo de un solo contrato de transporte con el cargador».[19]

Se rige por las Reglas de la Unctad (Conferencia de las Naciones Unidas para el Comercio y Desarrollo) y la CCI (Cámara de Comercio Internacional) relativas a los documentos de transporte multimodal, suscritas en Ginebra el 25 de mayo de 1980,[20] las cuales constan de siete partes:

1. *Disposiciones generales* donde se define el transporte multimodal internacional y el operador de transporte multimodal (OTM).
2. *Documentación:* indica cómo debe emitirse el documento de transporte multimodal.
3. *Responsabilidad del OTM:* desde que recibe la mercancía hasta que la entrega.
4. *Responsabilidad del expedidor:* será responsable de los perjuicios sufridos por el OTM, si se producen por causa o negligencia suya.

---

[19] Véase Diccionario de logística, en www.logisnet.com.

[20] En el ámbito de la Unión Europea, está regulado por dos normativas:

   – Directiva 106/92, de 7 de diciembre de 1992, relativa al establecimiento de normas comunes para determinados transportes combinados de mercancías por Estados miembros.
   – Decisión 45/93, de la Comisión de 22 de diciembre de 1993, relativa a la concesión de ayudas económicas a acciones piloto en materia de transporte combinado.

5. *Reclamaciones y acciones:* se definen las formas de dar avisos de pérdida o daño, plazos de reclamación o prescripción, arbitraje, jurisdicción, etc.
6. *Disposiciones complementarias:* se define la nulidad de aquellas que se aparten del Convenio de Ginebra.
7. *Cuestiones aduaneras:* sistema de tránsito aduanero idéntico al Convenio TIR.

Cabe señalar que este convenio aún no ha sido ratificado por los países necesarios para que sea de utilización internacional, de modo que sólo obliga a los países signatarios; por esto todavía no tiene la vigencia en el ámbito mundial que requiere el concepto multimodal.

Como hemos mencionado anteriormente, en el transporte multimodal no se produce la ruptura o disgregación de la carga, ya que ésta se mantiene agrupada desde el origen hasta el destino en el interior de las unidades de transporte intermodal (UTI) o contenedores.

Los documentos que se utilizan en el transporte multimodal son los siguientes:

- Conocimiento de embarque del transitario
- Certificado de almacenaje.
- Certificado para el transporte de mercancías peligrosas.
- Certificado de recepción del transitario.
- Certificado de transporte del transitario.

6.1 *Conocimiento Fiata negociable para el transporte multimodal* (negotiable Fiata multimodal transport *o* Fiata bill of lading, FBL)

Documento que expide el transitario y que formaliza el contrato de transporte internacional de mercancías intermodal entre éste y el cargador, conteniendo en el reverso su clausulado (véase la figura 6.7). Cumple asimismo la función de acuse de recibo del estado de la mercancía, declaración de despacho aduanero y certificado de seguro, si el exportador lo solicita. Si se emite «a la orden» puede ser objeto de negociación por parte de quien lo posee. Las responsabilidades e indemnizaciones asumidas por el transitario en caso de siniestro son las que correspondan al modo de transporte utilizado en el momento del daño o pérdida. Está regulado por el Convenio de Ginebra de 1980 y se expide según las Normas Unctad/CCI para el Documento de Transporte Multimodal (Publicación CCI 481).

6.2 *Certificado de transporte del transitario* (forwarders certificate of transport, FCT)

Documento que expide el transitario y que formaliza el contrato de transporte internacional de mercancías entre éste y el cargador, el cual lo envía al destinatario (véase la figura 6.8).

La entrega de la mercancía se hace efectiva sólo con la presentación de este documento y tiene un papel decisivo en todos los casos de ventas «CIF destino». Si se emite «a la orden» puede ser objeto de negociación por parte de quien lo posee. Está regulado por el Convenio de Ginebra de 1980 y reconocido por la CCI (Cámara de Comercio Internacional).

6.3   Certificado de recepción del transitario **(forwarders certificate of receipt, FCR)**

Documento que el transitario emite y entrega al cargador, también conocido como FCR (véase la figura 6.9), donde acredita que se ha hecho cargo de una expedición con instrucciones de hacerla llegar o tenerla a disposición de un destinatario, y donde se hace constar la descripción de la carga. Sea quien fuere su poseedor, el FCR no puede ser nunca objeto de negociación por parte del cargador ni del destinatario. Es un documento de la Fiata y está reconocido por la CCI (Cámara de Comercio Internacional).

6.4   Certificado de almacenaje del transitario **(Fiata warehouse of receipt, FWR)**

Es un certificado de depósito que debe emitir el transitario en sus operaciones de almacenaje de mercancías. No es negociable, a menos que se extienda con el término «negociable».

6.5   Certificado para el transporte de mercancías peligrosas **(shippers declaration of transport of dangerous goods, SDT)**

Documento de la Fiata, también conocido como SDT (véase la figura 6.10), mediante el cual el expedidor de un transporte multimodal de mercancía peligrosa certifica a un transitario que su mercancía cumple los requisitos legales aplicables para su transporte. El transitario, por medio del SDT, puede identificar las mercancías y clasificarlas a tenor de los convenios ADR (carretera), IATA (aéreo), RID (ferrocarril) e IMDG/IMCO (International Maritime Dangerous Goods /I nterGovernamental Maritime Consultative Organization) (marítimo). Este documento no puede ser objeto de negociación por parte de su poseedor y sirve para determinar la responsabilidad en caso de que la mercancía sufra daños o accidentes.

7   Otros documentos relativos a la mercancía y su transporte

- **Albarán de entrega** *(delivery note)*
  Documento administrativo emitido por el expedidor que acompaña a la mercancía cuando se entrega a un cliente, y que acredita su recepción por parte de este úl-

timo. Contiene datos del remitente y del destinatario, así como la descripción de la mercancía.

- **Autorización de despacho** *(port clearance)*
  Documento mediante el que un importador autoriza a un agente de aduanas o transitario para que le represente ante la aduana.

- **Aviso de expedición** *(dispatch notice)*
  Documento emitido por el expedidor para comunicar al destinatario designado en la orden de expedición que se ha llevado a cabo el envío de las mercancías.

- **Aviso de llegada** *(arrival notice)*
  Documento emitido por el operador de transporte mediante el que informa al destinatario que la mercancía se encuentra a su disposición para ser retirada o acordar su entrega.

- **Certificado de análisis** *(analysis certificate)*
  Documento que acredita la naturaleza, la composición, el estado, la calidad, etc., de una mercancía.

- **Certificado de arrumazón** *(stowage certificate)*
  Documento suscrito por quien ha efectuado la estiba de un contenedor acreditando que dicha operación se ha realizado cumpliendo todas las prescripciones aplicables al transporte y, en especial, a la naturaleza de las mercancías arrumadas y afianzadas.

- **Certificado de averías** *(survey report)*
  Documento expedido por un comisario de averías en el que constata el resultado de su peritaje sobre los daños sufridos por unos bienes asegurados en un caso de siniestro.

- **Certificado de baja tensión** *(low voltage certificate)*
  Documento de importación mediante el que se acredita que un determinado producto cumple con la directiva de baja tensión (220-400 V) de la Unión Europea en cuanto a aislamiento de aparatos eléctricos (véase la figura 6.11).

- **Certificado de contenedores entregados** *(container delivery certificate)*
  Documento que expide periódicamente un depósito de contenedores para el responsable de la gestión de los mismos, donde se indica los equipamientos recibidos durante un determinado período.

- **Certificado de contenedores recibidos** *(container reception certificate)*
Documento que expide periódicamente un depósito de contenedores para el responsable de la gestión de los mismos, donde se indica los contenedores entregados durante un determinado período.

- **Certificado de despacho** *(certificate of dispatch)*
Documento expedido por una autoridad aduanera que acredita que una mercancía ha salido del territorio nacional.

- **Certificado de farmacia** *(pharmaceutical certificate)*
Documento extendido en España por la Dirección General de Farmacia y Productos Sanitarios para los productos farmacéuticos y los cosméticos, tanto para la exportación como para la importación.

- **Certificado de inspección** *(inspection certificate)*
Documento expedido por una compañía certificadora que acredita el examen de las mercancías y su conformidad respecto a lo que se especifica en un contrato de compraventa o una factura pro forma.

- **Certificado de no radioactividad** *(non-radioactivity certificate)*
Documento expedido por un organismo competente que certifica que un determinado producto alimentario (bebidas, productos lácteos, alimentos infantiles y carne aviar, entre otros) está exento de radioactividad.

- **Certificado de origen (C/O)** *(certificate of origin, C/O)*
Este documento acredita que una mercancía es originaria de un determinado país (véase la figura 6.12). Es expedido por las cámaras de comercio u otros organismos competentes y describe:

  - Razón social y domicilio del vendedor y del comprador.
  - Medio de transporte utilizado.
  - Descripción de la mercancía, peso, número de bultos y marcas.

  Es común para las mercancías procedentes de países que no hayan establecido acuerdos de circulación de mercancías con la UE, y puede tener importancia en la declaración ante la aduana al poder condicionar la partida arancelaria.

- **Certificado de peso** *(certificate of weight)*
Documento en el que se hace constar el peso neto y bruto de cada bulto de una expedición (véase la figura 6.13).

- **Certificado fitosanitario** *(health certificate; phytosanitary certificate)*
  Documento expedido por un organismo competente de un país exportador o importador que certifica la buena calidad o el buen estado de un producto vegetal (frutas, legumbres, semillas...) (véase la figura 6.14).

- **Certificado** *halal (halal certificate)*
  Documento expedido por una autoridad religiosa islámica donde se certifica que un animal destinado al consumo humano ha sido sacrificado según el rito islámico (véase la figura 6.15).

- **Certificado** *kosher (kosher certificate)*
  Documento emitido por la autoridad rabínica de una comunidad judía donde se certifica que determinados productos alimenticios, cosméticos, farmacéuticos o de limpieza, están elaborados conforme los criterios y rituales prescritos en la Torah o Pentateuco.

- **Certificado sanitario** *(sanitary certificate)*
  Documento expedido por un organismo competente de un país exportador o importador acreditando el estado sanitario de la mercancía analizada, que está exenta de unas determinadas materias o que cumple con la normativa sanitaria vigente.
  En España, lo extiende Sanidad Exterior para productos contenidos en el Anexo I de la OM de 20 de enero de 1994, donde se fijan las modalidades de control sanitario a productos de comercio exterior destinados a uso y consumo humanos, cuyo origen o destino se halla en países no miembros de la Unión Europea, y los recintos aduaneros habilitados para llevarlas a cabo.

- **Certificado Soivre** *(Soivre certificate)*
  Documento extendido en España por el Servicio Oficial de Inspección, Vigilancia y Regulación de las Exportaciones (Soivre), constituido por los centros de Inspección de Comercio Exterior (véase la figura 6.16). Entre los fines del Soivre están la inspección de la calidad comercial (productos, envases, etiquetado, etc.), el examen documental y el control de los productos de exportación e importación.

- **Certificado veterinario** *(veterinary certificate)*
  Documento extendido en España por Sanidad Exterior para dejar constancia de que la mercancía objeto de certificación (habitualmente, carnes y animales vivos) está libre de determinadas materias.

- **Cuaderno ATA** *(ATA carnet)*
  Documento aduanero que expiden las cámaras de comercio con el fin de facilitar las cuatro operaciones aduaneras de la ida y retorno de un envío de exportación tem-

poral (véanse las figuras 6.17 y 6.18). Permite la libre admisión exenta de derechos de importación de una extensa categoría de mercancías que pueden clasificarse en:

- Mercancías que deben ser presentadas o utilizadas en ferias, exposiciones comerciales y actos similares.
- Muestras comerciales.
- Material profesional.

Fue creado en 1964 por la Organización Mundial de Aduanas, y renovado y perfeccionado en 1990 por la misma agencia.

- **Declaración de aduana** *(customs entry; customs declaration)*
Documento que presenta el importador o su agente de aduanas o transitario para efectuar el despacho de las mercancías.

- **Declaración de mercancías peligrosas** *(dangerous goods declaration)*
Documento emitido por un expedidor en el que se describen las mercancías o los materiales peligrosos a los efectos del transporte, y donde se indica que han sido embalados y etiquetados según las normativas legales vigentes (véase la figura 6.19).

- **Declaración de sobremedidas y sobrepeso** *(oversize/over weight permit)*
Relación que elabora el cargador para el transportista con el detalle de las medidas y los pesos que exceden a las normalizadas en los bultos de una expedición.

- **Declaración sobre temperaturas** *(requested temperature setting)*
Especificación que indica el cargador al transportista sobre el margen de temperaturas máximas y mínimas en que debe mantenerse una determinada expedición.

- **Documento único administrativo (DUA)** *(single administrative document, SAD)*
Documento administrativo que se utiliza en la UE como declaración de importación y exportación, con diferentes ejemplares con distintos usos: aduana, estadística, interesado y levante.

- **Factura aduanera** *(customs invoice)*
Documento que emite el vendedor por exigencia de la aduana de algunos países, habitualmente con fines estadísticos o informativos (véase la figura 6.20).

- **Factura comercial** *(invoice)*
Documento administrativo demostrativo de una operación de compraventa y justificante de un contrato comercial. La factura describe las condiciones de venta de las mer-

cancías y sus especificaciones (véase la figura 6.21). En comercio internacional, se exige para la exportación en el país de origen, para la importación en el país de destino y, en su caso, puede ser utilizada para calcular el pago a las autoridades aduaneras. En una factura deben figurar: la fecha de emisión, los nombres y las direcciones del comprador y vendedor, la descripción de la mercancía y su valor, las condiciones de pago, los términos de entrega y otras circunstancias relacionadas con dicha operación comercial.

- **Factura consular** *(consular invoice)*
  Certificación del valor, peso y origen de la mercancía extendido por un consulado o factura visada por el mismo que algunos países exigen con el fin de evitar fraudes a las aduanas o evasión de divisas en el país de destino (véase la figura 6.22).

- **Factura pro forma** *(pro forma invoice)*
  Borrador o propuesta de factura donde se hace constar la expresión «pro forma», sin validez legal ni fiscal, que expide el proveedor al cliente con los datos e informaciones necesarios para acordar una operación de compraventa (véase la figura 6.23). En el caso de operaciones de compraventa internacional, la remite el exportador al importador para que éste confeccione la carta de crédito correspondiente o gestione la solicitud de licencia de importación.

- **Ficha de seguridad** *(safety sheet)*
  Documento que el expedidor de una mercancía peligrosa entrega al responsable de un medio de transporte o transportista y que éste debe conocer antes de iniciar el viaje. La ficha de seguridad se expide en los idiomas de los países de tránsito, e indica el nombre y la peligrosidad del producto transportado, los teléfonos de emergencia y la forma de actuar en caso de accidente o situación de peligro.

- **Lista de carga del contenedor** *(container manifest; unit packing list)*
  Documento que emite la empresa responsable de agrupar las mercancías en un contenedor (el NVOCC en el transporte marítimo), indicando la relación de mercancías estibadas en el mismo.

- **Lista de contenido** *(packing list; cargo list)*
  Documento emitido por el remitente que incluye una relación detallada de las mercancías que se envían en una expedición, bien sea por medio de un vehículo de transporte o introducidas en un contenedor para su consolidación (véase la figura 6.24). Se especifica el número de bultos, sus marcas, sus especies, su numeración, el contenido de cada uno de ellos, las unidades envasadas, el tipo de embalaje, el peso neto y bruto, etc., con objeto de verificar la correcta recepción de las mercancías en el lugar donde se realice la entrega o desconsolidación de la unidad de carga o transporte.

1 Exemplaire de **l'expéditeur** / Copy for **sender**

LETTRE DE VOITURE INTERNATIONALE (CMR) **INTERNATIONAL CONSIGNMENT NOTE** .... **Pays/Country** No ....

1 Expéditeur (nom, adresse, pays) / Sender (name, address, country)	6 Transporteur (nom, adresse, pays, autres références) / Carrier (name, address, country, other references)
2 Destinataire (nom, adresse, pays) / Consignee (name, address, country)	7 Transporteurs successifs / Successive carriers Nom / Name Adresse / Address Pays / Country Reçu et acceptation / Receipt and Acceptance — Date — Signature
3 Prise en charge de la marchandise / Taking over the goods: Lieu / Place Pays / Country Date Heure d'arrivée / Time of arrival — Heure de départ / Time of departure	8 Réserves et observations du transporteur lors de la prise en charge de la marchandise / Carrier's reservations and observations on taking over the goods
4 Livraison de la marchandise / Delivery of the goods: Lieu / Place Pays / Country Heures d'ouverture du dépôt / Warehouse opening hours	
5 Instructions de l'expéditeur / Sender's instructions	9 Documents remis au transporteur par l'expéditeur / Documents handed to the carrier by the sender

10 Marques et numéros / Marks and Nos	11 Nombre de colis / Number of packages	12 Mode d'emballage / Method of packing	13 Nature de la marchandise / Nature of the goods	14 Poids brut, kg / Gross weight in kg	15 Cubage m3 / Volume in m3
Numéro ONU / UN Number	Nom voir 13 / Name see 13	Numéro d'étiquette / Label Number	Groupe d'emballage / Packing Group (ADR*)		

16 Conventions particulières entre l'expéditeur et le transporteur / Special agreements between the sender and the carrier

17 A payer par / To be paid by	Expéditeur / Sender	Destinataire / Consignee
Prix de transport / Carriage charges		
Frais accessoires / Supplementary charges		
Droits de douane / Customs duties		
Autres frais / Other charges		

18 Autres indications utiles / Other useful particulars

19 Remboursement / Cash on delivery

20 **Ce transport est soumis, nonobstant toute clause contraire, à la Convention relative au contrat de transport international de marchandises par route (CMR)**
This carriage is subject, notwithstanding any clause to the contrary, to the Convention on the Contract for the International Carriage of Goods by Road (CMR)

21 Etablie à / Established in .... le / on .... 20..

22	23	24 Marchandises reçues / Goods received
		Heure d'arrivée / Time of arrival — Heure de départ / Time of departure
		Lieu / Place — le / on — 20..
Signature ou timbre de l'expéditeur / Signature or stamp of the sender	Signature ou timbre du transporteur / Signature or stamp of the carrier	Signature et timbre du destinataire / Signature and stamp of the consignee

Partie non contractuelle réservée au transporteur / Non-contractual part reserved for the carrier

No ....

Modèle IRU 2007

Les parties encadrées de lignes grasses doivent être remplies par le transporteur / The space framed with bold lines must be filled in by the carrier

A remplir sous la responsabilité de l'expéditeur / To be completed on the sender's responsibility **1 - 5, 9 - 16, 18 + 22**

- En cas de marchandises dangereuses indiquer, à la dernière ligne du cadre: Numéro ONU. Marchandises des classes 1 et 7: voir demande spéciale dans ADR, Partie 5. Numéro d'étiquette et Groupe d'emballage (ADR*)
- In case of dangerous goods mention on the last line of the column: UN number. Goods from class 1 and 7: see special documentation demands in ADR, Part 5. The label number and Packing Group.

Figura 6.1. Modelo de documento mediante el que se formaliza la «carta de porte internacional» o CMR.

(Name of International Organization)

CARNET TIR*

.....vouchers   No

1. Valable pour prise en charge par le bureau de douane de départ jusqu'au ________________ inclus
    Valid for the acceptance of goods by the Customs office of departure up to and including

2. Délivré par ____
    Issued by
    ____
    (nom de l'association émettrice / *name of issuing association*)

3. Titulaire ____
    Holder
    ____
    (nom, adresse, pays / *name, address, country*)

4. Signature du délégué de l'association
    émettrice
    et cachet de cette association: *Signature of the secretary of the international*
    Signature of authorized official of the   *organization:*
    issuing association and stamp of that
    association:

(A remplir avant l'utilisation par le titulaire du carnet / To be completed before use by the holder of the carnet)

6. Pays de départ ____
    Country of departure

7. Pays de destination (') ____
    Country/Countries of destination (¹)

8. No(s) d'immatriculation du (des) véhicules(s) routiers(s) (')
    Registration No(s). of road vehicle(s) (¹)

9. Certificat(s) d'agrément du (des) véhicule(s) routier(s) (No et date) (')
    Certificate(s) of approval of road vehicle(s) (No. and date) (¹)

10. No(s) d'identification du (des) conteneur(s) (')
    Identification No(s). of container(s) (¹)

11. Observations diverses ____
    Remarks

12. Signature du titulaire du carnet:
     Signature of the carnet holder:

(') Biffer la mention inutile
     Strike out whichever does not apply

* Voir annexe 1 de la convention TIR, 1975, élaborée sous les auspices de la Commission économique des Nations Unies pour l'Europe
* *See annex 1 of the TIR Convention, 1975, prepared under the auspices of the United Nations Economic Commission for Europe.*

Figura 6.2a. Modelo de cuaderno TIR.

VOUCHER N° 1 PAGE 1   **TIR CARNET** No

2. Customs office(s) of departure
   1. _______________ 2. _______________
   3. _______________

3. Name of the international organization

For official use

4. Holder of the carnet (name, address and country)

5. Country of departure

6. Country/Countries of destination

7. Registration No(s). of road vehicle(s)

8. Documents attached to the manifest

GOODS MANIFEST

9. (a) Load compartment(s) or container(s)
   (b) Marks and Nos. of packages or articles

10. Number and type of packages or articles; description of goods

11. Gross weight in kg

16. Seals or identification marks applied, (number, identification)

12. Total number of packages entered on the manifest Destination:
   1. Customs office
   2. Customs office
   3. Customs office

Number

13. I declare the information in items 1-12 above to be correct and complete
14. Place and date
15. Signature of holder or agent

17. Customs office at departure. Customs officer's signature and Customs office date stamp

18. Certificate for goods taken under control (Customs office of departure or of entry en route)

19. Seals or identification marks found to be intact

20. Time-limit for transit

21. Registered by the Customs office at _______ under No.

22. Miscellaneous (itinerary stipulated, Customs office at which the load must be produced, etc.)

23. Customs officer's signature and Customs office date stamp

- -

COUNTERFOIL N° 1 PAGE 1   **of TIR CARNET** No

1. Accepted by the Customs office at _______________
2. Under No. _______________
3. Seals or identification marks applied _______________
4. Seals or identification marks found to be intact
5. Miscellaneous (route prescribed, Customs office at which the load must be produced, etc.)

8. Customs officer's signature and Customs office date stamp

Figura 6.2b. Modelo de cuaderno TIR.

Certified report

Drawn up in accordance with article 25 of the TIR Convention
(See also Rules 13 to 17 regarding the use of the TIR carnet)

1. Customs office(s) of departure	2. **TIR CARNET** No
	3. Name of the international organization
4. Registration No(s). of road vehicle(s) Identification No(s). of container(s)	5. Holder of carnet
6. The Customs seal(s) is/are intact ☐ not intact ☐	8. Remarks
7. The load compartment(s) or container(s) is/are intact ☐ not intact ☐	

9. ☐ No goods appeared to be missing   ☐ The goods indicated in items 10 to 13 are missing (M) or have been destroyed (D) as indicated in column 12

10. (a) Load compartment(s) or container(s) (b) Marks and Nos. of packages or articles	11. Number and type of packages or articles; description of goods	12. M or D	13. Remarks (give particulars of quantities missing or destroyed)

14. Date, place and circumstances of the accident

15. Measures taken to enable the TIR operation to continue
  ☐ affixing of new seals: number______________ description______________
  ☐ transfer of load (see item 16 below)
  ☐ other

16. If the goods have been transferred: description of road vehicle(s)/container(s) substituted

	Registration No.	Approved Yes	No	No. of certificate of approval	Number and particulars of seals affixed
(a) vehicle	______________	☐	☐	______________	______________
	Identification No ______________	☐	☐		______________
(b) container	______________	☐	☐	______________	______________
		☐	☐		______________

17. Authority which drew up this certified report	18. Endorsement of next Customs office reached by the TIR transport
______________ ______________ Place/Date/Stamp Signature	______________ Signature

☐ Mark the appropriate boxes with a cross

Figura 6.2c. Modelo de cuaderno TIR.

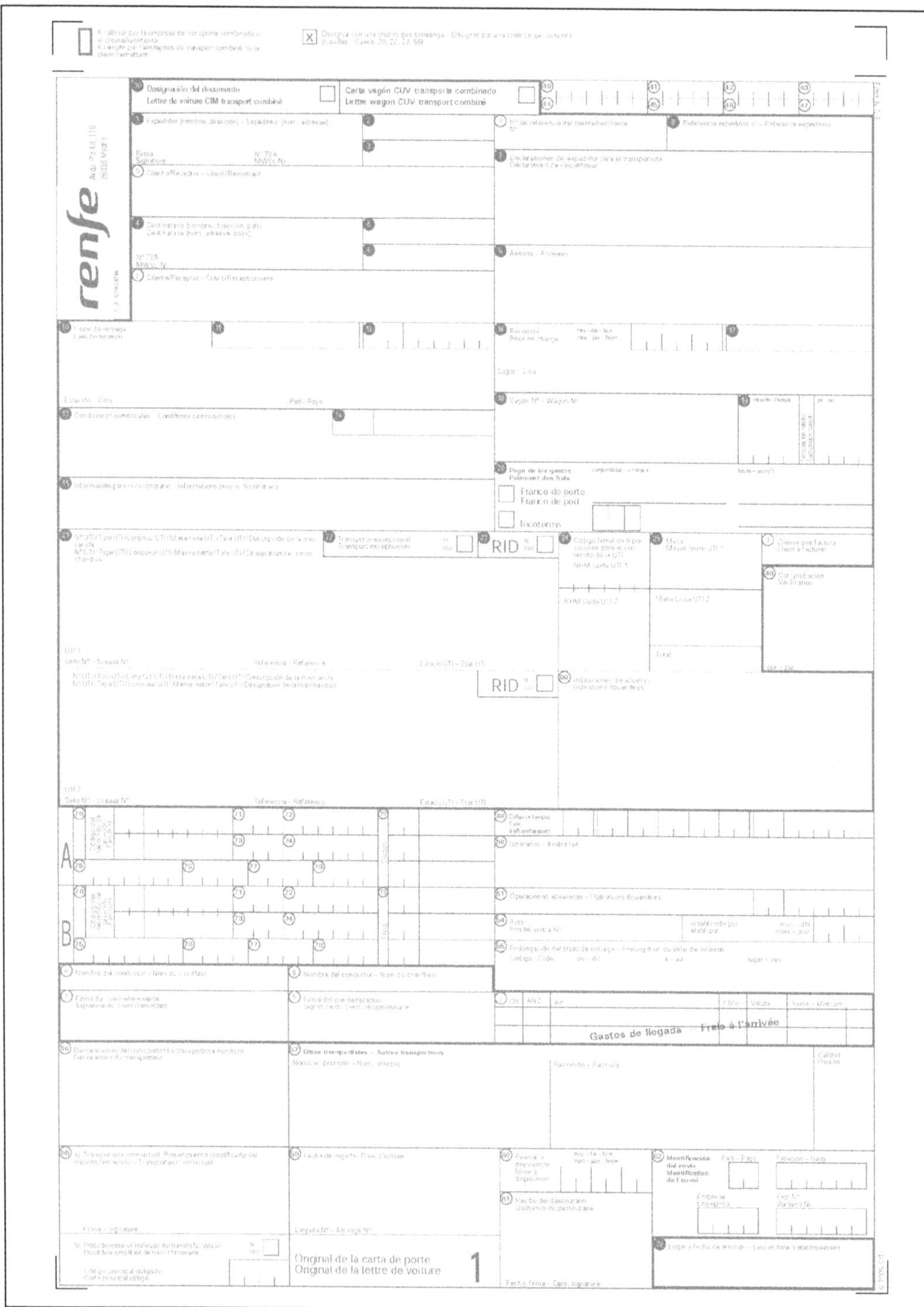

Figura 6.3. Modelo de carta de porte CIM transporte combinado.

BILL OF LADING

Shipper (Complete name and address) PEREZ Y PEREZ S.A. P/CTA DE: INDUSTRIAS AMIDAS, S.L.	**ORIGINAL** B/L No. BC001730

Consignee (Complete name and address)

QUIMICA BRASILERA LDA.
Rua Ouro, 345
CAMPINAS - BRASIL

BLUE & SEA

Transportes marítimos Internacionales

BILBAO (SPAIN)

Notify (Complete name and address)

BIDONES

Shipped on board in apparent good order and condition, unless otherwise stated on the face hereof, the number of packages shown in Carrier's Receipt box, said to contain the goods described in the Particulars furnished by Merchant (contents, weight and measures unknown to Carrier) and to be discharged at the port of discharge or so near thereto as the vessel may safely get and be always afloat, and to be delivered in the like good order and condition at the aforesaid Port unto Consignees or their Assigns, they paying freight as indicated below plus other charges incurred in accordance with the provisions contained in this Bill of Lading.

In accepting this Bill of Lading the Merchant expressly accepts and agrees to all its stipulations on both pages, whether written, printed, stamped or otherwise incorporated, as fully as if they were all signed by the Merchant.

One original Bill of Lading must by surrendered duly endorsed in exchange for the goods or delivery order.

IN WITNESS WHEREOF THE NUMBER OF ORIGINAL BILLS OF LADING STATED BELOW HAVE BEEN SIGNED, ALL OF THIS TENOR AND DATE ONE OF WHICH BEING ACCOMPLISHED THE OTHERS TO STAND VOID.

Pre-carriage by	Place of receipt by pre-carrier

Vessel	Port of loading
NAUTILUS	BILBAO

Port of discharge	Place of ultimate delivery by on-carrier
SANTOS	

Marks and Numbers	No. of Units	Kind of packages: description of goods	Gross weight	Measurement
QUIMI I/L 10550-5	22	BIDONES ETILACETOACETAMIDE 68/70% "FLETE DEBIDO" "LIMPIO A BORDO" LUIS GOMEZ Y CIA. S.A as Agents	4.510,00 KGS.	

CARRIER'S RECEIPT	PARTICULARS FURNISHED BY THE MERCHANT				
FREIGHT & CHARGES	Revenue Tons	Rate	Per	Prepaid	Collect
					USD 2893,76

Extra charges for declared value			Total	
DECLARED VALUE OF		Freight payable at	Place and date of issue BILBAO 30.09.2010	
		Number of original Bs/l (3) THREE	Signed for the master LUIS GOMEZ Y CIA. S.A as Agents	

Figura 6.4. Modelo de conocimiento de embarque de transporte marítimo (BL).

TRANSMUNDI S.A.

Avda. Francisco Cambó, 120 – 1°

08003 BARCELONA (ESPAÑA)

Name of Wessel: BLUE

Nationality of Wessel: FRENCH

Ower of vessel: BATEAUX UNIS, S.A.

Documentary Credit No.: 1234XZV. 16

THE UNDERSIGNED DOES HEREBY DECLARES ON BEHALF OF THE OWNER
MASTER OR AGENT OF THE ABOVE NAMED VESSEL THAT SAID VESSEL IS
NOT REGISTERED IN ISRAEL OR OWNED BY NATIONALS OR RESIDENTS
OF ISRAEL AND WILL NOT CALL AT OR PASS THROUGH ANY ISRAELI
PORT EN ROUTE TO SAUDI ARABIA.

THE UNDERSIGNED FURTHER DECLARES THAT THE SAID VESSEL IS
OTHERWISE ELIGIBLE TO ENTER INTO THE PORTS OF THE KINGDOM OF
SAUDI ARABIA IN CONFORMITY WITH THE LAWS AND REGULATIONS.

DATED AT BARCELONA ON THE   18/03/2011

SWORN TO BEFORE ME, ON THE   18/03/2011

TRANSMUNDI S.A.

as agent only

Figura 6.5. Modelo de certificado negativo lista negra.

Nº 007896

NOMBRE Y DIRECCION DEL EXPEDIDOR Shipper's Name and Address	Nº DE CTA. DEL EXPEDIDOR Shipper's account Number	NO NEGOCIABLE Not negotiable **AIR WAYBILL** CARTA DE PORTE AEREO (CONOCIMIENTO AEREO) (Air Consignment Nota) EMITIDA POR / ISSUED BY

LAS COPIAS 1, 2 Y 3 DE ESTA CARTA DE PORTE AEREO SON ORIGINALES Y TIENEN LA MISMA VALIDEZ
Copias 1, 2 and 3 of this Air Waybill are originals and have the same validity

NOMBRE Y DIRECCION DEL DESTINATARIO Consignee's Name and Address	Nº DE CTA. DEL DESTINATARIO Consignee account Number	SE CONVIENE EN QUE LA MERCANCIA AQUI DESCRITA ES ACEPTADA EN APARENTE BUEN ESTADO Y CONDICION (SALVO INDICACION EN CONTRARIO) PARA SU TRANSPORTE CONFORME A LAS CONDICIONES DEL CONTRATO AL DORSO. SE LLAMA LA ATENCION DEL EXPEDIDOR, SOBRE EL AVISO SOBRE LIMITACION DE RESPONSABILIDAD DECLARANDO UN VALOR MAS ALTO PARA EL TRANSPORTE Y PAGANDO UN CARGO ADICIONAL EN SU CASO. (It is agreed that the goods described herein are accepted in apparent good order and condition (except as nota) for carriage SUBJET TO THE CONDITIONS OF CONTRACT ON THE REVERSE HEREOF. THE SHIPPER'S ATTENTION DRAW TO THE NOTICE CPNCERNING CARRIERS'LIMITATION OF LIABILITY. Shipper may increase such limitation of liability by declaring higher value for carriage and paying a supplemental charge if required.

AGENTE DEL TRANSPORTISTA EMISOR, NOMBRE Y CIUDAD Issuing Carrier's Agent Name and City	INFORMACION CONTABLE / Accounting Information

CODIGO IATA DEL AGENTE / Agent's IATA Code	Nº DE CUENTA / Account Nº

AEROPUERTO DE SALIDA (DIRECC. DEL 1er TRANSPORTISTA) Y RUTA SOLICITADA
Airport of Departure (adress of first Carrier) and requested Routing

A / To	1er. TRANSPORTISTA By first Carrier	ITINERARIO Y DESTINO Routing and Destination	A / To	POR By	A / To	POR By	MONEDA Currency	CODIG CARGS	PESC VALOR IATA/L	OTROS Other	VALOR DECLARADO PARA TRANSPORTE Declared Value for Carriage	VALOR DECL. ADUANAS Declared Value for Customs
									PAG. PPD	DEB. cod	PAG. PPD	DEB. cod		

AEROPUERTO DE DESTINO / Airport of Destination	VUELO / FECHA Flight / Date	TRANSP. LIC. DE TRANSP. 1er Carrier Jun 16	VUELO / FECHA Flight / Date	VALOR ASEGURADO Amount of Insurance	SEGURO: SI EL TRANSPORTISTA OFRECE UN SEGURO Y ESTE ES SOLICITADO DE CONFORMIDAD CON LAS CONDICIONES AL DORSO INDIQUESE EN CIFRAS EL VALOR ASEGURADO EN LA CAS LLA DENOMINADA "VALOR ASEGURADO" INSURANCE: If carrier offers insurance and such insurance is requested in accordance with conditions or reverse hereof, indicate amount to be insured in figures in box marked amount of insurance

DATOS E INSTRUCCIONES PARA MANIPULACION / Harding Information

Nº BULTOS Nº of pcs PCT/RCP	PESO BRTUTO Gross Weight	Kg lb	CLASE TARIFA Rate class Nº TARIF ESPECIFICA Commodity Item nº	PESO A COBRAR Chargeable Weight	TARIFA Rate	CARGO Charge	Total	NATURALEZA Y CANTIDAD DE LA MERCANCIA (Incl. dimensiones o volumen) Nature and Quality of Goods (Incl. Dimensions or Volumen)

PAGADO / Prepaid	CARGO POR PESO / Weight Charge	DEBIDO / Collect	

CARGO POR VALOR / Valuation Charge	OTROS CARGOS / Pother Charges

IMPTOS / Tax	

TOTAL OTROS CARGOS A PAGAR AL AGENTE / Total other Charges Due Agent	EL EXPEDIDOR CERTIFICA QUE LOS DATOS AQUI CONSIGNADOS SON CORRECTOS Y QUE EN CASO DE CONTENER LA MERCANCIA ARTICULOS PELIGROSOS, ESTOS HAN SIDO DESCRITOS DETALLADAMENTE Y SE ENCUENTRAN EN CONDICIONES ADECUADAS PARA SU TRANSPORTE AEREO DE ACUERDO CON EL REGLAMENTO SOBRE ARTICULOS PELIGROSOS QUE SEA APLICABLE Shipper certifies that the particulars on the face hereof are correct and that isofar as any part of the consignment contains dangerous goods, such part is in property described by name and is proper condition for carriage by air according to the applicable Dangerous Goods Regulations.
TOTAL OTROS CARGOS A PAGAR AL TRANSPORTISTA / Total other Charges Due Carrier	

FIRMA DEL EXPEDIDOR O DE SU AGENTE / Signature of Shipper or is Agent

TOTAL PAGADO / Total prepaid	TOTAL DEBIDO / Total collect	

CAMBIO APLICADO Currency Conversion Rates	A COBRAR EN MONEDA DESTINO CC charges in Dest. Currency	FORMALIZADO EL Executed on	(FECHA) (Date)	EN at	(LUGAR) (Place)	FIRMA DEL TRANSPORTISTA EMISOR O DE SU AGENTE Signature of Issuing Carrier or its Agent
PARA USO EXCL. DEL TRANSPORTISTA EN DESTINO For Carrier's Use Only at Destination	CARGOS EN DESTINO Charges at Destination	TOTAL CARGOS EN DESTINO Total collect Charges				

Figura 6.6. Modelo de conocimiento de embarque aéreo.

FETEIA-OLT   FBL   N.º   ES

NEGOTIABLE FIATA MULTIMODAL TRANSPORT
BILL OF LADING

ICC

issued subject to UNCTAD / ICC Rules for
Multimodal Transport Documents (ICC Publication 481)
CONOCIMIENTO FIATA NEGOCIABLE PARA EL TRANSPORTE MULTIMODAL
expedido bajo las Normas UNCTAD / CCI para el Documento de Transporte Multimodal (Publicación CCI 481)

COPIA

Consignor / *Remitente*

Consigned to order of / *Consignado a la orden de*

Notify address / *Dirección*

Place of receipt / *Lugar de recepción*

Ocean vessel / *Buque oceánico*   Port of loading / *Puerto de embarque*

Port of discharge / *Puerto de descarga*   Place of delivery / *Lugar de entrega*

Marks and numbers / *Marcas y números*	Number and kind of packages / *Número y clase de bultos*	Description of goods / *Descripción de la mercancía*	Gross weight / *Peso bruto*	Measurement / *Medidas*

according to the declaration of the consignor / *Según declaración del remitente*

Declaration of interest of the consignor
in timely delivery (Clause 6.2.)
Declaración de interés del remitente sobre
el plazo de entrega (Cláusula 6.2.)

Declared value for ad valorem rate according to the
declaration of the consignor (Clauses 7 and 8)
Valor declarado para la tasa según declaración del
remitente (Cláusulas 7 y 8)

The goods and instructions are accepted and dealt with subject to the Standard Conditions prinded overleaf.
Las mercancías e instrucciones se acogen y están sujetas a las condiciones generales impresas al dorso.

Taken in charge in apparent good order and conditions unless otherwise noted herein, at the place of receipt for transport and delivery as mentioned above.
La mercancía ha sido recibida en aparente buen estado, y condiciones, a menos que se haga constar expresamente lo contrario en este documento, para proceder a su
transporte y entrega según instrucciones mencionadas más arriba.

One of these Multimodal Transport Bills of Lading must be surrendered duly endorsed in exchange for the goods. In Witness whereof the original Multimodal Transport
Bills of Lading all of this tenor and date have been signed in the number stated below, one of which being accomplished the other(s) to be void.
Uno de los ejemplares del conocimiento para el transporte multimodal, deberá ser entregado a cambio de la mercancía. Para dar fe de todo ello, los conocimientos originales para
el transporte multimodal se firman en el n.º de originales citado más abajo, confirmando así su contenido y fecha, quedando anulados todos los demás al ejecutarse uno de ellos.

Freight amount / *Importe del flete*	Freight payable at / *Flete pagado en*	Place and date of issue / *Lugar y fecha de la expedición*

Cargo insurance through the undersigned / *Seguro por cuenta de los que suscriben*
☐ not covered   ☐ Covered according to attached Policy
   no cubierto   *Cubierto según póliza adjunta*

Number of Original FBL's
Número de FBL originales

Stamp and Signature / *Sello y firma*

For delivery of goods please apply to: / *Para la entrega de la mercancía rogamos dirigirse a:*

Figura 6.7. Modelo de conocimiento Fiata negociable para el transporte multimodal (FBL).

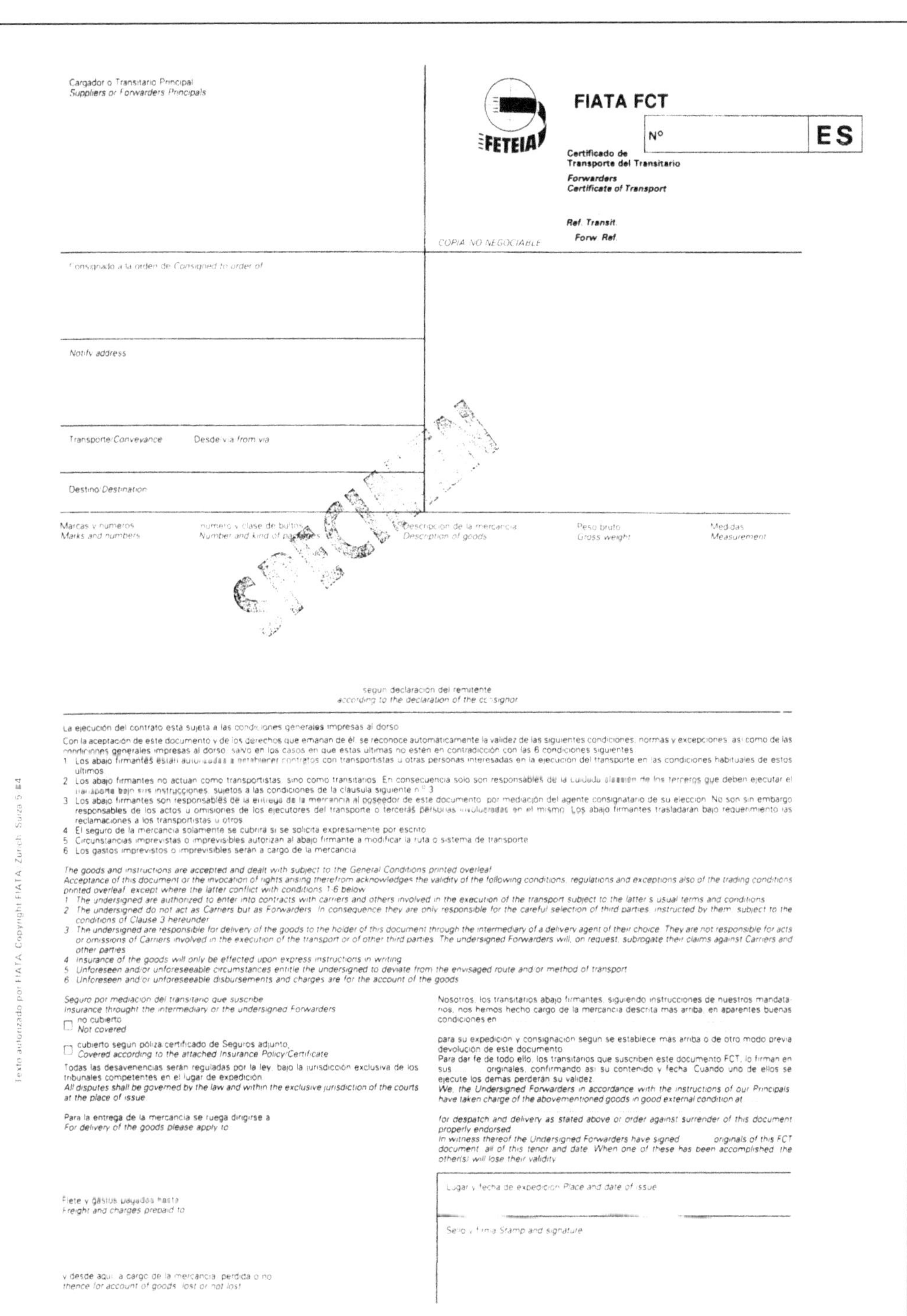

Figura 6.8. Modelo de certificado de transporte del transitario (FCT).

Cargador o Transitario Principal
Suppliers of Forwarders Principals

FIATA FCR

N.º   **ES**

**Certificado
de Recepción del Transitario**

*Forwarders
Certificate of Receipt*

Ref. Transit.

COPIA NO NEGOCIABLE   *Forw. Ref.*

Destinatario / *Consignee*

Marcas y números
Marks and numbers

Número y clase de bultos
Number and kind of packages

Descripción de la mercancía
Description of goods

Peso bruto
Gross weight

Medidas
Measurement

Según declaración del remitente
according to the declaration of the consignor

La ejecución del contrato está sujeta a las condiciones generales impresas al dorso.
The goods and instructions are accepted and dealt with subject to the General Conditions printed overleaf.

Certificamos habernos hecho cargo del envío mencionado en aparente buen estado y condiciones externas.
*We certify having assumed control of the above mentioned consignment in external apparent good order and condition, with irrevocable instructions.**

Con instrucciones irrevocables.*
*with irrevocable instructions.**

☐ de ponerlo a disposición del destinatario
at the disposal of the consignee

☐ de entregarlo al destinatario
to be forwarded of the consignee

Observaciones
Remarks

Instrucciones para flete y gastos
Instructions as to freight and charges

* Las instrucciones de envío sólo pueden ser anuladas o modificadas mediante devolución del Certificado original y si existe aun posibilidad material de efectuar dicha anulación o modificación.

** Forwarding instructions can only be cancelled or altered if the original Certificate is surrendered to us, and then only provided we are still in a position to comply with such cancellation or alteration.*

Las instrucciones de puesta a disposición a favor de terceros sólo podrá ser anulada mediante devolución del Certificado original y en caso de que el expedidor del Certificado no hubiera recibido instrucciones distintas por parte del tercero autorizado.

Instructions authorizing disposal by a third party can only be cancelled or altered if the original Certificate of Receipt is surrendered to us and then only provided we have not yet received instructions under the original authority.

Lugar y fecha de expedición
Place and date of issue

Sello y firma
Stamp and Signature

Figura 6.9. Modelo de certificado de recepción del transitario (FCR).

Cargador (nombre y dirección)
Shipper (Name & Address)

FIATA SDT

≣FETEIA

N.°   ES

DECLARACION DE CARGADORES PARA
EL TRANSPORTE DE MERCANCIAS PELIGROSAS
(aprobado por FIATA)
SHIPPERS DECLARATION FOR THE TRANSPORT
OF DANGEROUS GOODS (approved by FIATA)

ORIGINAL

Destinatario (nombre y dirección) / *Consignee (Name & Address)*

Transitario / *Forwarder*

Ref. N.°

Según el Acuerdo Europeo relativo al transporte internacional de mercancías peligrosas por carretera (ADR) y sus Anexos A + B del 30-9-1957, o el Reglamento Internacional sobre el transporte de mercancías peligrosas por ferrocarril (RID) y al Anexo I del Convenio Internacional relativo al transporte de mercancías por ferrocarril del 1-7-1977, o según el Capítulo VII — Transporte de mercancías peligrosas — del Convenio Internacional para la seguridad de la vida en el mar, 1960 (o 1974) completada por las disposiciones del Código Marítimo Internacional de mercancías peligrosas (IMDG) 1965, enmendado, de la OMCI o a las reglamentaciones nacionales oficiales de aplicación, dando la lista exacta de las clasificaciones ADR/RID, y/o IMDG/OMCI, y/o el N.° de Referencia Marginal, el abajo firmante, comitente del transitario, le entrega junto con la orden de expedición de las mercancías peligrosas, las informaciones siguientes

In accordance with the European Agreement concerning the international carriage of Dangerous Goods by Road (ADR) with Annexes A + B of 30.9.1957, or the International Regulations concerning the Carriage of Dangerous Goods by Rail (RID) as Annex I of the International Convention concerning the Carriage of Goods by Rail (CIM) of 1.7.1977, or in accordance with Chapter VII — Carriage of Dangerous Goods — of the International Convention for the Safety of Life at Sea, 1960 (or 1974) supplemented by the provision of the IMCO International Maritime Dangerous Goods (IMDG) Code, 1965 as amended, or national official regulations when applicable giving the precise listing of relevant ADR/RID Class, and/or IMDG/IMCO Class and/or Marginal Reference No., the undersigned, as principal of the forwarder remits to him together with the order of shipment of Dangerous Goods the following informations

Marcas y números, número y clase de bultos; denominación técnica apropiada de las sustancias. Indicar la clase ADR/RID, clase IMDG/OMCI, n.° de orden UN, Punto de inflamación (en °C). *Marks & Numbers, Number & Kind of Packages; Correct Technical Name of Substances; Indicate ADR/RID Class, IMDG/IMCO Class, UN-No, Flashpoint (in °C).*

Peso bruto (kgs)   *Gross Weight (kg)*
Cantidad neta   *Net quantity*
(si ha lugar)   *(when required)*

Características

Characteristics

Se precisa información suplementaria para (a) mercancías peligrosas en cantidades limitadas y (b) substancias radioactivas (clase 7). En algunos casos, se precisa (c) un certificado de intemperie, o (d) un certificado de embalaje para contenedor o remolque.

Special information is required for (a) dangerous goods in limited quantities and (b) radioactive substances (class 7). In certain circumstances, (c) a wheathering certificate, or (d) a Container/Trailer packing certificate is required.

DECLARACION ADR/RID y/o IMDG/OMCI

El que suscribe declara que las mercancías a expedir son aceptadas para el transporte por carretera según el ADR o por ferrocarril según la RID y/o mar, y que las condiciones sobre su naturaleza, embalaje y etiquetado están de acuerdo con las prescripciones de la ADR/RID y/o IMDG/OMCI.
Si varias mercancías peligrosas son embaladas conjuntamente en un mismo bulto o contenedor, se declara asimismo que no está prohibido (ADR/RID)

Instrucciones en caso de accidente   ☐ se adjuntan   ☐ se darán
Los bultos   ☐ han sido etiquetados   ☐ no han sido etiquetados

ADR/RID and/or IMDG/IMCO Declaration

The undersigned declares that goods to be shipped are authorized for transport by road according to ADR or by rail according to RID and/or transport by sea and that their nature conditions, packing and labelling are in accordance with ADR/RID and/or IMDG/IMCO prescriptions.
If several dangerous substances are packed together in a collective package or in a single container it is furthermore declared that the mixed packing is not prohibited (ADR/RID)

Instructions in case of accidents   ☐ are joined   ☐ will be given
The packages   ☐ have been labelled   ☐ are not labelled

Observaciones especiales
Special remarks

Lugar y fecha de expedición
Place and date of issue

Sello y firma del cargador
Shippers stamp and signature

Texto autorizado por FIATA Copyright FIATA Suiza 5.97

Figura 6.10. Modelo de certificado para el transporte de mercancías peligrosas (SDT).

VIP INDUSTRIAS S.A.   *Tel: 911 234 567*
Calle de la Princesa, 333   *Fax: 912 789 123*
<u>28008 MADRID</u>   *www.vipindustrias.com*

Inv. No. 354/TR/11 dated July.12.2010

LOW VOLTAGE CERTIFICATE

The undersigned VIP INDUSTRIAS SA, declares under his own responsibility, tha the product listed on invoice no. 354/TR/11 dated July.12.2010 meets techniques security norms of "IEC" (International Electric Code Norm).

This declaration is issued in order to comply with the royal decree -7/88 of January 8th (B.O.E. 88/01/14), that establishes the aplicacion of the 73/23 ELC LOW VOLTAGE directe, dated on February 19th 1973 (DOCE 26.30./3)

For and on behalf of
Vip Industrias, S.A.

____

Figura 6.11. Ejemplo de certificado de baja tensión.

正　本
ORIGINAL

中　国　国　际　商　会
China Chamber of International Commerce

中国国际贸易促进委员会
China Council for the Promotion of International Trade

原　产　地　证　明　书　15
CERTIFICATE OF ORIGIN

Nº 0116970 / 30

日期,　日　　月　　年
Date.　07　may　30

兹证明下列货物的原产地为中华人民共和国

This is to certify that the origin of the under-mentioned
goods is the People's Republic of China

标 记 及 号 码 (Mark & No.)	品　　　名 (Commodity)	数　　量 (Quantity)	毛　　重 (Gross Weight)
LI/CDI MADRID NO. 1.516	Chinese/Raw Shandong	522bales.	125619kgs.

Figura 6.12. Ejemplo de certificado de origen (C/O).

Hallmann Industries INC.

WEIGHT SPECIFICATION

Invoice: 7846/AZD - Goods shipped per: NEW WAY

From: PORT ELIZABETH (SOUTH AFRICA) To: BARCELONA (SPAIN)

Marks	No.	Pieces	KILO Weight Gross	Marks	No.	Pieces	KILO Weight Gross
CWCL	1	90	219	WXSZ	21	140	238
	2	90	244		22	140	268
	3	90	253		23	140	265
	4	90	278		24	140	264
	5	90	280		25	140	249
	6	90	254		26	104	184
	7	90	241		6	804	1468
	8	90	239				
	9	90	260	KRTW	27	140	290
	10	90	256		28	140	26
	11	90	255		29	140	266
	12	90	250		30	140	268
	13	90	237		31	140	267
	14	90	257		32	140	255
	15	90	254		33	140	261
	16	90	253		7	980	1868
	17	90	247				
	18	90	254	XCZS	34	90	253
	19	90	256		35	90	250
	20	90	246		36	90	242
	20	1800	5033		37	90	276
					4	360	1021

Hallmann Industries Inc.

Figura 6.13. Ejemplo de certificado de peso.

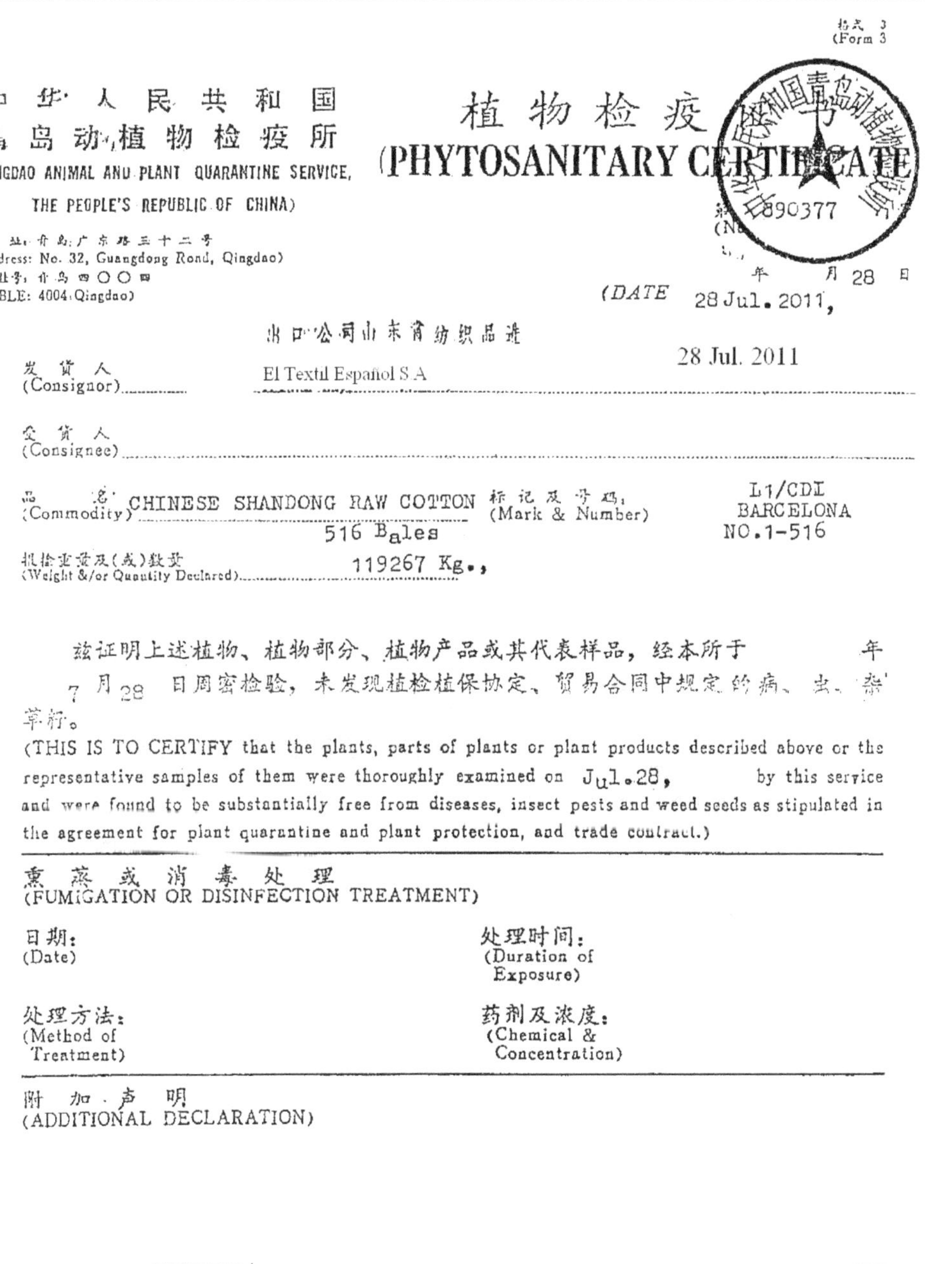

Figura 6.14. Ejemplo de certificado fitosanitario.

Certificate No. _______________

(Place and date of issuing)

HALAL CERTIFICATE

1. Type and name of the products:

2. Name and address of the of the production company:

3. Country and place of the final destination:

We herewith certify that the product mentioned above is a natural product, which does not contain any pork or pork derivatives.
The product does not contain alcohol and alcohol has not been used in the manufacturing, filling and packing process.
The equipment used in manufacturing, filling and packing is not used for the manufacturing, filling and packing of any other product of animal origin.
This product can therefore be consumed and handled by MUSLIMS as a HALAL PRODUCT.

This Certificate is valid only for:

Invoice No. _______________

Dated   _______________

(Seal and signature of the responsible person)

Figura 6.15. Ejemplo de certificado halal.

CERTIFICADO DE CONTROL CEE/SOIVRE
FRUTAS Y HORTALIZAS R(CEE) 2251/92

1. Operador económico	Certificado de Control
	CE/ES nº:
Nº Registro SOIVRE	El presente certificado se destina exclusivamente a los organismos de control
2. Envasador mencionado en el envase (si es distinto del Operador económico)	3. Servicio de Control: DIRECCION GENERAL DE COMERCIO EXTERIOR S.O.I.V.R.E.
2a. Destinatario	4. Lugar de control/ — 5. Región o País de destino
	4a. País de origen (1)
6. Medio de transporte (datos identificativos)	7. Control de destino (si procede) — 7a. (2) ( ) Intra ( ) Exportación

8. Envases (Número y tipo) y marca comercial	9. Naturaleza del Producto (variedad si está previsto por la norma) y Código NC.	10. Categoria de calidad	11. Peso total en Kg. BRUTO NETO

12. El servicio de control arriba mencionado certifica, tras haber efectuado un examen mediante muestreo, que en el momento del control la mercancía indicada se ajusta a las normas de calidad vigentes.

Aduana: salida

Lugar y fecha de expedición

Validez: .... dias

Sello
del control

Inspector:

(Nombre y apellidos en mayúsculas)

Firma del Inspector

13. Observaciones

(1) En caso de reexportación, mencione el origen del producto en la casilla nº 4.
(2) Márquese lo que proceda.

Figura 6.16. Modelo de certificado Soivre.

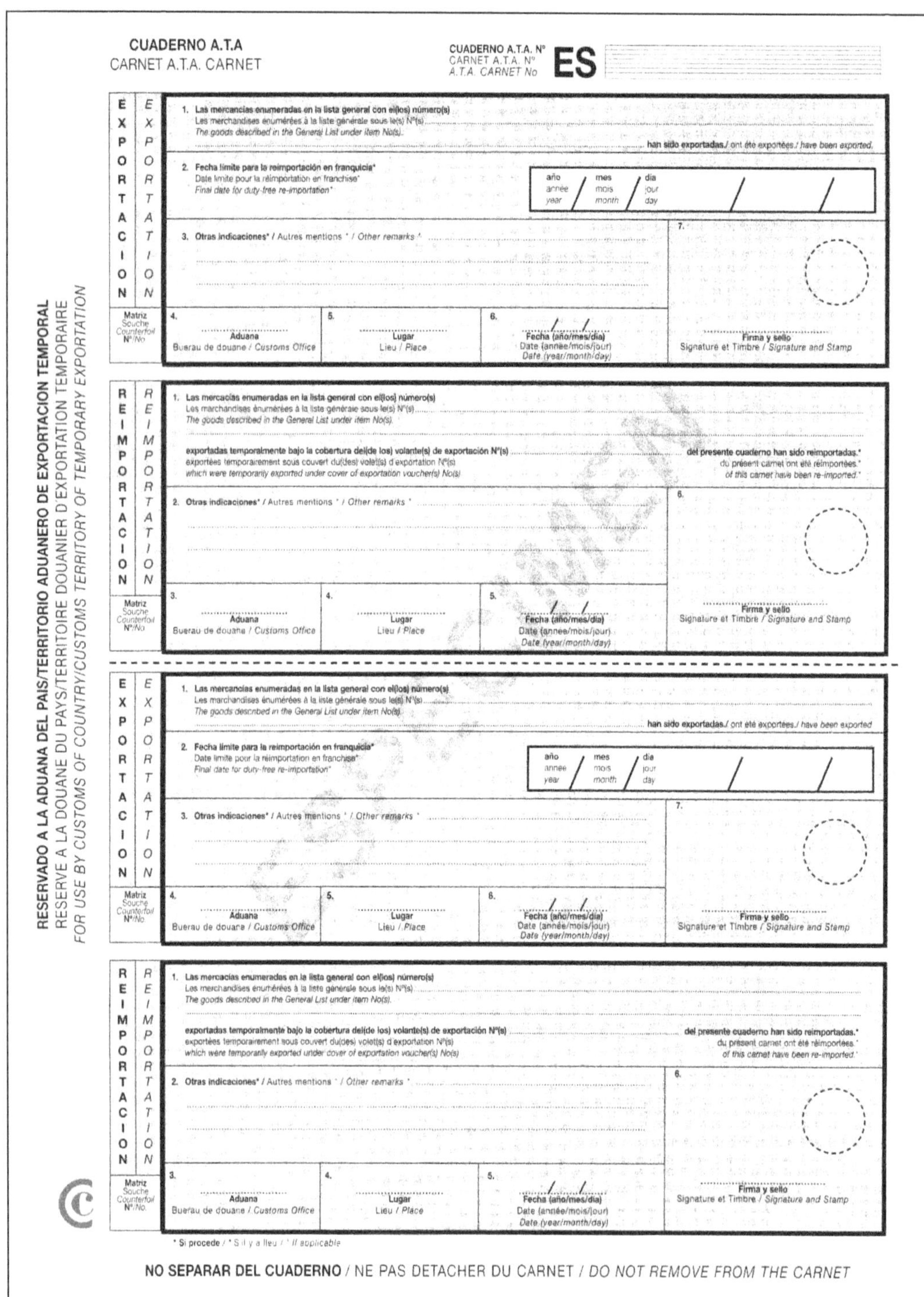

Figura 6.17. Modelo de cuaderno ATA.

FORMULARIO DE SOLICITUD DE CUADERNO ATA

ILMO. SR. PRESIDENTE DE LA CAMARA OFICIAL DE COMERCIO DE

El abajo firmante, D/Dª   como

en nombre propio/de la empresa: N.I.F. ó D.N.I:

con domicilio   Teléfono

solicita de esta Corporación, de su digna presidencia, le sea expedido un Cuaderno ATA, acogido al Convenio de:

☐ **MATERIAL PROFESIONAL**   ☐ **FERIAS Y EXPOSICIONES**   ☐ **MUESTRAS COMERCIALES**
                    (Señálese con una cruz el recuadro correspondiente al Convenio aplicable)

a beneficio del material que, en relación al dorso se detalla, y cuyo valor comercial se indica, del cual es propietaria la persona o entidad solicitante.

El cuaderno solicitado debe ser valedero para los siguientes países:

EN DESTINO

EN TRANSITO

(Cuando deba utilizarse el cuaderno para más de una entrada en el mismo país, indíquese el número de entradas a continuación del nombre del país)

La Empresa o persona solicitante estará representada por
                    (Cítese los datos personales del encargado de utilizar el Cuaderno ATA en las Aduanas).

A tales efectos, el abajo firmante se compromete, en nombre propio o de la Empresa que representa, a:

1º   *Reimportar, en territorio Comunitario, el material que se indica dentro de los plazos autorizados.*
2º   *Cumplir lo ordenado, para la utilización de los Cuadernos ATA, por las Administraciones aduaneras españolas y de los países de destino o tránsito
        visitados con el material en cuestión.*
3º   *Satisfacer a la Administración aduanera del país de importación de dicho material, en caso de venta, cesión, abandono, pérdida, robo, destrucción
        fortuita, omisión del trámite aduanero de reexportación, reexportación en fecha posterior al plazo autorizado de estancia en el país , etc., el importe
        de los derechos de importación y otras tasas correspondientes en vigor, o bien.*
4º   *Reembolsar a la Cámara todas las sumas que, en concepto de derechos Aduaneros y tasas, deba abonar, a las autoridades Aduaneras extranjeras,
        y de cuantos gastos origine la cancelación definitiva de este documento.*
5º   *Devolver a la Cámara el Cuaderno ATA, para su regularización, dentro de los treinta días siguientes a su caducidad o antes, si no les es ya
        necesario.*

En garantía de este compromiso, y previa consulta de aceptación a la Cámara emisora, el abajo firmante se declara conforme en entregar a la Cámara:

☐ **UN AVAL BANCARIO**   ☐ **UN CHEQUE CONFORMADO**   ☐ **UNA GARANTIA DE CIA. DE SEGUROS** ☐ **UN AVAL GLOBAL**
☐ **UN DEPOSITO EN METALICO** ☐ **UNA GARANTIA SUFICIENTE EN LA FORMA DETERMINADA POR LA CAMARA EMISORA**

por un importe en consonancia con el valor del material indicado, para responder de las reclamaciones, de aduanas extranjeras, que puedan derivarse del
uso de este Cuaderno ATA, según lo previsto en el artículo 6 del Convenio Adunaero sobre Cuadernos ATA de 1961 y artículo 8 del Convenio de Estambul
de 1990. No obstante, la Cámara se reserva el derecho de reclamar, al titular del presente documento, los importes abonados en virtud del Artículo 6 del
Convenio ATA, y cuya cuantía exceda del importe de la garantía prestada.

Esta garantía será reintegrada por la Cámara cuando dicha Corporación considere regularizado el Cuaderno expedido.

                                                                                                            de   de
                                                                        EL SOLICITANTE,
                                                                    (Firma y sello de la Empresa)

NOTA IMPORTANTE: La entidad emisora del cuaderno declina toda responsabilidad por las dificultades que
pudieran producirse en el caso de que las autoridades aduaneras, españolas o extranjeras, juzgasen
insuficiente el valor declarado del material.

DILIGENCIA DE EMISION **(a rellenar por la Cámara)**

Esta CAMARA OFICIAL DE COMERCIO DE   ,de acuerdo con la anterior petición, emite el CUADERNO ATA número:

...., expedido el ...., con validez hasta el ...., conteniendo

.... juegos de volantes amarillos, ... juegos de volantes blancos, ...juegos de volantes azules y, ... hojas

complementarias a la lista general de mercancías.

        El titular ha presentado en garantía   ....

                                                            EL SECRETARIO, P.D.

Figura 6.18. Modelo de formulario de solicitud de cuaderno ATA.

SHIPPER'S DECLARATION FOR DANGEROUS GOODS

DECLARACION DEL EXPEDIDOR DE MERCANCIAS PELIGROSAS

Shipper
Expedidor

Air Waybill No.
Nº de Conocimiento Aéreo
Page   of   Pages
Página   de   Paginas
Shipper's Reference Number (optional)

Número de referencia del expedidor (opcional)

Consignee
Consignatario

IATA

Two completed and signed copies of this Declaration must be handed to the operator.
Dos ejemplares cumplimentados y firmados de esta Declaración han de entregarse al operador.

TRANSPORT DETAILS
DETALLES DEL TRANSPORTE

This shipment is within the limitations prescribed for: (delete non-applicable)
Esta expedición está dentro de las limitaciones dictadas para: (táchese lo que no proceda)

| PASSENGER AND CARGO AIRCRAFT | CARGO AIRCRAFT ONLY |
| AVIONES DE PASAJEROS Y CARGA | SOLO AVIONES DE CARGA |

Airport of Departure
Aeropuerto de Salida

WARNING

Failure to comply in all respects with the applicable Dangerous Goods Regulations may be in breach of the applicable law, subject to legal penalties.

AVISO

La falta de cumplimiento de cualquiera de las normas contenidas en la Reglamentación sobre Mercancias Peligrosas aplicables puede constituir una infracción de la ley correspondiente, sujeta a responsabilidad legal.

Airport of Destination:
Aeropuerto de Destino:

Shipment type: (delete non-applicable)
Tipo de Expedición: (táchese lo que no proceda)

| NON-RADIOACTIVE | RADIOACTIVE |
| NO RADIACTIVO | RADIACTIVO |

NATURE AND QUANTITY OF DANGEROUS GOODS (see sub-Section 8.1.6.9 of IATA Dangerous Goods Regulations)
NATURALEZA Y CANTIDAD DE MERCANCIAS PELIGROSAS (vease Subsección 8.1.6.9 de la Reglamentación IATA de Mercancias Peligrosas)

Dangerous Goods Identification
Identificación de Mercancias Peligrosas

UN or ID No. / Nº NU o ID	Proper Shipping Name / Denominación del Artículo Expedido	Class or Division (Subsidiary Risk) / Clase o Division (Riesgo Subsidiario)	Packing Group / Grupo de Embalaje	Quantity and type of packing / Cantidad y tipo de embalaje	Packing Inst. / Instrucción de Embalaje	Authorization / Autorización

Additional Handling Information
Información adicional de manipulación

I hereby declare that the contents of this consignment are fully and accurately described above by the proper shipping name, and are classified, packaged, marked and labelled/placarded and are in all respects in proper condition for transport according to applicable International and national governmental regulations. I declare that all the applicable air transport requirements have been met.

Por la presente declaro que el (los) contenido(s) de este embarque está(n) total y acuciosamente descrito(s) mas arriba por su(s) nombre(s) apropiado(s) de expedición y está(n) clasificado(s), embalado(s), marcado(s) y etiquetado(s)/rotulado(s) y que, en todos los aspectos, está(n) en condiciones apropiadas para el transporte de acuerdo a las regulaciones gubernamentales nacionales e internacionales aplicables. Yo declaro que todos los requerimientos aplicables al transporte aéreo han sido cumplidos.

Name/Title of Signatory   Nombre/ Cargo del firmante

Place and Date   Lugar y Fecha

Signature   Firma
(see warning above)
(véase el aviso precedente)

Figura 6.19. Modelo de declaración del expedidor de mercancías peligrosas.

Revenue Canada Customs and Excise	**CANADA CUSTOMS INVOICE**	Page____
Revenu Canada Douanes et Accise	**FACTURE DES DOUANES CANADIENNES**	of/de____

1. Vendor (Name and Address)/ Vendeur (Nom et adresse)

EL COCODRILO, S.A.
Los Alamos, 120
16002 CUENCA   ESPAÑA

2. Date of Direct Shipment to Canada/ Date d'expedition directe vers le Canada

02.05.2010

3. Other References (Include Purchaser's Order No.)
Autres references (Inclure le n° de commande de l'acheteur)

Orders 15 and 16.05.10

4. Consignee (Name and Address/ Destinataire (Nom et adresse)

LA PEAUSSERIE
150, Rue Provinciale
QUÉBEC, QUE
CANADA

5. Purchaser's Name and Address (If other than Consignee)
Nom et adresse de l'acheteur (S'il diffère du destinataire)

6. Country of Transhipment/ Pays de transbordement

7. Country of Origin of Goods
Pays d'origine des marchandises
SPAIN

IF SHIPMENT INCLUDES GOODS OF DIFFERENT ORIGINS, ENTER ORIGINS AGAINST ITEMS IN 12 SI L'EXPEDITION COMPREND, DES MARCHANDISES D'ORIGINS DIFFERENTES, PRECISER LEUR PROVENANCE EN 12

8. Transportation: Give Mode and Place of Direct Shipment to Canada
Transport: Preciser mode et point d'expedition directe vers le Canada

BY AUR to MONTRÉAL, QUÉBEC, CANADA

9. Conditions of Sale and Terms of Payment
(i.e. Sale, Consignment Shipment, Leased Goods, etc.)
Conditions de vente et modalites de paiement
(p. ex. vente, expedition en consignation, location de marchandises, etc.)

CASH AGAINST DOCUMENTS AT SIGHT

10. Currency of Settlement/ Devises du paiement
USD

11. No. of Pkgs/ N bre de colis	12. Specification of Commodities (Kind of Packages, Marks and Numbers, General Description and Characteristics, i.e. Grade, Quality) Designation des articles (Nature des colis, marques et numeros, description generale et caracteristiques, p. ex. classe, qualite)		13. Quantity (State Unit) Quantite (Preciser l'unite)	14. Unit Price Prix unitaire	15. Total
				Selling Price/ Prix de vente	
3	3 cartoons		SQ.FT.		
	Leather skins				
	ANTELANA E. CASHMERE	NEGRO	500,00	200,00	100.000,00
	ANTELANA E. COROLA	NEGRO	500,00	300,00	150.000,00
	NAPALAN SAFARI				
	Goatskins				
	ANTE	BEIGE	1.000	45,00	45.000

18. If any of fields 1 to 17 are included on an attached commercial invoice, check this box
Si les reseignements des zones 1 a 17 figurent sur la facture commerciale, cocher cette boite ☐

Commercial Invoice No/ N° de la facture commerciale ______ 12345-10

16. Total Weight/ Poids Total

Net	Gross/ Brut
236 Kgs.	280 Kgs.

17. Invoice Total
Total de la facture

295.000,00

19. Exporter's Name and Address (If other than Vendor)
Nom et adresse de l'exportateur (S'il diffère du vendeur)

20. Originator (Name and Address)/ Expediteur d'origine (Nom et adresse)

EL COCODRILO, S.A.
Los Alamos, 120
16002 CUENCA   ESPAÑA

21. Departmental Ruling (If applicable)/ Decision du Ministere (S'il y a lieu)

22. If fields 23 to 25 are not applicable, check this box
Si les zones 23 a 25 sont sans objet, cocher cette boite ☒

23. If included in field 17 indicate amount:
Si compris dans le total a la zone 17, preciser:

(i) Transportation charges, expenses and insurance from the place of direct shipment to Canada
Les frais de transport, depenses et assurances a partir du point d'expedition directe vers le Canada
$ ______

(ii) Costs for construction, erection and assembly incurred after importation into Canada
Les couts de construction, d'erection et d'assemblage apres Importation au Canada
$ ______

(iii) Eport packing/ Le cout de l'emballage d'exportation $ ______

24. If not included in field 17 indicate amount:
Si non compris dans le total a la zone 17, preciser:

(i) Transportation charges, expenses and insurance to the place of direct shipment to Canada
Les frais de transport, depenses et assurances a jusqu'au point d'expedition directe vers le Canada
$ ______

(ii) Amounts for commissions other than buying commissions
Les commissions autres que celles versees pour l'achat
$ ______

(iii) Eport packing/ Le cout de l'emballage d'exportation
$ ______

25. Check (If applicable):
Cocher (S'il y a lieu):

(i) Royalty payments or subsequent proceeds are paid or payable by the purchaser
Des redevances ou produits ont ete ou seront verses par l'acheteur ☐

(ii) The purchaser has supplied goods or services for use in the production of these goods
L'acheteur a fourni des marchandises ou des services pour la production des marchandises ☐

DEPARTMENT OF NATIONAL REVENUE—CUSTOMS AND EXCISE   MINISTERE DU REVENU NATIONAL—DOUANES ET ACCISE

Figura 6.20. Modelo de factura aduanera.

ICG MARGE, SL
València, 558, ático 2.ª
08026 Barcelona (España)
NIF B-58322272
Factura LM-121
Barcelona, 7 mayo 2015

Descripción	Cantidad	Imp. Unitario €	% dto.	Dto.	% IVA	IVA	Sumas €
Transporte internacional ISBN 978-84-86684-17-4 192 págs.	257	16,35	15	630,29 €	4	142,87 €	3.714,52 €
Calidad total ISBN 978-84-86684-24-2 160 págs	1100	19,23	15	3.172,95 €	4	719,20 €	18.699,25 €
Logística urbana ISBN 978-84-92442-07-2 160 págs.	800	22,11	15	2.653,20 €	4	601,39 €	15.636,19 €

Importe total   38.049,97 €

Condiciones de pago:
Transferencia bancaria a Marge. Banesto C/C 1234 5678 10 1234567890.
Vencimiento: 30 días fecha factura (07 junio 2015)

València, 558, ático 2.ª - 08026 Barcelona (España) — Tel. +34-932 449 130 - Fax +34-932 310 865

Figura 6.21. Ejemplo de factura comercial.

FACTURE CONSULAIRE CONSULAT DE LA REPUBLIQUE D'HAITI B L.No.							
Marques	Marchandises expédiés sur le .... le................... (Nacionalité-Nom) (Date) Partant du port de.. Nom et adresse de l'expéditeur.. Consigne à l'ordre de..de.......................... Notifier...de						
Numéros	Nombre de colis	Nature de l'emballage	Pays d'origine	Dénomination et dètalis de chaque article (quantité, qualité, mesure, etc.) dans les termes du tarif haîtien.	Poids en Kilos		Valeur en monnaie des E.U.
					Brut	Net	

J'affirme que les prix, les poids, les dénominations et l'origine des articles ci-dessus sont sincères et corrects et qu'ils son exactement les mêmes qui figurent sur notre déclaration n°   du..................faits au Service des Douanes de notre pays.   Signature de l'expediteur

J'affirme que cette facture est l'ex pression fidèle et sincère de la vérité, qui'aucune denòmìnation usuelle, ni le poids, ni la quantité des articles qui y sont portés ni la valeur n'ont été altérés.	Valeur des marchandises..

J'affirme que cette facture est l'ex
pression fidèle et sincère de la vérité,
qui'aucune denòmìnation usuelle, ni le
poids, ni la quantité des articles qui y sont
portés ni la valeur n'ont été altérés.

Valeur des marchandises..
Emballage (s'il n'est pas compris
dans la valeur de la marchandise)
Frêt et frais du connaissement, em-
barquement et camionnage..
Total F A S Value.............................. ....
Comission d'achat..
Intérêts..
Droits d'exportacion acquités au
port d'origine..
Frêt et frais du connaisement,
embarquement et débarquement
compris...
Assurance..

..............................Date..............

....

Expéditeurs...................................

Par...

                    Signature

                                        % of FAS value USD.....................................
                    Droits   Stamp on Inv (USD).......................................
                    consulaires   B/L visa (.....)..
                                        Stamp on B/L (.....)....................................

Dans tous les cas où les marchandises
sont taxées au poids net, le poids
imposable des dites marchandises
comprendra tous les emballages intérieurs
ou immédiats y compris les cartons ou
objects en carton, non soumis à un droit
plus élevé (art. 29, loi du 26 juillet 1926).

Autres frais..
    Montant total de la facture...

        Vu et enregistré à....................... le.....................

Figura 6.22. Ejemplo de factura consular.

ICG MARGE, SL
València, 558, ático 2.ª
08026 Barcelona (España)
NIF B-58322272
Factura proforma
Barcelona, 10 febrero 2015

Descripción	Cantidad	Imp. Unitario €	% dto.	Dto.	% IVA	IVA	Sumas €
Logística e intermodalidad ISBN 978-84-86684-18-1 64 págs.	500	16,35	15	1.226,25 €	4	277,95 €	7.226,70 €
Transporte en contenedor ISBN 978-84-86684-76-1 272 págs	2000	27,88	15	8.364,00 €	4	1.895,84 €	49.291,84 €

Importe total   56.518,54 €

Condiciones de pago:
Transferencia bancaria a Marge.
Los precios indicados tienen una validez de 30 días.

València, 558, ático 2.ª - 08026 Barcelona (España) – Tel. +34-932 449 130 - Fax +34-932 310 865

Figura 6.23. Ejemplo de factura pro forma.

ALL AIR, S.A.

Plaça Catalunyal 300
MANRESA, BARCELONA (ESPAÑA) 08240
Tel. 93 827744567 Fax 93 82774456E

N° de factura:
03/0/000003

Fecha: 13/01/2010

PACKING LIST

Client

ELECTRO COMPAS S.A.C.I.F.I.
AVDA. AMERICA 2000
BUENOS AIRES - ARGENTINA   CP 1234

1 X 40' CONTAINER

CANTIDAD		ARTICULO X BULTO	Peso Bruto	PESO NETO
		DIFUSORES - POSICION ARANCELARIA 8414.51.90 8414.99.90 8414.60.00		
300	1	DIFUSOR CL-5260 BLANCO	2.541,00	2134,44
20	2	DIFUSOR CL-5260 NEGRO	169,40	142,30
40	3	DIFUSOR CL-5260 MARRON	338,80	284,59
190	4	DIFUSOR CL-5260 BLANCO	1.609,30	1351,81
20	5	DIFUSOR VX-6457 INOX	270,00	226,80
64	6	DIFUSOR VX-6457 INOX	864,00	725,76
10	7	DIFUSOR VX-4697 NEGRO	157,50	132,30
5	8	DIFUSOR VX-6497 BLANCO	70,75	66,15
19	9	DIFUSOR VX-6497 INOX	315,00	264,60
19	10	DIFUSOR AD-5260 BLANCO	218,50	183,54
15	11	DIFUSOR AD-5260 INOX	172,50	144,90
10	12	DIFUSOR AD-5260 INOX	165,00	138,60

VOLUMEN   : 55 M3 - 713 BULTOS - MATERIAL EMBARCADO EN 1 X 40 CONTAINER
PESO BRUTO : 6.900 KG
PESO NETO : 5.769 KG
MARCAS   : ELETRO DINAM

Figura 6.24. Ejemplo de lista de contenido.

Capítulo 7
Protección jurídico-económica del contrato de transporte

El contrato de transporte es una de las modalidades de acuerdo comercial más antiguas que se conocen, y existen numerosas referencias de él en la Edad Media. Aunque lo habitual es que siempre se extienda por escrito, también posee validez jurídica cuando es verbal.

Las cláusulas de un contrato de transporte establecen, entre otras estipulaciones, que la mercancía objeto del mismo debe llegar a su destino en el plazo acordado, al precio convenido y sin daño y menoscabo en su naturaleza. De estas estipulaciones se desprenden dos tipos de responsabilidad:

- La que hace referencia a los riesgos físicos.
- La que se refiere a los riesgos económicos derivados de los anteriores.

Por tanto, de la formalización de un contrato de transporte se puede derivar la exigencia de una responsabilidad sobre un daño, lo que se conoce como *protección jurídica*, y la posibilidad de obtener una compensación monetaria por un perjuicio sufrido, a través de un sistema protector constituido por la póliza de seguros, lo que se entiende como *protección económica*.

En el ámbito del comercio internacional, conviene tener muy presente la utilización y las características de cada incoterm,[1] ya que la responsabilidad del riesgo relativo al modo de gestionar un determinado transpote hace necesario conocer las condiciones contractuales asociadas al mismo.

Mediante el seguro de la mercancía, el asegurado o beneficiario queda protegido frente a posibles averías, ya que si la mercancía sufre algún percance debido a un riesgo cubierto, el asegurador tiene la obligación de indemnizar el valor de la mercancía siniestrada de acuerdo con las obligaciones fijadas en el contrato.

---

[1] Sobre el uso de los incoterms en la gestión del transporte internacional, véase el capítulo 11 de esta obra.

Los intereses económicos que se arriesgan durante el transporte generan necesidades de protección que trascienden los meros aspectos físicos, y se adentran en los campos de la responsabilidad y la probabilidad estadística, lo que hace preciso su estudio en dos sentidos:

- **La responsabilidad**
  El transportista tiene la obligación de alcanzar «resultados», es decir, de llevar las mercancías a su destino «sin daño ni menoscabo». Por otra parte, dicha responsabilidad está limitada por los diversos convenios internacionales que regulan el transporte a una compensación económica en divisas o derechos especiales de giro (DEG) por unidad de peso o de volumen de la mercancía afectada, u otras unidades de cuenta que se hubieran fijado expresamente.

- **El exceso en los límites de la responsabilidad**
  Si el daño excede los límites de la responsabilidad mencionados en el apartado anterior, la póliza de seguro puede proporcionar la protección adicional que las cláusulas de responsabilidad no cubren por sí solas.

En España, la Ley 50/1980 sobre esta materia define el contrato de seguro como «aquel por el que el asegurador se obliga, mediante el cobro de una prima y para el caso de que se produzca el evento cuyo riesgo es objeto de cobertura, a indemnizar, dentro de los límites pactados, el daño producido al asegurado o a satisfacer un capital, una renta u otras prestaciones convenidas».

1   El contrato de seguro

Los elementos esenciales del contrato de seguro son los siguientes:

- *Reales:* objeto del seguro, el riesgo y la prima.
- *Formales:* designación y situación de los objetos asegurados, la extensión de la cobertura y la fecha de entrada en vigor.
- *Personales:* el asegurador, el asegurado, el tomador y el beneficiario.

Mientras que los efectos del contrato son los que se describen en la tabla 7.1.

Para que los efectos descritos en dicha tabla sean exigibles, es necesario que se cumplan las condiciones básicas de cualquier contrato de seguro:

- *Buena fe,* por ambas partes.
- *Aleatoriedad.* El riesgo tiene que estar sometido al azar.

	Efectos sobre el asegurado	*Efectos sobre el asegurador*
Obligaciones	– Pagar la prima. – Indicar con exactitud, en el momento de la firma, las circunstancias que influyan sobre el riesgo. – Informar al asegurador de los daños que se produzcan. – Tratar de reducir el daño, en caso de siniestro.	– Pagar la suma convenida en caso de siniestro.
Derechos	– Recibir la indemnización en caso de siniestro.	– Recibir el importe de la prima. – Subrogarse en los derechos del asegurado contra los responsables del daño.

Tabla 7.1. Efectos del contrato de seguro.

2 Clasificación del contrato de seguro

Los diferentes tipos de contrato de seguro, así como sus distintas variantes, son los siguientes:

- **Seguros de daños**
  - Cosas: robo, incendio, transportes.
  - Responsabilidad civil.

- **Seguros de personas**
  - Vida.
  - Accidentes.

- **Según modo de transporte**
  - Marítimo.
  - Terrestre (ferrocarril y carretera).
  - Fluvial o lacustre.
  - Aéreo.
  - Multimodal.

- **Según el interés puesto en riesgo**
  - Sobre los medios o vehículos.
  - Sobre la mercancía transportada.
  - Sobre intereses (portes o beneficios esperados).
  - Sobre responsabilidades (ante terceros).

- **Según la duración del contrato**
  - Temporal o a término (orientado al seguro de medios o vehículos).
  - Por viaje (orientado al seguro de mercancías).

- **Según la amplitud de la cobertura**
  - Dependiendo de la póliza utilizada.

3   Tipos de póliza

La póliza de seguro es el documento que se suscribe por el asegurador y el asegurado en el que consignan todas las condiciones del contrato de seguro. Su vigencia se relaciona con el riesgo, es decir, una vigencia mínima abarca únicamente los riesgos o accidentes sobre el medio de transporte, mientras que una vigencia máxima engloba todas las incidencias que pueden ocurrir desde el almacén del remitente al del destinatario o de puerta a puerta, siempre que éstas se hallen especificadas en las cláusulas del contrato.

Los tipos de póliza de seguro de transporte pueden ser:

- **Póliza a precio convenido** *(forfait policy)*
  Cubre un capital referido a los bienes designados objeto de la cobertura, independientemente del número de viajes efectuados y sin que el asegurado tenga la obligación de informar al asegurador de los sucesivos transportes que realice durante el período de tiempo previsto en la póliza.

- **Póliza a prima fija** *(fixed premium policy)*
  La prima se determina mediante un porcentaje en función del riesgo.

- **Póliza abierta** *(open policy)*
  Cubre una cantidad alzada, correspondiente a una operación de transporte de mercancías que se efectuará en varias expediciones con las mismas condiciones para cada una de ellas, y con una prima que debe abonarse al principio o con cada expedición.

  La cantidad asegurada es susceptible de reajuste y la duración de la póliza se inicia con la primera expedición y concluye con la última.

- **Póliza de abono o flotante** *(floating policy)*
  Los términos de la póliza se negocian al inicio del período que abarca (clase de mercancías que hay que asegurar, viajes que cubrir y primas que percibir), y se irán modificando después conforme se lleven a cabo las operaciones comerciales.

Se considera que existe un valor a segurado que puede ser incrementado. Normalmente, se abona una prima inferior a la que resultaría de cubrir los riesgos de forma individual. El asegurado debe extender un boletín de aplicación antes de iniciar cada viaje.

- **Póliza de seguros mutuos** *(mutual insurance policy)*
  Cuando, por formar parte de una mutualidad, el asegurado es a su vez asegurador. La prima se fija en función de los resultados de la mutualidad, como es el caso de TT Club.

- **Póliza especial o por viaje** *(single voyage policy; special policy)*
  Cubre exclusivamente el riesgo de un viaje, debiéndose incluir en la misma eventuales trasbordos, escalas intermedias o la utilización de distintos medios de transporte.

Otros conceptos que hay que tener en cuenta en relación con el contenido de las pólizas de seguro son:

- **Franquicia** *(franchise)*
  Limitación establecida a favor del asegurador para cada garantía amparada por una póliza de seguro, que exige un umbral mínimo de daño para tener derecho a la indemnización o que se deducirá de la indemnización que corresponda en caso de siniestro.

- **Sobreprima** *(extra premium)*
  Prima adicional de una póliza de seguro que se paga para garantizar la cobertura de ciertos riesgos específicos (guerras, huelgas, etc.).

- **Extorno** *(rebate)*
  Reducción de la prima de una póliza de seguro como consecuencia de una minoración posterior del riesgo inicialmente previsto.

Saber más...

El certificado de seguro *(insurance certificate)*
Es una certificación expedida por una aseguradora en relación con una póliza flotante, mediante la cual acredita la cobertura de una mercancía en un envío determinado (véase la figura 7.1). En operaciones de compraventa internacional, se exige en los pagos mediante carta de crédito.

CERTIFICADO NUMERO 998877   N/REF.- 369/583/12

Mejor Seguro S.A.

Avda. Diagonal, 4500 - 08008 BARCELONA (SPAIN)

Teléfono: 931 456 789   Fax: 931 789 456

ORIGINAL

Sum Insured _USD. 128.534,76_   **Date** _1 de Octubre de_   _2012_

This is to certify that _1/24 JSB - BALT = 28 Cajas._

HILADO ALGODON

PESO BRUTO: 3.514,20 kgs.

PESO NETO : 2.978,80 kgs.

CONTAINER NO. JSB-474-677-8

shipped on board the _VESSEL "MAREO"_

are insured by this Company from _Barcelona_

to _Baltimore - USA_   **under open cover/policy No** _23456_

in name of _FILEX, S.A._   **por cuenta de** _KLEIN_

Conditions: _Institute Cargo Clauses (All Risk 1.1.63) Institute Strike Riots and Civil Commotions Clauses 1.1.63._

El Mejor Seguro S.A.

p.p.

Figura 7.1. Modelo de certificado de seguro mediante el que se acredita la cobertura de una mercancía en un envío determinado.

4   El seguro de transporte

Los primeros seguros de transporte se emitieron durante la Edad Media en Italia, en forma de seguro marítimo de protección de buques y mercancías, el cual se desarrolló hasta adquirir la forma actual en el último tercio del siglo XVII en la *coffee house* de Edward Lloyd, en Londres, que bautizó con su nombre a la comunidad aseguradora más importante del mundo: Lloyd's. En la actualidad contempla otras facetas, como el registro de buques y la homologación de los mismos, pero también es una de las empresas que realiza seguros, reaseguros y coaseguros, tal y como se planteó en su fundación.

Es esta institución, a través del Institute of London Underwriters (ILU), la que dio comienzo al desarrollo técnico de los principales tipos de póliza, de los cuales tiene relevancia la llamada «buque y mercancías» *(ships* & *goods),* que puede considerarse la *póliza madre* del seguro de transporte, ya que a pesar del tiempo transcurrido su estructura se aplica en todos los modos, con diversas adaptaciones.

En ocasiones, es necesario contratar una póliza por el diferencial no cubierto, de acuerdo con el peso declarado real y según el límite de responsabilidad contractual del transportista.

Vamos a analizar las particularidades que se aplican en cada uno de los modos de transporte sobre responsabilidades.

4.1   Transporte por carretera

La póliza de uso más frecuente para mercancías es la denominada «a condiciones generales», cuya extensión de coberturas exponemos en la tabla 7.2.

PÓLIZA «A CONDICIONES GENERALES»

Riesgos cubiertos	*Riesgos no cubiertos*
– Incendio, rayo, inundación.	– Volcanes, terremotos u otros fenómenos sísmicos.
– Desprendimiento de tierras.	– Guerra y huelga.
– Hundimiento de puentes o caminos.	– Transporte en vehículos descubiertos.
– Colisión.	– Mercancías frágiles.
– Caída al agua.	– Derrames y mermas.
– Robo en cuadrilla.	– Vicio propio.
– Daños en carga o descarga.	– Defectos de embalaje.
	– Transporte de animales vivos.
	– Retraso.

Tabla 7.2. Coberturas de una póliza del tipo «a condiciones generales».

Algunos de los riesgos de este tipo de póliza pueden cubrirse mediante la inclusión de una cláusula adicional y el pago de una sobreprima.

En el ámbito del transporte terrestre, existe también el seguro en condiciones CMR, cuya póliza incluye una cláusula por la que se protege las mercancías transportadas de acuerdo con el Convenio CMR. El lugar de expedición y el de entrega deben estar en dos países distintos y al menos uno de ellos debe ser firmante del citado convenio. Quedan excluidos los transportes postales, los funerarios y las mudanzas.

4.2   *Transporte ferroviario*

La póliza «a condiciones generales» está concebida en principio para el transporte por carretera, aunque es de fácil adaptación al transporte ferroviario, ya que muchos de los riesgos comunes y excluidos son de la misma naturaleza.

En el ámbito internacional, las compañías ferroviarias cubren sus riesgos a través del Convenio CIM, en el cual se regulan las responsabilidades de las actividades del transportista ferroviario internacional.

4.3   *Transporte marítimo*

Para analizar la póliza «buque y mercancías» es conveniente tener presente los siguientes conceptos relacionados con los diferentes tipos de averías:

- *Avería gruesa* (general average). *Es* la que se produce cuando, de forma intencionada y razonable, el capitán de un buque causa un daño extraordinario al mismo o a la carga con el fin de evitar un mal mayor. Un ejemplo de avería gruesa es cuando se echa una carga por la borda para impedir un naufragio. La pérdida o los gastos ocasionados por una avería gruesa se distribuyen proporcionalmente entre todas las partes que hayan resultado beneficiadas.
- *Pérdida total física* (total loss). Se origina cuando el asegurado queda privado del uso del buque por causas como el naufragio, la piratería u otras.
- *Pérdida total constructiva* (constructive total loss). Corresponde al caso en que la avería es de tal índole que es más razonable proceder al abandono del buque que repararlo.
- *Avería particular* (particular average). Es la avería sufrida por el buque o por su carga y que tiene que ser soportada por su propietario, o bien la derivada de la naturaleza del vehículo de transporte.

PÓLIZA «BUQUE Y MERCANCÍAS»

Riesgos cubiertos	*Riesgos no cubiertos*
– Pérdida total constructiva.	– Pérdidas originadas por riesgos no asegurados.
– Avería particular.	– Vicio propio de la mercancía.
– Gastos particulares.	– Daños por causas naturales.
– Gastos de salvamento.	– Daños por falta de navegabilidad.
– Parte proporcional de la avería gruesa.	– Falta premeditada del asegurado.

Tabla 7.3. Coberturas de una póliza del tipo «Buque y mercancía».

En los siguientes apartados vemos los distintos tipos de póliza que se pueden contratar en el transporte marítimo:

- **Póliza buque y mercancías** *(ships goods policy)*
  Como hemos dicho antes, la póliza «buque y mercancías» es la más antigua y la que ha actuado de referente del seguro de transporte. Su extensión de coberturas se expone en la tabla 7.3.

- **Pólizas ICC** *(ICC policy)*
  Existe un tipo de pólizas de seguro de transporte marítimo internacional estandarizadas por el Institute of London Underwriters (Instituto de Aseguradores de Londres), que se conocen como «cláusulas ICC (Institute Cargo Clauses)» o «cláusulas inglesas». Adoptan tres modalidades, (A), (B) y (C), y están formadas por 19 cláusulas que enumeran los riesgos que cubren. La póliza ICC-A es la que sustituyó a la que durante muchos años se denominó «a todo riesgo» *(all risks)*, ya que no existe una póliza capaz de cubrir todos los riesgos. La tabla 7.4 expone la extensión de coberturas de las pólizas ICC.

- **Póliza de seguros en España**
  Se trata de una póliza de ámbito nacional, revisada por Unespa (Unión Española de Entidades Aseguradoras y Reaseguradotas),[2] que cada compañía aseguradora utiliza. Tiene una orientación especial hacia el transporte terrestre, aunque también hace referencia en menor grado a otros modos de transporte. Su extensión de coberturas se expone en la tabla 7.5. No obstante, muchas de las compañías aseguradoras que operan en España emplean pólizas multimodales.

---

[2] Para ampliar información sobre Unespa, véase www.unespa.es.

PÓLIZA «ICC-A»

Riesgos cubiertos	*Riesgos no cubiertos*
– Daños a las mercancías por incendio o explosión, varada, naufragio, vuelco o descarrilamiento del vehículo de transporte terrestre, colisión del buque, avería gruesa y echazón. – Incendio, explosiones, terremotos, erupciones volcánicas y rayos. – Accidentalidad del vehículo porteador (hundimiento, vuelco, colisión, embarrancamiento, etc.). – Carga o descarga de las mercancías. – Echazón y arrastre de las olas o mojaduras. – Gastos de salvamento y contribución a la avería gruesa. – Riesgos accidentales de mar que dañen a la carga. – Entrada de agua en las bodegas. – Pérdida total de bultos en cargas o descargas.	– Conducta malintencionada del asegurado (falta premeditada). – Daños causados por la naturaleza intrínseca del objeto (vicio propio). – Defecto de embalaje o pérdidas de peso o volumen de la mercancía. – Retrasos o demoras. – Imposibilidad de navegar o inadecuación del vehículo. – Guerra, huelgas, terrorismo, daños por artefactos nucleares o actos ilícitos.

PÓLIZA «ICC-B»

Riesgos cubiertos	*Riesgos no cubiertos*
– Daños a las mercancías por incendio o explosión, varada, naufragio, vuelco o descarrilamiento del vehículo de transporte terrestre, colisión del buque, avería gruesa y echazón. – Incendio, explosiones, terremotos, erupciones volcánicas y rayos. – Accidentalidad del vehículo porteador (hundimiento, vuelco, colisión, embarrancamiento, etc.). – Carga o descarga de las mercancías. – Echazón y arrastre de las olas o mojaduras. – Gastos de salvamento y contribución a la avería gruesa. – Riesgos accidentales de mar que dañen a la carga.	(Iguales a los de la ICC-A.)

PÓLIZA «ICC-C»

Riesgos cubiertos	*Riesgos no cubiertos*
– Daños a las mercancías por incendio o explosión, varada, naufragio, vuelco o descarrilamiento del vehículo de transporte terrestre, colisión del buque, avería gruesa y echazón. – Incendio, explosiones, terremotos, erupciones volcánicas y rayos. – Carga o descarga de las mercancías. – Echazón y arrastre de las olas o mojaduras. – Gastos de salvamento y contribución a la avería gruesa. – Riesgos accidentales de mar que dañen a la carga. – Entrada de agua en las bodegas.	(Iguales a los de la ICC-A.)

Tabla 7.4. Coberturas de las pólizas ICC (Institute Cargo Clauses).

PÓLIZA «BUQUE Y MERCANCÍAS»

Riesgos cubiertos	*Riesgos no cubiertos*
– Pérdida total constructiva.	– Pérdidas originadas por riesgos no asegurados.
– Avería particular.	– Vicio propio de la mercancía.
– Gastos particulares.	– Daños por causas naturales.
– Gastos de salvamento.	– Daños por falta de navegabilidad.
– Parte proporcional de la avería gruesa.	– Falta premeditada del asegurado.

Tabla 7.5. Coberturas de una póliza utilizada en España.

4.4 Transporte aéreo

Existen tres áreas básicas referentes al seguro en el transporte aéreo de mercancías:

- **Seguro de cascos** *(hull insurance)*
  Cubre los riesgos en vuelo y en tierra, a la vez que incluye aquellas situaciones en las que el avión se encuentre inmovilizado. Son significativos algunos factores: las características del avión, la experiencia del piloto y los límites geográficos de uso, entre otros.

  Exclusiones:
    - Averías por uso o desgaste.
    - Pérdidas o daños por capturas, embargo, guerras o huelgas.
    - Certificado de vuelo fuera de validez y exceso de pasajeros.

- **Seguro de mercancías** *(insurance of goods in transit)*
  En esta área, la póliza más utilizada es la llamada *ICC Air*, cuya extensión de cobertura es similar a la ICC-A, con algunas diferencias derivadas del transporte aéreo, como la inclusión de la «voltereta» o plazos de cobertura distintos.

  La póliza *ICC Air* cubre los riesgos de pérdida o daño a la mercancía asegurada. La duración de la póliza abarca desde el almacén de partida hasta el almacén de destino, o bien 30 días después de la descarga en el aeropuerto de destino.

- **Seguros de responsabilidad civil y accidentes** *(public liability insurance)*
  Estos seguros cubren a las compañías aéreas de las indemnizaciones que tengan que pagar en concepto de perjuicios por daños corporales o muerte a causa de accidentes aéreos, e incluyen aquellas indemnizaciones por pérdida o daño del equipaje, o bien los gastos derivados de la cobertura de la atención médica.

4.5   *Transporte multimodal*

Se basa en lo ya comentado de la cobertura a través del «conocimiento de transporte combinado Fiata» *(multimodal Fiata bill of lading),* donde el operador de transporte multimodal (OTM) asume la responsabilidad por la ejecución del transporte de mercancías efectuado por más de un modo de transporte, en un servicio «puerta a puerta». En este sistema de extensión de responsabilidad se amplían los principios que rigen un modo de transporte a los demás modos.

5   El siniestro

Es la materialización física del riesgo, el evento para el cual se ha concebido una póliza de seguro. Cuando el siniestro acontece es fundamental tener preparado un esquema de actuación que básicamente puede ser el siguiente:

- Poner lo sucedido en conocimiento del asegurador (generalmente se dispone de un plazo de ocho días, a partir de la noticia).
- Reconocer la mercancía lo antes posible. Este reconocimiento puede ser efectuado por el propio asegurado, por expertos de la compañía de seguros o por peritos de averías.
- Reservarse todas las acciones legales de reclamación.
- Facilitar a la compañía aseguradora la documentación necesaria para que pueda comprobar la realidad y el alcance del siniestro (facturas, documentos de transporte, etc.).
- Permitir al asegurador la subrogación en los derechos de reclamación.

Capítulo 8
Las infraestructuras logísticas

Para que los diferentes tipos de vehículos de transporte realicen su actividad de forma óptima, es imprescindible disponer de infraestructuras adecuadas, es decir, de elementos físicos, instalaciones y equipos especializados que hagan posible que las mercancías puedan trasbordarse en áreas especializadas de uno a otro medio de transporte con rapidez y seguridad.

Esta lógica exige una planificación en la ordenación del territorio y una jerarquización en la disposición de los recursos económicos que afectan al ámbito de cada localidad, región y Estado, y que más allá de las fronteras políticas y administrativas obligan a coordinar los esfuerzos de los países a escala internacional, especialmente entre los que pertenecen a una misma área económica, como la Unión Europea y el Mercosur, entre otros.

A lo largo de la historia, el desarrollo de los intercambios comerciales ha tenido que superar accidentes naturales, como las cadenas montañosas y las corrientes de agua, barreras físicas que parecían infranqueables. Pero también se ha servido de los recursos naturales para trasladar las mercancías. De este modo, la superficie de los lagos, mares y ríos, o los valles entre montañas han supuesto una infraestructura natural de fácil acceso y gran eficacia. Fue así como la ubicación de las primeras infraestructuras logísticas dedicadas a la recepción y reparación de medios de transporte, el trasbordo y la manipulación de mercancías se fundamentó en el trazado de las redes y los nudos de comunicaciones, lo que además de promover la conectividad de determinadas áreas con zonas alejadas, potenció el desarrollo de las actividades productivas, comerciales y económicas en su entorno. Como consecuencia de ello, el concepto de nodo logístico se relacionó con los nudos de comunicaciones y con los entornos portuarios, entendidos éstos no sólo como espacios con infraestructuras (diques, muelles, grúas, accesos...) para el transporte marítimo y su conexión con el terrestre, sino como centros de intercambio para el comercio, con influencia en una zona geográfica a la que daban servicio, determinada por la distancia y la dificultad de acceder a los puntos de origen y destino de las mercancías.

En la actualidad, la combinación de las infraestructuras logísticas y el aprovechamiento de los recursos que ofrece la naturaleza son el instrumento que facilita la conectividad de los territorios y permite pensar en nuestro planeta como en una globalidad dinámica, recorrida por flujos de personas, mercancías e información.

No obstante, también ha de tenerse muy presente que esta actividad descansa sobre un entorno natural limitado y extremadamente sensible a los cambios, donde ante todo debe priorizarse y protegerse la existencia de la biodiversidad que hace posible la vida humana y su complejo entramado social y económico.

Por este motivo, cada vez es más necesario que las actividades y las infraestructuras relacionadas con la logística y, en especial, con el transporte, estén planificadas y ejecutadas con criterios de sostenibilidad, lo que significa actuar con el máximo respeto hacia el medioambiente y producir el mínimo impacto sobre él.

A esta necesidad se suma que el propio desarrollo industrial, el de los intercambios comerciales en el ámbito internacional y los requerimientos de los operadores logísticos, cuyas necesidades se especifican cada vez más, en función de los materiales que deben transportar o manipular, del sector al que deben prestar servicios, etc., exigen una creciente especialización en las infraestructuras, tanto en sus características físicas como en su ubicación e interrelación.

Por su parte, la especialización del sector logístico y el fomento de la intermodalidad hacen que los centros de actividad logística encaminen su desarrollo de manera coordinada con polos industriales y de distribución comercial, ámbitos éstos a los que pueden prestar servicios favorecidos por la proximidad, cubriendo todo el abanico de prestaciones posibles, desde el transporte nacional e internacional hasta la manipulación y el almacenamiento de mercancías o la distribución en entornos urbanos.

Estos centros de actividad logística favorecen asimismo la concentración de los operadores logísticos y del transporte, haciendo posible las sinergias entre sus actividades, especialmente entre las pequeñas y medianas empresas, y la aparición de economías de escala en el acceso a determinados servicios –seguridad, almacenamiento, estacionamiento, etc.– y la adquisición de productos para el desarrollo de su actividad –neumáticos, combustibles, sistemas de tecnologías de la información, etc.

Por otro lado, la ordenación del territorio y la jerarquización de las actividades que se desarrollan en él, han inducido la concentración industrial en áreas especializadas y, por tanto, la exclusión de determinadas actividades, por ejemplo el transporte en vehículos pesados de los núcleos urbanos.

1   Infraestructuras públicas y privadas

Como hemos señalado, una buena parte de las infraestructuras a las que nos referiremos a continuación tienen carácter público (carreteras, líneas ferroviarias, puertos, aeropuertos…), porque su función es la prestación de un servicio indiscriminado a las personas físicas o jurídicas en el ámbito de un territorio. Esta particularidad no exige que la propiedad de la infraestructura sea pública, ya que puede ser privada y prestar un servicio público (un aeropuerto, por ejemplo), o puede ser de propiedad pública y estar concesionada a una entidad privada (es el caso de numerosas autopistas), e incluso ser pública y estar gestionada por una empresa privada (puede ser el caso de una terminal portuaria).

Sin embargo, cada vez más, las Administraciones públicas emprenden o adecuan las infraestructuras logísticas en colaboración con entidades privadas, de manera que éstas tienen un marcado protagonismo en el diseño y las funcionalidades de dichas infraestructuras. Es el caso de los centros de transporte y las zonas de actividades logísticas, donde finalmente los espacios, los viales de circulación, las instalaciones, los equipamientos, los servicios comunes, etc., han de estar adaptados a las necesidades reales de las empresas a las que se quiere ofertar la infraestructura.

Por otro lado, el desarrollo industrial y la distribución comercial han potenciado la implantación de plantas de fabricación y procesamiento o de centros logísticos, de ámbito exclusivamente privado, donde las infraestructuras requieren igualmente de un alto grado de planificación y de coherencia con el entorno natural, urbano o industrial y las operativas y los requerimientos que de ellos se desprenden. Ya no sólo porque interactúan con los espacios públicos, sino porque han de coordinarse necesariamente con las actividades de sus clientes y proveedores. Ello exige una pormenorizada planificación de las zonas donde se vayan a producir trasbordos de mercancías, operaciones de carga y descarga, viales para acceso de vehículos, instalaciones para la protección y la seguridad de las mercancías, los medios de transporte y las personas, entre otros aspectos que se deben considerar en la gestión de la cadena de transporte.

2   Infraestructuras del transporte terrestre

Las operaciones dedicadas al transporte de mercancías ocupan aproximadamente el 70 % de las actividades que tienen lugar en el ámbito de la logística.

Los modos de transporte aéreo y marítimo o fluvial utilizan medios naturales como el agua o el aire para desenvolverse, sin embargo, la carretera y el ferrocarril sólo pueden hacerlo sobre infraestructuras expresamente diseñadas y construidas para facilitar el movimiento de los vehículos.

Las infraestructuras logísticas dedicadas al transporte terrestre son las que más recursos consumen, las que representan un mayor coste económico, las que producen un mayor impacto sobre el territorio y las que, a su vez, generan mayores costes externos.

Aunque son de todos conocidas, repasemos la descripción básica de estas infraestructuras:

- **Carretera** *(highway)*
  Vía pública pavimentada y acondicionada para el tránsito rodado, habitualmente provista de arcenes, cuyo ancho permite el paso de uno o más vehículos.

Cuando la carretera es de alta capacidad de tránsito, puede tratarse de una *autopista (freeway; motorway)*, con calzadas diferentes para cada sentido de la circulación, sin cruces a nivel ni accesos a propiedades colindantes; o bien de una *autovía (highway)*, de similares características, pero cuyas entradas y salidas disponen de medidas de seguridad inferiores a las de las autopistas.

En una red de carreteras existen infraestructuras aledañas a las vías de circulación, conocidas como *área de servicio* o *estación de servicio*, destinadas a ofrecer suministros y prestar servicios a los viajeros y vehículos que las transitan.

- **Línea ferroviaria** *(railway line)*
  Infraestructura ferroviaria que une dos puntos de un territorio. Está compuesta por la plataforma de la vía, la superestructura (carriles, contrarraíles, traviesas y material de sujeción), las obras civiles (puentes, túneles y pasos superiores) y las instalaciones y los equipos de electrificación, señalización, telecomunicaciones, seguridad y alumbrado. Puede ser de *tráfico exclusivo*, habitualmente de alta velocidad y diseñada exclusivamente para el tráfico de viajeros, lo cual permite unas pendientes máximas que imposibilitan su eventual utilización por trenes de mercancías. O bien de *tráfico mixto*, cuando es de alta velocidad pero diseñada para el tráfico de viajeros y mercancías.

  El conjunto de líneas ferroviarias que permiten la conectividad en un territo-

Figura 8.1. Estación ferroviaria de Salamanca, en la comunidad autónoma de Castilla y León.

rio, explotadas por uno o más operadores ferroviarios, se conoce como *red ferro-viaria*.

En una red ferroviaria existen infraestructuras que facilitan la manipulación, carga y descarga de mercancías de los vagones y el acceso de pasajeros a los coches. Entre ellas cabe destacar:

- *Apartadero* (stabling siding; stabling track)
  Instalación ferroviaria destinada al cruce o el estacionamiento de vehículos en circulación, con la finalidad de que sean rebasados por otros trenes.

- *Estación ferroviaria* (railway station)
  Infraestructura que concentra el conjunto de instalaciones y servicios necesarios para gestionar y llevar a cabo operaciones de transporte ferroviario de personas y mercancías: regulación de la circulación de trenes, acceso de pasajeros, manipulación y carga o descarga de mercancías, etc. Puede actuar como intercambiador donde confluyen otros medios de transporte y que facilita la conectividad de un territorio. La estación en la que confluyen dos o más líneas ferroviarias se conoce como *nudo ferroviario*.

3 Centros y nodos logísticos

Más allá de la naturaleza del medio en que se desenvuelven, los vehículos de transporte parten de un origen donde son cargados con mercancías y alcanzan un destino, donde las mercancías pueden ser descargadas o trasbordadas. Estos puntos de expedición y llegada pueden coincidir con plantas de fabricación, de manipulación o de distribución, por ejemplo, un centro de fabricación ubicado en un polígono industrial, un pequeño taller de transformación en un centro urbano o una plataforma logística próxima a un gran puerto comercial. En todos estos lugares las mercancías experimentan algún tipo de transformación o manipulado.

Se trata de infraestructuras industriales dotadas de espacios y equipamientos destinados a las operaciones logísticas, más especializados y de mayor envergadura en la medida que concentran un mayor volumen de operaciones y de operadores.

A continuación, detallamos las formas que puede adoptar una infraestructura logística o un conjunto de ellas, destinada a actividades distintas de las que se refieren estrictamente a servir como vía de transporte. Las denominamos, de forma genérica, centros logísticos.

Desde un punto de vista funcional, un centro logístico dispone habitualmente de todas o algunas de las siguientes áreas especializadas:

- *Áreas o centros de servicios* diseñadas para atender a las personas (restaurantes, centros de comunicación, áreas de descanso, etc.), los medios de transporte (estación de servicio, aparcamiento, talleres de reparación, lavados, etc.), y desarrollar actividades administrativas y comerciales (banca, seguros, etc.), trámites aduaneros y los relacionados con el transporte y la manipulación de mercancías peligrosas, etcétera.
- *Áreas logísticas* construidas para operadores logísticos y empresas industriales con uso intensivo de la logística, donde se pueden desarrollar diversas actividades: recepción, almacenaje y manipulación de productos, gestión de las existencias, preparación de pedidos, etc.
- *Áreas intermodales* dotadas de equipamientos para actuar como puntos de interfaz entre medios de transporte distintos: ferrocarril-camión, avión-camión, buque-ferrocarril o buque-camión.

En cuanto a su construcción, puesta en funcionamiento y gestión, un centro logístico puede estar planificado y construido por iniciativa privada, pública o por una conjunción de ambas. En la mayoría de ocasiones, dado el significativo volumen de inversión económica que representa, un centro logístico responde a una iniciativa coordinada de carácter público, en la que pueden están representados intereses de ámbito municipal, comarcal, regional, estatal, etc., e incluso responder a los intereses de más de un Estado.

Sin embargo, una vez construido, es muy común que la puesta en marcha y la gestión posterior dependan de una empresa que, a su vez, puede ser de carácter público, privado o de participación mixta.

Desde el punto de vista de su utilización, la presencia física de los operadores logísticos y del transporte puede adoptar diferentes fórmulas contractuales y jurídicas, bien mediante el acceso a la propiedad del suelo y de los inmuebles construidos en él, bien actuando como arrendatarios de las instalaciones o accediendo a las mismas simplemente como usuarios. En cualquiera de los casos, un centro logístico siempre debe estar abierto en régimen de libre competencia

Las infraestructuras logísticas se clasifican en:

- **Aeropuerto** *(airport)*
  Área llana provista de pistas, instalaciones y servicios adecuados para la recepción y el despacho de aeronaves, pasajeros y carga del servicio de transporte aéreo regular y no regular, así como del transporte privado comercial y no comercial.

- **Centro de carga aérea** *(airport cargo centre)*
  Plataforma logística aeroportuaria especializada en el intercambio modal aire-tierra y en el tratamiento de mercancías de carga aérea de tráfico nacional o interna-

Figura 8.2. Instalaciones aeroportuarias del aeropuerto de El Prat (Barcelona).

cional, donde diferentes empresas operadoras y de servicios ejercen actividades relacionadas con el transporte, la distribución de mercancías y otras actividades logísticas (almacenamiento, manipulación, preparación de pedidos, etc.). Dispone de un área multimodal de primera línea (terminales de carga general e integradores) junto con una zona de segunda línea (servicios adicionales al despacho de carga). También puede disponer de una zona de tercera línea (área de distribución para empresas cargadoras).

- **Centro de consolidación urbana (CCU)** *(urban consolidation centre, UCC)*
  Plataforma logística próxima al área geográfica (barrio, centro urbano, área metropolitana...) o centro de distribución comercial a la que sirve, destinada a la recepción y desconsolidación de mercancías remitidas por fabricantes o mayoristas y la consolidación de cargas, organización de los repartos y otros servicios de valor añadido para su posterior distribución urbana.

- **Centro de transporte; plataforma logística** *(freight terminal; logistics platform)*
  También denominado *centro integrado de mercancías (CIM),* es una zona especialmente delimitada con instalaciones en las que ejercen actividades diferentes operadores del transporte, la logística y la distribución de mercancías, tanto para tráficos

nacionales como internacionales. Suele constar de diversas áreas funcionales y se caracteriza por:

- Disponer de áreas con equipamientos para la ruptura en la cadena de transporte.
- Reunir las instalaciones adecuadas para consolidar o desconsolidar las mercancías.
- Ser un punto de conexión con áreas intermodales, especialmente ferrocarril-carretera, o hallarse próxima a las redes de los distintos modos de transporte.
- Estar en un *hinterland,* zona de desarrollo industrial y consumo para facilitar la distribución y el aprovisionamiento de las mercancías.
- Poseer los suficientes servicios para la mercancía, los transportistas u otros usuarios de la plataforma.

Los usuarios disponen habitualmente de servicios comunes, tales como almacenes generales, contratación de cargas, empresas de servicios y de soporte a la gestión (gestorías, asesorías, talleres, etc.).

Existen centros de transporte especialmente dedicados a atender empresas y profesionales del transporte por carretera, habitualmente ubicados en algún cruce de carreteras estratégico. Estos *centros de carretera* suelen estar constituidos por un área de servicios (estacionamiento vigilado de camiones, hotel, gasolinera, talleres…) y, en ocasiones, disponen de una zona para actividades logísticas.

- **Depósito** *(depot)*
  Área delimitada, abierta o cubierta, en la que se descargan mercancías y se dejan bajo la custodia de una empresa especializada.
  Entre los diferentes tipos de depósito existentes, cabe señalar:

  - *Depósito aduanero* (bonded warehouse)
    Espacio cerrado, autorizado por la Administración pública del país donde se ubica, destinado a almacenar mercancías en régimen especial, que posteriormente se destinarán a otros regímenes u operaciones aduaneros. El plazo de almacenamiento puede ser ilimitado y pueden autorizarse operaciones de reembalado de bultos, conservación y acondicionamiento de las mercancías.

  - *Depósito de contenedores* (container depot)
    Área abierta, sin paredes ni techos, ubicada en la terminal de contenedores

para el almacén temporal de los mismos. La empresa que gestiona el depósito, además de su custodia, acostumbra a realizar su limpieza, reparación y mantenimiento.

— *Depósito franco* (bonded warehouse)
Espacio cerrado, autorizado por la Administración pública del país donde se ubica, en el que se considera que las mercancías no se encuentran en su territorio aduanero, con lo que quedan exentas de derechos aduaneros y tributos de importación.

- **Nodo logístico** *(logistics node)*
Enclave donde se concentran infraestructuras, equipamientos y servicios logísticos, habitualmente complementarios e intermodales, que actúa como referente de la oferta y las actividades logísticas en un área geográfica determinada.

- **Oleoducto** *(pipeline; oil pipeline)*
Canalización o tubería provista de equipos de bombeo y otros aparatos para el transporte de productos del petróleo.

Figura 8.3. Vista parcial del Centro Integrado de Transportes de Valladolid, Centrolid, un nodo estratégico para la gestión de los flujos de transporte en el principal enclave industrial y logístico del noroeste de la península Ibérica.

Figura 8.4. Plataforma de distribución del Grup Alimentari Guissona, en la localidad de este mismo nombre, en Cataluña.

- **Parque logístico-industrial** *(logistics industrial park)*
  Área de concentración de empresas industriales y de servicios logísticos acondicionada con los equipamientos y servicios necesarios para que desarrollen de manera óptima su actividad. Esta confluencia favorece la interrelación y las sinergias entre empresas, el acceso a suministros comunes y el desarrollo de sistemas de producción y distribución donde se trata de optimizar al máximo los recursos con modalidades de entrega «justo a tiempo» o «flujo tenso», entre otras.

- **Plataforma de distribución** *(distribution centre)*
  Centro de operaciones logísticas en el que se ubican diferentes operadores, empresas de distribución o una sola organización en exclusiva, habilitado con áreas específicas y equipamientos para recibir expediciones consolidadas de productos y efectuar las operaciones necesarias para su manipulación y distribución a un territorio determinado, generalmente de ámbito regional. Su función puede estar asociada a parques empresariales de proveedores que sirvan a una empresa en exclusiva para secuenciar los productos a líneas de producción.

- **Puerto** *(port)*
  Conjunto de espacios terrestres, aguas marinas e instalaciones, situados a la orilla

del mar o de las rías, ya sean construidos o naturales, cuyas funciones principales son el refugio de los buques y la realización de las operaciones de entrada, salida, atraque, desatraque y reparación de los mismos. También las de trasbordo entre buques o de éstos a tierra y a los medios de transporte de mercancías, pasajeros, pesca, así como el almacenamiento temporal y la manipulación de dichas mercancías. Su concepción ha evolucionado de acuerdo con el incremento progresivo de las funciones portuarias, hasta constituirse en centros logísticos y enclaves intermodales.

Entre los principales elementos de una infraestructura portuaria, se distinguen:

- *Antepuerto* (outport)
  Es el espacio al abrigo del mar que precede la bocana de algunos puertos, donde los barcos pueden fondear mientras esperan entrar en el puerto o bien estar al socaire en caso de tormenta.

- *Astillero* (shipyard)
  Factoría destinada a la construcción, la reparación y el mantenimiento de embarcaciones.

- *Contradique* (counterdike)
  Dique secundario, construido cerca del primero para reforzar la acción de socaire e impedir la entrada de arena en el puerto.

- *Dársena* (basin)
  Área resguardada artificialmente en aguas navegables que facilita el amarre de buques y la carga y descarga por un costado de éstos.

- *Dique de abrigo* (breakwater)
  Muro o construcción que se ejecuta en la costa para contener las olas y dar abrigo a un puerto. Su extremidad dentro del mar se conoce como *morro del dique* o *testero*.

- *Escollera* (rip-rap)
  Obra realizada con grandes piedras o bloques de cemento echados al fondo del agua con la finalidad de formar un dique de defensa contra las olas, para servir de fundamento a un muelle o proteger una obra contra la acción de las corrientes, y en la costa para evitar la erosión marina.

- *Espaldón* (shell; shoulder)
  Parte del dique construida sobre la escollera, con una sección de paramento vertical de cara al mar y escalonado hacia tierra que sobresale del mar.

Figura 8.5. Vista aérea del puerto de Bilbao.

- *Estación marítima* (maritime terminal)
  Instalación portuaria destinada a la recepción de pasajeros y sus equipajes en las operaciones de embarque y desembarque de los buques de crucero.

- *Muelle* (quay)
  Obra construida en la orilla del mar o de un río para facilitar el atraque de los barcos y el embarque o desembarque de mercancías y pasajeros.

- *Pantalán* (pier)
  Muelle construido sobre estacas o pilones que avanza dentro del mar o en el interior de las aguas portuarias.

- *Varadero* (slipway)
  Instalación en la orilla del mar o de un río o en el interior de un recinto portuario, dispuesta de manera que por un plano inclinado pueden ser botadas o sacadas del agua las embarcaciones.

• **Puerto seco** *(dry port)*
  Conjunto de instalaciones no costeras de uso público, también denominado *terminal interior de carga,* con disponibilidad de servicios intermodales ferrocarril-ca-

rretera destinados al agrupamiento de mercancías (recepción y expedición, carga y descarga de contenedores, almacenamiento, trasbordo y manipulación), generalmente contenerizadas, para su transporte por ferrocarril desde el interior de un territorio, hacia la terminal marítima de un puerto o en sentido inverso. Pueden tener asociadas las áreas funcionales características de un centro logístico.

- **Terminal** *(terminal)*
  Instalación fija, flotante o móvil utilizada para la carga o el embarque y la descarga o el desembarque de mercancías y personas, dotada de infraestructuras y equipamientos para llevar a cabo dichas operaciones. Puede, asimismo, disponer de infraestructuras y servicios intermodales, ser de titularidad pública, privada o mixta, y estar o no concesionada.

  En el transporte público de viajeros es el punto de destino final de un itinerario. Entre los diferentes tipos de terminal, se distinguen:

  - *Terminal aérea* (air hub)
    Espacio aeroportuario donde un operador logístico lleva a cabo la recepción, la clasificación, el intercambio y la preparación de los envíos.

  - *Terminal de contenedores* (container terminal)
    Terminal dotada de infraestructuras, equipamientos para realizar las activi-

Figura 8.6. Panorámica del puerto seco de Burgos, junto al Centro de Transportes Aduana de Burgos, próximo a esta capital.

dades de recepción, almacenamiento, manipulación, aduana, servicios auxiliares del transporte y carga y descarga de contenedores para el traslado a su destino mediante algún modo de transporte.

- *Terminal multimodal* (multimodal terminal)
  Terminal dotada de infraestructuras, equipamientos y servicios para realizar actividades destinadas al fraccionamiento y grupaje de mercancías, contenerizadas o a granel, para su traslado mediante cualquier modo de transporte, el almacenamiento, los servicios auxiliares del transporte, el tránsito, los trámites aduaneros, la manutención, el etiquetaje, el embalaje y la preparación de cargas, etc.

- *Terminal multipropósito* (multipurposer terminal)
  Terminal portuaria destinada a la recepción y expedición de cargas de tipología y naturaleza diversa: graneles líquidos y secos, carga rodada, grandes piezas, palés, contenedores, carga general, carga perecedera, etc.

Figura 8.7. Panorámica de la terminal de contenedores del puerto de Vigo.

Figura 8.8. Vista parcial de la zona franca de Barcelona, situada junto a la zona de actividades logísticas del puerto y muy próxima al centro de carga aérea del aeropuerto de la ciudad.

- **Zona de actividades logísticas (ZAL)** *(logistics activities area)*
  Área establecida en el entorno portuario para la conexión y articulación de redes de transporte intermodal. El área de la ZAL está acondicionada para su uso por empresas industriales o de transporte que desarrollen actividades logísticas, como el almacenamiento y la manipulación de cargas, que proporcionen valor añadido a la mercancía.

- **Zona franca** *(customs free zone)*
  Enclave territorial especialmente delimitado en el que existen facilidades para la entrada, la manipulación, el almacenamiento y la expedición de mercancías. Se halla exento de pago de derechos arancelarios y otros impuestos, hasta el momento de despachar las mercancías para su comercialización o consumo.

Capítulo 9
La contratación y gestión del transporte

En la contratación de los servicios de transporte de mercancías interviene un conjunto de factores interrelacionados, algunos de los cuales exigen una profunda planificación de todos los eslabones de la cadena de transporte. Mientras que unos factores determinan el tipo de contratación de los servicios e impiden cualquier posible intervención del cargador en la gestión posterior, otros le permiten actuar de manera directa sobre la operativa de transporte de sus cargas.

1 Factores que influyen en la contratación del transporte

Los factores más significativos que se deben considerar como paso previo a la contratación de los servicios de transporte y su ejecución son:

- La naturaleza de la mercancía que se ha de transportar.
- Las características físicas de la unidad de carga, la cantidad y el volumen de la misma.
- La oferta de servicios de transporte que cubre la ruta que se ha de recorrer.
- La tipología y disponibilidad de los vehículos adecuados para la carga que se ha de transportar.
- Las infraestructuras logísticas existentes.
- El presupuesto económico disponible.
- La distancia, el trayecto y la duración del transporte.
- La periodicidad de los envíos.
- El nivel de servicio y su coste.

La casuística que se da en la práctica diaria es extremadamente variable, de modo que resulta imposible establecer unas normas que *a priori* determinen cuál es la solución adecuada para cada situación. No obstante, sí es posible hacer algunas consideraciones:

- **La naturaleza de la mercancía**

  Esta expresión se refiere a las características físicas esenciales de la mercancía que compone una carga: minerales, papel, hidrocarburos, explosivos, productos perecederos, chatarra...

  Algunos materiales, por ejemplo los minerales, son materias primas con un bajo valor añadido que generalmente se han de transportar a granel, ocupando grandes volúmenes para facilitar la operativa de la cadena de transporte. Estos materiales no pueden soportar elevados costes de transporte y conviene trasladarlos en buques graneleros, cuando el transporte se realiza entre dos continentes (transporte transoceánico) o entre dos puntos de un mismo país o región (transporte marítimo de corta distancia), o bien en vagones, cuando existen las infraestructuras ferroviarias adecuadas.

  Cuando se trata de productos perecederos, el factor tiempo adquiere una notable importancia. Además de precisarse vehículos y embalajes acondicionados para conservar una temperatura determinada, en muchas ocasiones hay que utilizar medios más costosos, como el avión, pero más rápidos o más accesibles al destino final, como el camión.

- **Las características físicas de la unidad de carga**

  Junto con su naturaleza, la cantidad y el volumen de mercancía que se deba transportar influyen en las características de la unidad de carga y en la selección del medio de transporte que se ha de utilizar, e inclusive pueden determinar la forma de contratación del servicio de transporte.

  Para un envío desde Europa a cualquier punto de América, por ejemplo, si la cantidad de mercancía es suficiente como para llenar un contenedor de 20 pies –lo que se conoce como «contenedor completo» o FCL *(full container load)*–, el medio de transporte que se utiliza es un buque portacontenedores y, tratándose de un contenedor completo, se puede contratar directamente con una compañía naviera. Si, por el contrario, el envío no tiene suficiente volumen como para llenar un contenedor, se contrata los servicios de una compañía transitaria que completará un contenedor con nuestra mercancía y la de otros remitentes –lo que se conoce como «transporte de carga fraccionada»–. Los contenedores de la serie ISO, como unidades de carga intermodales, pueden transportarse mediante cualquier sistema de transporte combinado.

  Otras mercancías, como los medicamentos o las piezas de recambio para la industria, generalmente se transportan en pequeñas cantidades, a destinos muy diversos y con unos tiempos de transporte muy ajustados. Ello implica unas unidades de carga de reducidas dimensiones que suelen ser transportadas mediante aviones o vehículos terrestres que prestan servicios de transporte urgente de paquetería.

- **La oferta de servicios de transporte**
  Para planificar el transporte es imprescindible conocer con detalle la oferta de servicios que existe para cada ruta que se ha de recorrer y servicio que se ha de contratar: tipo de vehículos en cada modo de transporte, tarifas, itinerarios, tiempos, calidad del servicio, etc.

  Para localizar toda esta información y establecer los contactos con los transportistas, internet es sin duda el lugar más apropiado. A través de los portales especializados es posible conocer las prestaciones de las compañías de transporte y solicitar presupuestos personalizados. Por otro lado, mediante las bolsas de carga se puede demandar y contratar servicios de transporte en tiempo real a las empresas asociadas a una determinada bolsa.

  La ponderación de los diferentes aspectos relacionados con el servicio de transporte que se pretende contratar permitirá seleccionar la oferta que mejor se adapte a las necesidades que se precisa cubrir. Existen numerosos matices (tipo de embalaje, horarios de entregas y recogidas, carga y descarga de los vehículos, gestiones aduaneras, seguros...) que permiten un ahorro de costes significativo, sin que ello suponga retrasos en los tiempos de entrega previstos.

- **La tipología y disponibilidad de los vehículos**
  En función de la naturaleza de la carga, puede ser necesario tener un perfecto conocimiento del tipo de vehículo que resulta más adecuado para un determinado transporte y cuál es su disponibilidad en el mercado. Conviene prever este factor con la suficiente antelación para evitar rupturas en la cadena de suministro. Esta necesidad se acrecienta cuando la carga posee alguna característica que la hace especialmente vulnerable a los agentes externos (productos perecederos, por ejemplo), precisa un tratamiento y una protección especiales por ser una mercancía peligrosa (explosivos, productos químicos, etc.) o tiene un peso y un volumen que no permiten clasificarla como una carga convencional, entre otras muchas posibilidades.

- **Las infraestructuras logísticas**
  Son uno de los factores que determinan la viabilidad del transporte y pueden afectar de manera significativa tanto a su operativa como a la seguridad de la carga y a las acciones de tratamiento, manipulación y manutención de las mercancías.

  En los transportes regulares, especialmente los que se realilzan en el ámbito de una región económica, no suelen surgir impedimentos que afecten a su desarrollo normal, salvo los derivados de posibles averías, inclemencias del tiempo, accidentes naturales, retrasos motivados por la densidad del tráfico u otras causas accidentales pero previsibles. El motivo de ello es que las infraestructuras (puertos, centros de transporte, aeropuertos, terminales de carga...) están diseñadas y construidas

Figura 9.1. La especialización y la calidad de las infraestructuras logísticas son un factor determinante para la eficacia y la eficiencia de los sistemas de transporte, y afectan indistintamente a los intereses de los cargadores y los operadores de transporte. En la imagen, una vista de la Terminal Sul del Porto de Leixões (Portugal), especializada en el tráfico de contenedores.

para atender los flujos de transporte y la manipulación de cargas con unas características estandarizadas (contenedores, graneles, camiones de carga completa, paquetería...).

Sin embargo, para gestionar los transportes de cargas que no reúnen condiciones estándar, los que no se corresponden con líneas regulares y, en especial, cuando el lugar de destino se halla en una región económica distinta de la de origen, entre otras posibles consideraciones, se debe conocer si a lo largo del trayecto existen las infraestructuras logísticas adecuadas, públicas o privadas, y si cuentan con los equipamientos necesarios para la operativa de transporte prevista.

Puede suceder que una determinada carga no pueda descargarse de un vehículo porque en el punto de destino de la mercancía el muelle de la instalación esté situado a una altura diferente de la plataforma del vehículo o, sencillamente, porque no exista muelle ni se disponga del elemento de manutención necesario para efectuar la descarga.

También puede darse el caso de que una mercancía embarcada en un buque que finalmente es descargada en el muelle de una terminal marítima, sufra un deterioro porque la terminal no disponga de un almacén cubierto donde proteger la carga.

- **El presupuesto económico**

  Es uno de los factores que, finalmente, más inciden en la contratación del transporte y que es preciso concertar con la mayor antelación posible.

  Tanto para el cargador como para el transportista es importante no dedicar esfuerzos y tiempo a un proceso de contratación infructuoso. Para evitarlo y disponer de la oferta adecuada con la mayor prontitud, es muy eficaz que el cargador describa con precisión las características de la carga y los requisitos necesarios para su transporte. Asimismo, el transportista debe precisar en su oferta cualquier condición que pueda afectar al coste económico final.

- **La distancia, el trayecto y la duración del transporte**

  La distancia que se va a recorrer, el trayecto exacto por donde se prevé que transitará la mercancía y el tiempo que se invertirá en el recorrido son aspectos que el cargador debe conocer con la mayor precisión.

  Esta información es imprescindible para una adecuada planificación y preparación de las entregas y las cargas, con todo lo que ello implica en cuanto a la calidad del servicio que el cargador presta a sus clientes.

- **La periodicidad de los envíos**

  Algunos de los factores descritos pueden verse significativamente influidos por la periodicidad con que se efectúen los envíos, lo que también influirá en los costes que se establezcan como promedio para una operativa de transporte durante un período de tiempo dado.

  Cuando a una determinada cantidad de mercancías y al volumen que ocupan en un medio de transporte se suma una elevada periodicidad, se puede producir una transformación en otros factores: en las características de las unidades de carga, la mejora de la oferta por parte de los operadores de transporte, la tipología y disponibilidad de los vehículos, e incluso en la planificación y el desarrollo de las infraestructuras logísticas.

- **El nivel de servicio y su coste**

  En igualdad de condiciones, el nivel de servicio y su relación con el coste es el factor determinante en la toma de decisiones en la contratación del transporte.

2   La gestión del transporte

Independientemente de todo lo descrito hasta este momento y, por tanto, del modelo de contratación que se haya definido, la gestión del transporte tiene que efectuarse siempre en el marco de la estrategia corporativa de la empresa.

Desde un enfoque integral de la logística, todos los eslabones de los flujos de materiales están relacionados con la gestión del transporte. Y es desde esta perspectiva que se deben dar respuestas a las demandas internas y externas del mercado por alcanzar la mejora continua del nivel de calidad total del servicio.

2.1   Los costes logísticos y el transporte

El transporte es uno de los apartados de los costes logísticos cuya importancia puede oscilar de manera significativa para cada empresa, en función de variables como las distancias que se deben recorrer, la tipología de los productos que se han de transportar, el nivel de servicio, la ubicación de las existencias, las infraestructuras logísticas, el segmento de mercado y canal de venta, etc.

El transporte representa, aproximadamente, el 70 % del conjunto de las operaciones logísticas de los procesos de aprovisionamiento y distribución, mientras que la repercusión de los costes logísticos sobre el total de la facturación de una empresa puede oscilar entre el 5 y el 30 %.

2.2   Análisis de riesgos y plan de contingencias

En todo proyecto, uno de los aspectos más importantes que hay que valorar es el coste de las operaciones y sus riesgos. Esto significa realizar un análisis de alternativas que se ha de resumir en un plan de contingencias.

Ello supone un buen ejercicio de autocrítica, con la utilización de técnicas tipo AFME (análisis de fallos modal), para realizar el plan de contingencias y ponerlo en marcha de una manera automática en los procesos diarios. Es conveniente que el contrato de prestación de servicios que suscriban el cargador y el operador de transporte prevea estos planes de contingencias como anexos para su seguimiento, así como los procesos de mejora continua.

2.3   Niveles de servicio

El principio de que no todos los productos, clientes y servicios requieren el mismo nivel de prestaciones puede constituir un criterio estratégico. Debería jerarquizarse la utilización de los recursos y, sobre todo, tenerse en cuenta las técnicas basadas en criterios de valor añadido sobre el producto, servicio o cliente.

El enfoque inverso, es decir, nivel de servicio uniforme para todos, puede ser utilizado como un enfoque de la calidad total. Esta opción puede servir para rediseñar los sistemas de transporte con el fin de compaginar un alto servicio con un bajo coste y ganar en ventaja competitiva.

2.4 Modelos de distribución física asociados al transporte

Aunque no es una cuestión crítica, la estrategia escogida por la empresa en cuanto al modelo de distribución física afecta la gestión del transporte. A veces, la utilización de sistemas matemáticos de soporte y de investigación operativa puede proporcionar soluciones en función de las expectativas de servicio a los clientes y de la cultura interna de los departamentos comerciales.

Las posibilidades se centran en dos modelos de distribución: *centralizada* o *descentralizada*.

No existe la solución ideal. En ocasiones, lo mejor es adoptar una solución mixta, apoyándose en plataformas de terceros o propias, que conducen a situaciones equilibradas y económicas.

Por otra parte, hay que valorar los criterios de personalización para los clientes que los departamentos comerciales desean establecer. Esto hace diferenciar entre:

- *Consolidación.* Prioriza la ventaja de agrupar pedidos e incluso lotes de productos en busca de economías de escala.
- *Estandarización.* Enfatiza los diseños que permiten agrupaciones estándar, con elementos comunes, y con medidas y pesos compatibles con los medios de transporte disponibles.

En este caso, la preparación de las expediciones se puede llevar a cabo en origen o bien las expediciones se pueden enviar de una forma consolidada, mientras que la desconsolidación se realiza en destino, a través de sistemas de reexpedición *(cross docking)*, que permiten optimizar la carga de los vehículos. En cualquiera de los casos, la trazabilidad permitirá conocer en tiempo real la situación de cada uno de los envíos, mientras que la coordinación de la planificación de las cargas y de las rutas en las plataformas de destino asegurará el éxito del cumplimiento de los plazos de entrega como nivel de calidad de servicio hacia los clientes finales.

2.5 Presupuesto anual

Una vez definida totalmente la estrategia de transporte, se puede elaborar el presupuesto global anual. Si se trata de un proceso de reingeniería, lo más adecuado es confeccionar un presupuesto de base cero y utilizar el del ejercicio anterior como referencia.

Si se desea hacer esta operación, tomando como referencia los productos acabados, hay que llevar a cabo lo siguiente:

— Presupuestos de ventas por área (provincia, zona, etc.).
— Conversión en kilos brutos por entregar y análisis del ratio kg/m^3 para su conversión a la mejor unidad (kilos o metros cúbicos).
— Análisis de los pedidos, agrupados por escalados de entregas.
— Análisis de todos los flujos de origen-destino.

Para los aprovisionamientos (si es necesario):

— Realizar la explosión hacia atrás en necesidades de materias primas.
— Agrupar según los tamaños de envío.
— Asignar según punto de origen.
— Analizar todos los flujos origen-destino.

Con todo lo anterior se obtiene la suma de los flujos de origen a destino en toneladas y escalado por envíos. Si se aplican las tarifas, se puede dar una cifra evaluada de coste de transporte estándar. Para que el presupuesto sea más realista, se debe incluir unos ajustes por:

— Ineficiencias.
— Fluctuaciones.
— Estacionalidad.
— Emergencias.
— Imprevistos.

Con toda esta información estructurada, se puede llevar a cabo lo descrito en el inicio de este capítulo. Ya será posible preparar un pliego de condiciones a partir del cual se elaboren las ofertas de servicio de transporte que permitan efectuar las comparaciones oportunas y decidir cuál es la mejor oferta, como paso previo a la formalización de un contrato.

2.6 *Control de la gestión del transporte*

Tomando el presupuesto anual como objetivo, lo lógico es crear un centro de beneficios. A partir de aquí, con una periodicidad de meses o semanas, se efectuarán las comparaciones con los costes reales. Si existen problemas de retraso en la información debidos a los períodos de facturación de los proveedores, hasta que se incurra en el gasto y, por tanto, éste se haya efectivamente registrado, se pueden utilizar los siguientes métodos:

– Sistema de prefactura por cada envío.
– Establecimiento de parámetros como clave de coste (ratios de índice de trabajo).

Las desviaciones respecto al presupuesto pueden deberse a:

– Presupuesto erróneo (errores en parámetros, tarifas, etc.).
– Desviación respecto a parámetros presupuestados (cambios en los envíos, pedidos, etc.).
– Desviaciones en el precio (subidas de precios no pactadas, e imprevistas).
– Operación incorrecta por errores de reparto de zonas, proveedores, costes, escaso aprovechamiento de vehículos, etc.

Lo más importante es la explicación de las desviaciones de entrada, pero si hay errores o mala gestión se deberán aplicar acciones correctoras sin demora.

Si se producen desviaciones fuera de nuestro control, la capacidad de reacción es mucho menor. Sin embargo, en un proceso de mejora continua se suele realizar una lista de proyectos de mejora que pueden ponerse en marcha de manera fulminante en caso de contingencia. Esta capacidad de reacción debe incentivarse desde la dirección general de la empresa y es un estímulo más para una identificación e implantación continuada de mejoras.

2.7 *Proyectos de mejora*

Un sistema estratégico de transporte puede y debe ser desafiado continuamente en busca de mejoras potenciales. El proceso de mejora continua tiene que reflejar:

– *Una operación más eficiente*. Después de la curva de aprendizaje tiene que ser mejorado desde dentro.
– *Nuevas oportunidades en el mercado de transporte*. Existe una innovación permanente con un nivel alto de competencia, lo que provoca oportunidades de revisión de ofertas.
– *Nuevas demandas del mercado*. El modelo actual puede no ser el adecuado para mañana, debido a nuevos productos, clientes, mercados, incremento de volúmenes, etc. Cualquiera de estos factores puede alterar las necesidades y convertir en obsoleto el modelo que antes fue eficaz.
– *La competencia*. Puede que en una empresa se haya desarrollado algún aspecto o producto innovador que hasta el momento no exista en el mercado. Esta diferencia puede suponer una ventaja competitiva respecto a sus competidores. En este caso, las empresas competidoras deben poner en marcha un proceso que les per-

mita obtener una visión de una comparación de procedimientos *(benchmarking)*, ya sea dentro del sector en el que se opera o respecto a otros, lo cual tiene que actuar como referente de su situación y de su gestión.

3   Las TIC en la contratación del transporte

Como ocurre en otras áreas de la gestión logística, las tecnologías de la información y la comunicación ocupan un lugar de primer orden.

En relación con la contratación de los servicios de transporte utilizando sistemas informatizados, tras diferentes intentos de modelizar un sistema que permitiera interactuar en tiempo real a cargadores y operadores de transporte, finalmente ha sido en internet donde han surgido y se han implantado con éxito soluciones impulsadas por empresas innovadoras, en lo que se denomina «portal de cargas».

Sus antecedentes se encuentran en las «bolsas de cargas» que tuvieron su inicio en los centros de transporte por carretera mediante contactos telefónicos y mensajes vía fax. En Francia, dieron paso a bolsas de carga que utilizaban el sistema *minitel,* donde ya se ofrecía una comunicación directa entre los cargadores y transportistas y una cierta fiabilidad en el contacto que permitiera garantizar el cobro de los servicios y gestiones que efectuara el operador de transporte.

En la actualidad, los portales de carga son herramientas de valor añadido para optimizar la contratación del transporte de mercancías, especialmente por carretera, donde actúan como plataformas tecnológicas para empresas operadoras del transporte que aprovechan el potencial de trabajar en red para generar oportunidades de negocio en beneficio de los asociados al portal.

El abanico de empresas de transporte por carretera con vehículos propios que pueden obtener beneficios de asociarse a un portal de cargas es amplio: desde grandes flotistas a pequeños empresarios, transportistas autónomos, agencias de transporte o transitarios...

En un portal de cargas, el oferente de una carga que se ha de transportar puede ser el propietario o remitente de la misma o bien una agencia que la ha contratado con éste y la ofrece a otros operadores, especialmente transportistas autónomos sin una estructura comercial.

Entre los servicios que ofrecen los portales a sus asociados, uno de los mejor valorados es la garantía de cobro, que permite al transportista asegurar el cobro de las facturas de forma instantánea antes de cargar el camión mediante la colaboración con alguna empresa aseguradora.

Las cargas que pueden ofrecerse y contratarse en un portal de cargas ocupan todo el abanico posible del mercado, desde cargas fraccionadas o paletizadas hasta cargas completas y de mercancías peligrosas o de productos perecederos. Otros servicios complementarios pueden ser las «bolsas de rutas fijas», que permiten optimizar las rutas periódicas; las «bolsas de enganches», para gestionar la contratación de tractoras y arrastres; y las «bolsas de almacenaje», donde se puede localizar el almacén más adecuado para cada tipo de mercancía.

Existen portales que actúan en ámbitos nacionales o que abarcan al conjunto de una región económica, como Europa, pero debe preverse que la tendencia es que los portales alcancen una escala internacional e intermodal, es decir, que abarquen al conjunto de modos de transporte. Con ello se mejorará la eficiencia de los circuitos de transporte y el aprovechamiento de los vehículos, evitando los viajes en vacío. Esto también significará reducir los costes logísticos y el impacto medioambiental de la logística.

4　El transporte en la distribución física

En el caso de tener que sistematizar un proceso de distribución, también puede que las decisiones del gestor de transportes impliquen considerar si se va a realizar el transporte mediante una flota de vehículos propia o subcontratada (alquilada, externalizada, etc.) y, en este último caso, si con una sola empresa transportista o con varias.

Con seguridad, sólo la ponderación de los diferentes factores y sus variables permitirá tomar la decisión más correcta, sin olvidar la posibilidad de combinar varios modos de transporte para hacer llegar las mercancías a su destino final.

4.1　*Flota propia o subcontratada*

Disponer de una flota propia es una alternativa que se debe valorar en las decisiones estratégicas de una empresa. Las justificaciones en uno u otro sentido pueden ser desde muy sencillas hasta enormemente sofisticadas.

Se deben analizar los costes fijos y variables de lo que supone disponer de flota propia y compararlos con el coste externo de la subcontratación.

Enlaces en internet...

Bolsas de cargas y almacenaje
- www.wtransnet.com
- www.timocom.com
- www.intelogistica.com
- www.transportesycargas.com
- www.teleroute.com
- www.ofertrans.com
- www.bolsasdecarga.com

También existe la opción de disponer de una parte estable mínima de flota propia y la parte variable de las puntas de estacionalidad contratarlas a terceros.

Para optar por alguno de los diversos modelos posibles, conviene considerar algunas cuestiones. Respecto a la flota propia:

- *Utilización de flota propia en circuito cerrado.* Es una posibilidad muy remota en las empresas, ya que, por lo general, no pueden disponer de un circuito cerrado de utilización de la flota. Esto supone que la cantidad de kilómetros de retorno en vacío puede ser muy elevada y costosa.
- *Estacionalidad.* Las puntas de trabajo debidas a la estacionalidad son difíciles de prever y planificar, lo que representa una dificultad añadida si debe decidirse qué parte de la flota ha de ser propia y cuál se ha de subcontratar a terceros.
- *Disponibilidad y flexibilidad.* La flota propia tiene sus limitaciones al organizar el servicio y dar respuesta a las exigencias de la distribución. Es necesaria una gran flexibilidad para poder adaptarse en cualquier momento a las necesidades de la demanda.
- *Inversiones.* La renovación continua del material de la propia organización exige fuertes inversiones en vehículos y equipamientos.

Figura 9.2. La logística de aprovisionamiento hace necesario para algunas empresas disponer de una flota propia de vehículos que garantice la fluidez de los flujos de transporte. En la imagen, un vehículo cisterna del grupo Leche Pascual frente a las instalaciones de la factoría de esta corporación empresarial en Aranda de Duero (Burgos).

- *Recursos humanos.* Los requerimientos de tipo legal y contractual sobre horarios del personal, disponibilidades de personal, tipos de trabajo que se debe realizar, etc., condicionan mucho el uso de flota propia en una empresa.
- *Ventajas de imagen.* La empresa se siente mucho más representada ante sus clientes si utiliza una flota propia, identificada con sus logotipos, con personal uniformado con los distintivos corporativos, etc.

Por otro lado, las observaciones respecto a la subcontratación de los servicios de transporte se resumen en:

- *Servicios integrales.* La empresa operadora tiende a dar servicios logísticos integrales (almacenaje, distribución, preparación de pedidos, etc.), lo que supone un valor añadido para el usuario.
- *Flexibilidad.* El operador asume cualquier variación y estacionalidad, lo que se convierte en una ventaja competitiva.
- *Recursos humanos.* La profesionalidad y especialización de los operarios de la empresa subcontratada favorece su incorporación a uno u otro servicio en circunstancias muy diversas.
- *Imagen de empresa.* Aunque la logística de una empresa quede total o parcialmente en manos de terceros, el servicio puede incorporar sus elementos corporativos y los procedimientos que garanticen que cualquier incidencia se resuelva con la máxima calidad.
- *Calidad de servicio.* El nivel de calidad sobre la gestión de los transportes es un factor comprobable en todo el proceso. Se puede ver y controlar la trazabilidad en cualquier momento.

Sea cual sea la valoración que eventualmente pueda hacer una empresa, la externalización del transporte tiende a ampliar su cuota de mercado porque existe una oferta de servicios amplia y de calidad, lo que se valora como una ventaja competitiva, pues proporciona valor añadido al transporte.

4.2 Una sola empresa o varias

Si la opción que se determina es la subcontratación, en un proceso de externalización es positivo contar con la oferta de modelos que supongan competencia entre más de una alternativa.

Al seleccionar la empresa prestadora de servicios es posible basarse en criterios de especialización geográfica (por ejemplo, en zonas o áreas determinadas), en servicios complementarios (larga distancia, distribución urbana, transporte nacional o internacional), en la tipología de las prestaciones (mercancías peligrosas, productos perecederos...) y, a su vez, en modos de transporte (carretera, ferrocarril, aéreo, marítimo).

También existen logísticas dedicadas, lo que supone habitualmente que la especialización implique a una sola empresa. En este caso, el contrato que suele establecerse contiene cláusulas de control que permiten que ambas partes ganen siempre, es decir, que sean socios y que nunca dependa una de la otra.

Para minimizar los posibles riesgos deben analizarse muy bien los criterios de selección, pensando en:

- No conviene una marcha atrás.
- Se unen «masas críticas».
- Se tienen que realizar mejoras continuas.
- Debe aumentar la competitividad.
- Filosofía de trabajo con enfoques ganar-ganar.
- Flexibilidad en el cambio alternativo a otra empresa,
- Visión de costes fijos a variables mejorando la calidad del servicio global.

Existe un paso previo a esta decisión y es la valoración del cambio cultural en la propia organización ante este nuevo reto. El mayor porcentaje de fracasos de externalización se debe a que la empresa no está preparada para realizar el cambio, sobre todo en las personas, por temor a perder el puesto de trabajo.

4.3   *La contratación del servicio*

Es la parte más crítica en la decisión de externalizar e implica una serie de pasos que hay que definir de una forma muy precisa.

4.3.1   *Definir especificaciones*

Deben definirse de forma pormenorizada las características del servicio que se va a contratar, los resultados que se esperan obtener y los parámetros que medirán los objetivos que se deben cumplir. Todo debe estar enfocado a poder medir el resultado final y el cumplimiento de las expectativas.

En ocasiones, es conveniente contratar la intervención de un consultor externo para que describa la demanda, identifique a los proveedores y realice la petición de ofertas. Al dejar el proceso en manos de un tercero, el cliente no conoce de manera directa a la empresa que se quiere subcontratar, y ello le libera de presiones y permite un sistema neutral y transparente de comparación de ofertas.

Las ofertas que se vayan a valorar deben presentar una serie de parámetros medibles, entre los que destacan:

- Volúmenes (toneladas, pedidos, unidades) que se tienen que entregar por zonas o áreas.
- Productos, referencias o pedidos.
- Plazos de entrega desde origen hasta destino.
- Niveles de servicio (demoras en destino y en origen).
- Porcentaje de cumplimientos y análisis de incumplimientos.
- Mermas e incidencias y su responsabilidad.

También deben definir el modo de realizar el servicio:

- Modo de transporte y tipología de los vehículos.
- Sistema de protección de la mercancía y póliza de seguros que debe cubrir los riesgos inherentes a las operaciones.
- Sistemas de información.
- Manual de operaciones (qué se tiene y qué no se debe hacer en relación a las prestaciones que reciben los clientes).
- Forma de pago.

Con todo, a pesar de que la demanda de servicios esté detallada con exhaustividad, es sumamente positivo que el contratista aspirante aporte nuevas ideas y soluciones alternativas, un complemento indispensable a su valor añadido, y que la empresa contratante esté abierta a sugerencias y mejoras, que quedarán finalmente cerradas en un contrato.

Es necesario efectuar una valoración de los costes de la operativa logística, aunque sean estimativos, a la espera de las ofertas que se recibirán. Esto puede ayudar a conocer mucho mejor la propia organización frente a la nueva estructura de costes variables que se intente crear.

Por último, hay que considerar las implicaciones legales, ya sea por las responsabilidades del servicio como por la relación contractual; por lo que conviene disponer de más de un modelo de contrato creando un borrador del mismo.

4.3.2 *Seleccionar proveedores potenciales*

Es posible efectuar una preselección en el mercado de los operadores de transporte considerando los criterios que influirán de forma más decisiva en la selección final. Estos criterios pueden tener relación, por ejemplo, con el ámbito de prestación del servicio, la especialización que se vaya a exigir a los candidatos, etc.

En muchos casos, se opta por lanzar una demanda abierta, para que el mercado haga de filtro y sólo alcancen a ofertar aquellos que realmente puedan cumplir con los requisitos solicitados.

Finalmente, la evaluación posterior será la que pondere la experiencia y las referencias de la empresa mejor posicionada para efectuar el servicio.

4.3.3   Solicitud de ofertas

Para elaborar la demanda que se dirige a los operadores de transporte, se debe preparar por escrito un pliego de condiciones que servirá de base para la oferta de terceros. Este documento debe cumplir, como mínimo, los siguientes requisitos:

- Ser conciso y claro.
- Solicitar la oferta en un cuadro comparativo.
- Proponer que se presenten otras alternativas posibles en una oferta complementaria.
- Cualquier aclaración posterior al documento original debe remitirse a todos los posibles ofertantes para que tengan la misma información y puedan ofertar en las mismas condiciones.

En un proceso complicado puede ser conveniente redactar manuales de operaciones, con todas sus metodologías, procesos y procedimientos, con el fin de que queden perfectamente definidos los criterios y se facilite la elaboración de las alternativas.

4.3.4   Evaluación de las ofertas

La valoración de las ofertas debe asumirse con sumo rigor, ya que no siempre se han elaborado todas con los mismos criterios y suelen presentar diferencias sustanciales en cuanto al tratamiento de la información. Puede ser necesario preparar una serie de cuadros comparativos –tomando como referencia la demanda básica–, con el fin de obtener una visión de las tendencias, alternativas y mejoras proporcionadas por los oferentes, algunas de las cuales pueden cambiar incluso la perspectiva del proyecto original.

Llegado este momento, es posible que el filtro introducido en los cuadros comparativos permita tomar una decisión, pero habitualmente es necesario solicitar aclaraciones e información adicional que ayuden a valorar de una manera más ponderada a los finalistas. En procesos muy complejos, todavía resultarán necesarios una serie de pasos complementarios.

Puede ser que al informar a los no finalistas se presenten contraofertas, que se propongan reducciones de precios de difícil justificación que induzcan a sospechas de todo tipo. Sólo en situaciones muy bien razonadas debe ser aceptada una reducción de precios. En el caso de modificar los criterios de valoración, se podría empezar un nuevo ciclo de ofertas, con otros nuevos datos de mejora de la operación anterior.

Antes de tomar la decisión final se inicia otra parte del proceso con los finalistas: es necesario conocer la cultura corporativa y la estructura de la organización de cada empresa oferente. Para ello se tienen que realizar entrevistas entre los departamentos implicados de ambas empresas, cliente y proveedor, que permitan certificar en cada caso la viabilidad del proyecto, la consecución de los objetivos que se persiguen y la fiabilidad de que la elección que se tome será la más acertada. También será necesario visitar las instalaciones de los oferentes e incluso efectuar visitas a sus clientes, para conocer de primera mano la realidad y las potencialidades de los futuros proveedores de servicios logísticos.

Es preciso que todo quede escrito y debidamente concretado antes de tomar la decisión final.

4.3.5   La toma de decisión

Una vez evaluadas las ofertas sólo queda tomar la decisión final, donde culmina todo el proceso anterior. En este proceso de decisión es imprescindible:

- Elaborar un informe donde se argumente y defina la decisión.
- Describir en un documento cómo se pondrá en marcha la operación (por fases, áreas, etc.).
- Describir las implicaciones sociales en la empresa (incentivos, traslados o bajas laborales, posibles indemnizaciones, etc.).
- Preparar un proceso de homologación por cambios en la organización del cliente.

4.3.6   La homologación

En ocasiones, la complejidad del proyecto que se ha de desarrollar requiere un proceso previo de prueba a escala reducida, en unas condiciones que simulen el proyecto en su conjunto. Una posibilidad es realizar un test en una determinada zona con algunos clientes, en los que se puede también valorar la estacionalidad. Para llevar a cabo esta prueba hay que tener en cuenta:

- Acordar previamente las condiciones de la homologación.
- Acordar la evaluación de los resultados.
- Informar a todos los implicados para evitar errores e interferencias.
- Poner en marcha los mecanismos de medida adecuados.

Como se trata de una fase posterior a la toma de decisión, existen unas hipótesis previas y la homologación sólo confirmará o negará la validez de éstas.

Puede producirse el fracaso, por lo que es conveniente disponer de una posible alternativa. Ésta es la razón de que en ocasiones sea recomendable homologar a más de un proveedor, para evitar el riesgo de tener que reiniciar todo el proceso de una manera precipitada.

4.3.7   *El contrato de servicios*

No existe una postura definitiva sobre cuál es el modelo de contrato más correcto. A veces, su confección es lenta y supone un gran esfuerzo recoger todos los aspectos del proyecto, pero conviene esmerarse en su definición porque un contrato mal redactado puede derivar en situaciones de difícil renegociación.

En función de las características de cada proyecto, desde el principio del proceso ambas partes deben trabajar en la elaboración de las definiciones técnicas y en el marco de referencia legal.

Lo más fácil de pactar son las cláusulas de protección de activos, mercancías, precios, condiciones de pago, etc. y, en cambio, son más difíciles las relativas a eficiencias, puntualidades, niveles de servicio, etc. Además de ser imprescindible, la elaboración del contrato fuerza a un diálogo en profundidad entre las partes que van a suscribirlo.

Es aquí donde la definición de los ratios o índices de servicio encuadrados en el llamado «cuadro de gestión de mando» son un indicativo que se debe referenciar en los contratos y en el posterior seguimiento de los mismos.

Uno de los ratios más significativos es la calidad del servicio. Para indicar el nivel de servicio en un contrato se deben detallar todos los aspectos que sean penables y cuyo control evite posibles perjuicios para las partes que lo suscriben.

El sistema que hay que implantar para medir el nivel de calidad debería incluir los siguientes requisitos:

- Medidas del resultado de las operaciones logísticas, que marcarán la tendencia y la comparación con el objetivo. Responden a la pregunta: ¿cómo lo estoy haciendo?
- Medidas que sirvan para hacer el diagnóstico de las causas de unos resultados inferiores o superiores a los objetivos. Responden a la pregunta: ¿por qué?
- Medidas del impacto que tiene el nivel de servicio que se está proporcionando. Identifican las áreas de problemas y oportunidades de mejora del rendimiento.

Para crear los indicadores de gestión y ratios que se deben evaluar nos referimos con detalle en un capítulo posterior.

4.3.8 *La puesta en marcha, el seguimiento y la evaluación*

Una vez puesta en marcha la operación, es preciso realizar el seguimiento y la evaluación de los resultados alcanzados.

Teniendo en cuenta los parámetros que se habrán definido para llevar a cabo la medición de los objetivos, junto con el contrato, se puede realizar el seguimiento con el ya citado cuadro de control de gestión de la operación.

Es conveniente analizar y validar las hipótesis de partida de una forma periódica, ya que, aunque se estén obteniendo los objetivos esperados, puede ser que las condiciones iniciales y los parámetros de medición hayan cambiado por motivos diversos, por ejemplo el tipo de mercado o de clientes, las características de los pedidos, cambios en la propia organización o en la del proveedor, etc. Es en este momento cuando hay que tomar la decisión de renegociar o denunciar el contrato por ambas partes y pactar mejores condiciones.

Capítulo 10
Planificación de las cargas y las rutas

Cuando una organización dispone de una flota propia de vehículos para el transporte de distribución, el objetivo de la planificación de las cargas y las rutas es dar al cliente el nivel óptimo de calidad del servicio a un coste mínimo, considerando los costes fijos más los variables. La importancia de este objetivo depende de que sea una actividad crítica en el servicio que se presta al cliente.

Éste es siempre un factor difícil de valorar, ya que para algunas empresas es su único objetivo, como ocurre con los operadores de transporte de carga fraccionada o con las empresas con mucha densidad de puntos de distribución capilar (por ejemplo, las de alimentación, bebidas, etc.). En cambio, es totalmente diferente en empresas de transporte de carga completa, donde inciden otros elementos complementarios, por ejemplo los sistemas intermodales de transporte, los acuerdos tarifarios, la gestión del tiempo en el proceso global de transporte, etc.; aunque esto no significa que la planificación de las cargas y las rutas no sea importante en el escandallo del coste total del transporte.

1   La planificación de las cargas

Se puede efectuar el día anterior, habitualmente mediante sistemas informáticos integrados con las demandas o pedidos, con un horizonte de entre dos y cinco días, en función de las distancias o dificultades de obtener la flota requerida para algunos destinos.

La planificación de las cargas engloba los siguientes pasos:

1.1   *Relación de entregas por trayecto o ruta*

Se reciben desde el sistema de gestión integrada de pedidos de clientes o de los sistemas de reposición a almacenes. Las relaciones acostumbran a formalizarse por orden de recepción e indican la fecha y hora previstas de entrega o bien se reciben ya ordenadas por prioridades de entrega.

1.2 Agrupación de entregas por origen o destino

Se obtiene mediante un listado de cargas posibles con el detalle de su origen y destino. El proceso de organización para obtener dicho listado implica analizar:

- Las limitaciones de capacidad de los vehículos (volumen y peso).
- Las limitaciones en el tiempo de conducción y del conductor (horario de trabajo y tacógrafo).
- El ciclo de entregas en el recorrido (ventanas de horarios de entregas en cada parada del vehículo).
- Los tiempos de descarga en cada entrega en función del volumen y unidad de manipulación (palés, cajas, bidones…), así como el peso de cada unidad, los medios requeridos en el vehículo, los elementos de manutención y las infraestructuras de cada cliente.

1.3 Secuencia de planificación

En la planificación de las cargas se debe seguir una secuencia que incluya, al menos, los siguientes pasos:

- Fijar el tiempo de trayecto desde el almacén de carga al primer destino.
- Sumar el tiempo de descarga.
- Comprobar que no se ha superado el horario laboral del conductor.
- Verificar que no se ha superado la capacidad del vehículo.
- Añadir la siguiente carga por proximidad geográfica.
- Fijar el tiempo de trayecto desde el primer punto de entrega al segundo.
- Sumar el tiempo de descarga.

Se efectúa este ciclo repetitivo hasta que se supera alguna de las restricciones, por ejemplo, el horario laboral, la capacidad del medio de transporte, etc., hasta asegurar que todas las cargas están asignadas en uno o más vehículos.

Saber más…

Sistema de reexpedición *(cross docking)*
Se trata de un sistema de distribución para almacenes y centros de distribución fundamentado en la recepción, la clasificación y el envío de los productos sin el recurso de las existencias de un centro de almacenaje, ya que los productos recepcionados se preparan inmediatamente para ser reexpedidos a los establecimientos de venta al por menor.

1.4   *Alternativas de entrega y transporte*

Entre los diferentes modelos que se pueden utilizar, destacan:

- Envíos de larga distancia con múltiples entregas a lo largo del recorrido.
- Carga compuesta por partidas de grupaje a través de agencias de paquetería que actúan como puntos de consolidación y reexpedición.
- Envíos de larga distancia de carga completa y varias entregas, combinadas con la utilización de plataformas y sistemas de reexpedición *(cross docking)* de operadores logísticos para enlazar con sus rutas.
- Contactar con las empresas de transporte para programar las cargas según fechas y distancias:

  - Agencia de transportes (carga completa o fraccionada).
  - Operadores logísticos.
  - Transitarios (grupaje internacional).

- Realización de la carga en orden inverso a la secuencia de descarga (método del cangrejo).

2   Programación de rutas de transporte

La problemática relacionada con la programación de rutas de transporte varía según el sistema de flota y de contratación que se utilice, aunque las rutas pueden afectar a ambos, siempre que se refieran a cargas fraccionadas. En las cargas completas no suele haber problemas asociados importantes. Veamos cada una de ellas.

Enlaces en internet...

Sistemas de programación de rutas de transporte
- www.alerce.es
- www.bitmakers.com
- www.cdcsoftware.es
- www.ceaordenadores.com
- www.descartes.com
- www.incasgroup.com
- www.infor.es
- www.intelogistica.com
- www.opti-time.com
- www.solbyte.com
- www.vggaplicaciones.net

2.1   *Transporte por cuenta propia: flota propia*

Las flotas propias de empresas de transporte o de empresas que llevan a cabo algún tipo de distribución comercial (las de autoventa, por ejemplo) disponen de una base operativa a la que pertenecen los vehículos y los conductores. Por eso, si se opera en un ámbito local de reparto, habitualmente se tiene que prever que los conductores regresen todos los días a la base. En otros servicios de transporte de corta distancia, en ocasiones, también se impone este sistema por imperativos económicos o laborales (gastos adicionales acordados en convenios entre empresa y trabajadores, dietas, pluses...).

La programación de las rutas de transporte tiene las siguientes restricciones:

- Secuencia óptima de las descargas según el plazo de servicio.
- Minimizar las distancias y los tiempos recorridos.
- Optimizar el espacio (metros cúbicos) y el peso (toneladas) de los vehículos.
- Asegurar el retorno a la base.

2.2   *Transporte por cuenta ajena: flota subcontratada*

En el caso de operar con una flota subcontratada, las restricciones en la programación de las rutas de transporte son:

- Mínima distancia en relación con la racionalidad del recorrido, según la secuencia lógica de entregas o repartos.
- Programar el itinerario sin prever el retorno (si no está contratado en circuito cerrado).

3   Variables y características que se deben tener en cuenta

En la planificación de las cargas y rutas existe una serie de factores importantes que se deben tener en cuenta.

- **Objetivos**
  - Minimizar los costes de transporte.
  - Minimizar el uso de la flota.
  - Maximizar el servicio (cumplimiento de plazos).
  - Minimizar las distancias o los tiempos de recorrido.

- **Características de los productos**
  - Se debe prever si los productos que hay que transportar son compatibles o incompatibles.
  - Dimensiones (volumen, peso, largo, ancho, alto…).

- **Unidad de carga**
  - Uniforme o paletizada.
  - No uniforme (bultos, cajas, bidones…).

- **Dimensión de la flota**
  - Número de vehículos disponibles.

- **Tipo de flota**
  - Iguales o distintos tipos de vehículos, es decir, homogénea o heterogénea.
  - Capacidades de los vehículos.
  - Específica de un cliente o no.
  - Con restricciones por mantenimiento y paradas.

- **Ubicación de la flota**
  - Pertenece a una base fija o no.

- **Capacidad de los vehículos**
  - Limitada por las características del vehículo.
  - Limitada por el peso o volumen.

- **Demanda que hay que atender (puntos y volúmenes)**
  - Fija o semifija en el tiempo.
  - Aleatoria o variable en el tiempo.
  - Diurna o nocturna.
  - Entrega o recogida.

- **Secuencias de entrega**
  - Secuencias obligatorias.
  - Libertad total.

- **Horarios de entrega o recogida (ventanas de horarios)**
  - Determinables por el planificador.
  - Exigidas por el destinatario.
  - Impuestas por normativas municipales.

Figura 10.1. Pedidos preparados para su embarque y distribución en un almacén logístico del Grupo DIA, especializado en la venta minorista.

- **Ubicación de la demanda**
  - En puntos o nodos de la red.
  - A lo largo de los ejes de carreteras o circuitos periféricos.
  - Densidad de entregas/clientes/productos en una determinada área.

- **Red de transporte**
  - Muy definida y completa.
  - Local, regional, nacional, internacional…
  - Sin definir.

- **Áreas de influencia o servicio**
  - Barreras geográficas.
  - Ubicaciones de las existencias (almacenes, delegaciones…).

- **Tiempo de ruta**
  - Tiempo máximo de conducción asignado a la ruta.
  - Tipo de vehículo asignado a la ruta y conductor.
  - Sin asignación de tiempo, vehículo o conductor.

- **Personal**
  - Conductores especializados o versátiles.
  - Horario fijo por día o compensable por período.

- Posible asignación a rutas y vehículos.
- Asignación a turnos de trabajo.
- Garantía de carga de trabajo.
- Horarios con tacógrafo por conductor.

- **Retornos de los vehículos**
  - Posibilidad o no de retornos.
  - Necesidad o no de gestionarlos.

4 Rutas fijas o dinámicas

4.1 Rutas fijas

Son las que tienen una planificación sin cambios debido a:

- Puntos de entrega o de recogida fijos o semifijos.
- Volúmenes regulares de entregas o recogidas (baja estacionalidad o aleatoriedad).
- Pocas restricciones de clientes, vehículos, personal y red viaria.

- **Ventajas de las rutas fijas**
  - Los vehículos siguen una ruta regular de entrega cada día y las entregas son asignadas a estas rutas.
  - Generalmente, las entregas a los clientes se asignan en días fijos.
  - El cliente conoce con antelación el día e incluso la hora de entrega de la mercancía.
  - Menor carga de trabajo en la planificación, al ser más estándar la solución y no experimentar cambios.

- **Desventajas de las rutas fijas**
  - No asegura la ocupación completa de los vehículos.
  - Las entregas pueden superar la capacidad del vehículo.
  - Se puede provocar el aplazamiento de la fecha de la entrega.
  - Es más fácil que se produzca un fallo en la calidad de servicio.

4.2 Rutas dinámicas

Se pueden reprogramar diariamente en función de la demanda que hay que atender; sus características son:

- Variación de los puntos de entrega o recogida.
- Oscilaciones significativas en volúmenes para descargar o cargar en destino.
- Restricciones significativas de los clientes, vehículos, personal y red viaria.

Mediante sistemas informáticos de simulación y optimización se pueden definir rutas que minimicen la dedicación de conductores y el uso de vehículos, optimizando la relación distancias/tiempo de recorrido según las necesidades de cada día.

Estos sistemas permiten, a su vez, sobre la marcha y en tiempo real, reprogramar las rutas a causa de incidencias que puedan suceder en la actividad diaria (huelgas, cortes de circulación, accidentes, cambios de la demanda, avería del vehículo, etc.).

En la realidad, se deben tener en cuenta todos los factores y, en tiempo real, procurar su interactividad:

- Restricciones de los clientes → hora de entrega, tipo de vehículo...
- Redes viarias → congestión, cambios dirección de las calles...
- Personal → horarios, rotaciones, asignación a vehículos...
- Vehículos → mantenimiento, pertenencia a una base...

5   Tipos de rutas

Según la forma que adquiere su representación gráfica sobre un mapa, existen diferentes tipos de rutas:

- Arco o circunferencia.
- Área o regionales.
- Radial.

La forma que adopte la ruta suele depender de algunas variables:

- Por la técnica de programación, se pueden «forzar» tipos de rutas regionales.
- Por las características geográficas de la zona y la red viaria. Por ejemplo, si el almacén se encuentra en la encrucijada de dos valles, es probable que surjan rutas radiales.
- El régimen de transporte que se planifique. Si el vehículo tiene que volver a la base, por ejemplo, es lógico que se establezcan del tipo arco.
- Los tamaños de las entregas con relación a la capacidad del vehículo. Si se trata de cargas semicompletas se pueden realizar entregas troncales largas que terminen en dos o tres entregas al final de este tramo largo, por ejemplo.

6　Las entregas directas

La decisión de que la entrega de las mercancías sea con la fórmula de reparto (carga fraccionada), entrega directa (semicompleta) o mediante un operador logístico, pasando por un almacén o plataforma local, depende de la estructura de costes de transporte en estos tres regímenes y de sus costes de asociados. Es una decisión en la que también influyen las necesidades que impongan los plazos de entrega al cliente y la red viaria existente (urbana o regional).

Existe otro factor que hay que tener en cuenta en el sistema de entrega, dado que cuando se opta por la fórmula de reparto o por la del operador logístico, no sólo puede existir un coste adicional por una doble manipulación sino que, además, pueden asociarse tarifas de reexpedición desde las plataformas de los operadores de transporte que efectúan la entrega.

Por otro lado, en los recorridos de larga distancia con entregas a clientes diferentes, pueden surgir dificultades al encadenar dichas entregas junto a costes adicionales por cada una de ellas. A esto hay que sumar que el coste final depende de la distancia mayor que se recorra, la cual puede penalizar todas las demás entregas, aunque se hayan efectuado antes.

Si interviene un operador logístico, las entregas a través de sus plataformas pueden entenderse como un aprovisionamiento de carga completa de varias partidas a un solo destino y, desde allí, a través de un sistema de reexpedición *(cross docking),* enlazar con las entregas de este operador a su zona de influencia. La suma de todos los costes, tanto los de larga distancia (serán más baratos al ser carga completa) como los de entrega por rutas, puede proporcionar un precio más competitivo que las otras dos alternativas.

Existen variantes a este sistema de reexpedición. A veces, las entregas se pueden enviar totalmente identificadas y preparadas y, en cambio, en otras ocasiones la preparación de pedidos se realiza a partir de la llegada de los productos paletizados. En esta segunda opción el aprovechamiento de los vehículos suele ser más elevado, ya que en la primera resulta muy difícil mantener el pedido sobre unidades de envío que mejoren la optimización de la carga.

El reparto implica llevar a cabo una doble manipulación. No obstante, cada entrega directa adicional en vehículo de larga distancia implica un tiempo de acceso al cliente, otro de parada y, finalmente, el de descarga. El factor clave es si estos costes de desplazamiento entre puntos de descarga y parada son superiores o inferiores a los costes de manipulación local y reparto en vehículos más pequeños mediante operadores de transporte u operadores logísticos.

Analizaremos a continuación las variables que favorecen cada una de las tres opciones.

6.1   Reparto local (carga fraccionada)

- La necesidad de efectuar muchas entregas locales por cada vehículo equivalente de larga distancia; por ejemplo, semirremolque de 24 t.
- El abaratamiento de la manipulación local.
- La aparición de sistemas de gestión que agilicen la reexpedición de cargas en plataformas locales.
- El carácter netamente urbano de la zona de reparto.
- La necesidad de cumplir con plazos y horarios estrictos de descarga.
- La ausencia de costes de reexpedición.
- Una tarifa especial por entregas de un escalado superior; por ejemplo, de más de 3.000 kg por expedición.

6.2   Entregas directas semicompletas (operador de carga completa)

- El número reducido de puntos de entrega por viaje de vehículo de larga distancia.
- La proximidad entre puntos de entrega (dos o tres en menos de 10 km).

Saber más...

Distribución física
Parte del proceso logístico que abarca el flujo físico de productos terminados desde el lugar de producción hasta el de consumo. En función de la estructura organizativa en la que se integra, puede abarcar otras áreas de la logística como la previsión de ventas, la planificación de la producción, la cadena de transporte, el almacenamiento, el proceso de los pedidos, la distribución capilar, la recuperación de residuos e incluso el servicio de atención al cliente. Normalmente, el transporte de productos se efectúa mediante vehículos de hasta 7.500 MMA, en un ámbito urbano, con distancias inferiores a 50 km.

Distribución capilar
En el proceso de distribución de mercancías, es el transporte de diferentes expediciones, de un peso por expedición inferior a la carga útil del vehículo, con destinos relativamente cercanos (el suministro a la distribución detallista o al consumidor final), que mediante el itinerario optimiza la relación entre tiempo invertido, distancia recorrida y entregas efectuadas.

Distribución urbana de mercancías (DUM)
Es el transporte de mercancías que tiene lugar en el ámbito urbano para el aprovisionamiento de establecimientos comerciales, industriales o logísticos o para el abastecimiento directo del consumidor final.

Figura 10.2. La distribución urbana de mercancías incrementa la necesidad de optimizar los tiempos y las rutas de transporte. En la imagen, distribución de mercancías en una calle peatonal del centro urbano de Salamanca, durante el período establecido en las primeras horas de la mañana.

- La relación entre las tarifas de transporte de carga completa y los costes de almacén local y reparto con vehículos de menor tamaño.
- El abaratamiento de los costes de descarga de vehículos de larga distancia; por ejemplo, mediante sistemas de descarga automatizada.
- La mayor rapidez en la entrega y menos averías por las dobles o triples manipulaciones.
- Entrega de cargas paletizadas.
- En rutas de larga distancia, la incidencia del pago a mayor distancia de toda la mercancía con relación a sus entregas.

6.3   Plataforma de operador logístico

- Tipo de entrega y paletización.
- Tiempos de enlace entre el transporte de larga distancia y las rutas del operador.
- Áreas que cubre la plataforma logística del operador.
- Coincidencia con el tipo de cliente y canal de venta que ya entrega el operador.
- Costes de reparto en comparación con las otras alternativas.
- Mejor seguimiento y trazabilidad en el ámbito de entregas, reclamaciones y devoluciones junto con el control de la documentación.
- Falta de aplicación de tarifas de reexpedición.

7   Las técnicas de planificación de cargas y programación de rutas

Se suelen apoyar en la utilización de algoritmos de mayor o menor complejidad en función de las exigencias.

7.1   *El método de «ahorro de tiempos» (savings method)*

Fue inventado por Clarke y Wright y es el más utilizado para la planificación de rutas. Puede ser usado tanto para los sistemas informáticos como para los manuales. El dilema se plantea entre hacer dos servicios independientes o directos, o bien realizar dos entregas combinadas en un solo viaje:

$$AIJ = DOI + DOJ - DIJ$$

donde,

AIJ   = Ahorro de distancia o tiempos generado por realizar las entregas a los puntos I y J en secuencia.
DOI = Distancia o tiempos entre el almacén O y el destino I.
DOJ = Distancia o tiempos entre el almacén O y el destino J.
DIJ   = Distancia o tiempos entre los destinos I y J.

El método exige construir una matriz de ahorros de tiempo entre todos los pares de destinos posibles cuyos elementos son los AIJ. El primer enlace elegido es el que genera el ahorro máximo posible entre dos destinos I y J. La suma de las entregas a I y J es contrastada con las restricciones de capacidad del vehículo y con las de la disponibilidad de tiempo (horario) del conductor. Si es viable, se añade una entrega al viaje objeto del análisis. La siguiente entrega se suma a las anteriores en la ruta, incorporando aquella que a su vez presente el máximo «ahorro de tiempo» AIJ. Tras efectuar la misma, es preciso volver a comprobar que las limitaciones de capacidad y horario no han sido superadas. El proceso continúa hasta que todas las entregas han sido cargadas o bien hasta que todos los vehículos han sido saturados, en cuyo caso hay que posponer algunas entregas.

Algunos aspectos clave del método de «ahorro de tiempos» son:

- Los ahorros siempre son positivos o nulos (no negativos).
- Los ahorros son adicionales (el ahorro resultado de añadir una tercera entrega a una ruta se suma al de la segunda entrega).
- Cuanto más cerca están los puntos de entrega I y J, y más lejos del almacén de carga, mayor es el ahorro resultado de asociarlos en un solo viaje.

– Las rutas tipo arco generan normalmente mayores ahorros que los otros tipos. No obstante, la distancia total puede ser superior cuando el primer punto de descarga y el último están muy apartados del punto de origen de carga.

– Si la suma de las entregas es superior a la capacidad de los vehículos, serán necesarios múltiples viajes en paralelo con vehículos distintos. En particular para los que se encuentran cerca del almacén de origen.

– El número de vehículos necesarios es un resultado del cálculo y, por tanto, no puede ser restringido. Si son necesarios más de los disponibles, deben posponerse algunas entregas.

– El método puede funcionar con tiempos en lugar de distancias.

– Es difícil usar el método para combinar simultáneamente entregas con recogidas.

7.2 *Método trioptimal (N. Christofides)*

Este método es una adaptación del método del ahorro de tiempos para las situaciones en las que existe una limitación real en el número de vehículos disponibles.

7.3 *Método simplificado de reparto (SDS)*

El método SDS es probablemente el más simple de todos los métodos posibles, aunque no por ello deja de ser un método práctico y útil en determinadas circunstancias.
Consiste en los pasos siguientes:

– Dividir el territorio o área de servicio del almacén de carga en sus áreas.

– Asignar un código de dos caracteres a cada área. El primer carácter es del tipo alfa y el segundo es numérico.

– Los caracteres tipo alfa denotan las rutas principales, mientras que los numéricos permiten dimensionar las subáreas en función de características geográficas (por ejemplo, valles, montañas…) o agrupaciones de clientes (por ejemplo, polígonos industriales).

– Asignar a cada punto de entrega una subárea y, por tanto, un código de dos caracteres.

– El planificador de cargas y rutas actúa de la siguiente manera:

  - Todas las entregas son asignadas a su correspondiente casilla de subárea (código alfanumérico).

  - Las cargas son programadas empezando por la casilla más lejana al almacén de carga y continuando a lo largo de un carácter tipo alfa (por ejemplo, ruta).

- Si es necesario, el planificador puede «cruzar» dos rutas principales (dos alfas) con el fin de completar cargas, sólo cuando está cerca del almacén de origen.
- En cada paso, se debe comprobar la saturación del vehículo y de la jornada de trabajo y conducción, teniendo en cuenta los tiempos de desplazamiento, espera, descarga y conducción hasta el próximo destino.

Entre las ventajas del método SDS están las siguientes:

— Es un método simple y fácilmente informatizable.
— Refleja las rutas troncales principales y los accidentes geográficos o redes viarias (valles, autopistas…).
— Reproduce la lógica de trabajo a la que están habituados los responsables de transporte y los conductores.
— Permite planificar una distribución equilibrada y discrecional de las cargas para los diferentes conductores o transportistas.

Entre las desventajas del método SDS se encuentra que no es un método adecuado cuando la ruta «óptima» (la que minimiza los tiempos y vehículos) es muy variable debido a fuertes variaciones en el número y ubicación de los puntos de recogida y entrega.

7.4 *El método del «viajante de comercio» (travelling salesman)*

Este método es un algoritmo matemático de uso frecuente en los paquetes de sistemas informáticos de programación de rutas.

8 Los beneficios de la planificación de cargas y rutas

Permite generar beneficios en la función del transporte, valorándose una reducción de entre un 10 y un 20 % del coste total del mismo. Dependerá de la base de partida y de las complejidades de esta. Los apartados donde se pueden realizar mejoras son los siguientes:

— Reducción de horas extra de los conductores.
— Aumento de la utilización de la flota.
— Reducción de las distancias recorridas en carga y en vacío.
— Reducción de la carga administrativa.
— Incremento de los ingresos (empresas de transporte, operadores logísticos…).
— Mejora del servicio al cliente.
— Mayor trazabilidad en el seguimiento de clientes, costes y pedidos.

9   Indicadores de control de gestión

Una de las ventajas de utilizar sistemas informáticos y herramientas de gestión de elevadas prestaciones en la planificación de cargas y rutas es poder analizar por simulación la toma de decisiones. Esto se traduce en disponer de indicadores de productividad o servicio tan útiles como los siguientes:

- **Actividad**
  - Toneladas y kilómetros realizados por ruta, viaje, etc.
  - Número medio de entregas por viaje.
  - Porcentaje de tiempo activo por vehículo, por conductor, etc.

- **Productividad**
  - Toneladas entregadas / kilómetros de recorrido.
  - Número de entregas efectuadas / kilómetros de recorrido.

- **Ocupación**
  - Porcentaje medio de aprovechamiento de cargas / capacidad del vehículo.
  - Porcentaje de ocupación media del vehículo en una ruta dada.
  - Porcentaje de uso de vehículos propios o subcontratados.
  - Porcentaje de uso de conductores.

- **Servicio**
  - Porcentaje de entregas realizadas dentro del plazo previsto.
  - Plazo medio de entrega a cada punto.

- **Costes**
  El coste unitario tiene aplicación en cualquier índice de gestión, y es el coste por unidad de medida (hora conductor, coste por kilómetro, coste por hora de vehículo y conductor) o el cálculo del coste diferencial, según la simulación de una hipótesis u otra.

10   Tecnologías de la información y la comunicación en la gestión del transporte

10.1   *Las TIC en la planificación de las cargas y las rutas*

Las ventajas de la planificación de las cargas y las rutas mediante sistemas y soportes informáticos asociados a sistemas cartográficos se advierten mejor con un mínimo de carga de trabajo y se obtienen rentabilidades significativas. Por ello, es conveniente que la empresa usuaria de un sistema de planificación informatizado tenga un mínimo de rutas y de paradas por ruta, posiblemente más de un turno por jornada de trabajo y unos costes de transporte sostenidos a lo largo del año.

La evolución de estos sistemas es paralela a la de las tecnologías de la información y la comunicación (TIC), por lo que es conveniente calibrar las necesidades de la planificación y analizar a fondo las opciones que ofrece el mercado.

En general, las prestaciones de un sistema informático de planificación de cargas y rutas consisten en:

- Planificación diaria sistematizada de rutas e itinerarios del transporte.
- Planificación de la capacidad de carga de cada vehículo y de la flota.
- Gestión de flotas en una sola base o en varias bases.
- Cálculo de rutas e itinerarios a escala de callejero.
- Seguimiento y reprogramación de rutas para flotas en tiempo real, con respuesta inmediata a imprevistos como cambio del horario de servicio, avería de un vehículo, baja de un conductor, servicio urgente, etc.
- Gestión de usuarios múltiples, con la posibilidad de establecer una planificación central con control local.
- Gestión de las restricciones horarias impuestas por la propia empresa, los clientes o la normativa local.
- Simulación y análisis de escenarios para la adquisición de vehículos, reorganización de zonas, etc.
- Planificación estratégica.

Habitualmente los sistemas incluyen, entre otras funciones, bases de datos de mapas de carreteras, control con menús desplegables, editores de datos, geocodificación automática, cálculo de tiempos y distancias, planificación automatizada de itinerarios y funciones gráficas interactivas para modificarlos, gráficos de barras interactivos que visualizan la utilización del tiempo y los vehículos, así como tablas, filtros, macros e informes definidos por el usuario.

Asimismo, los sistemas pueden gestionar operativas con itinerarios que regresan o no a la base, trayectos con una o más paradas, itinerarios que combinan varios viajes o abarcan varios días, planificación diaria o semanal, entregas y recogidas, turnos detallados de diversos conductores y reglamentación relativa a las horas de trabajo de cada uno de ellos.

Las ventajas más destacadas de su uso son:

- Minimización de los kilómetros recorridos por la flota.
- Reducción de los costes de transporte.
- Incremento de la calidad en la atención al cliente.

- Mejoras en la gestión y el control del transporte.
- Reducción de los plazos de entrega.
- Mayor capacidad de respuesta a las necesidades de los clientes.
- Disminución de los costes administrativos.
- Fácil disposición de indicadores de control de gestión.
- Mayor facilidad para la toma de decisiones y alcanzar los objetivos estratégicos.

10.2   Las TIC en el seguimiento de las cargas

La información es un factor clave en la gestión de los flujos de mercancías. Ésta es una de las máximas necesidades expresadas en todos los ámbitos profesionales, independientemente de que se sea cargador, remitente, operador de transporte, proveedor, cliente final o intermediario de cualquier tipo.

Por este motivo, el seguimiento de la informacion debe cumplir varias funciones:

- *Trazabilidad,* como forma de poder responder en tiempo real a las necesidades que exija cualquier suceso y para conocer en qué estatus se encuentra el proceso fisico de la mercancia
- *Visibilidad,* como posibilidad de poder intervenir en el proceso de la cadena logística y no sólo en el área de los transportes, es decir, en un estadio de más elevada prestación de servicio al cliente en cualquiera de las relaciones con los proveedores.

La trazabilidad y la visibilidad son dos factores exigibles en la contratación y externalización de los servicios logísticos, especialmente en el ámbito del transporte por sus eslabones intermedios y por la forma en que éstos afectan al ciclo logístico.

Las tecnologías de la informacion y la comunicación permiten acceder en tiempo real y con un coste mínimo a estas prestaciones. La posibilidad de enviar y recibir informacion mediante internet facilita la resolución de estos requerimientos de los clientes.

Respecto al seguimiento de las flotas y de las cargas, las tecnologias más habituales son las siguientes:

- **GPS**
  Siglas de *global positioning system* o «sistema de posicionamiento global», gestionado por medio de satélites orbitales que transmite señales utilizadas para indicar el posicionamiento y la localización de un elemento fijo o móvil en cualquier lugar del globo terrestre, para fines de navegación y transporte o relacionados con actividades ganaderas, agrícolas, geodésicas, hidrográficas e investigaciones sobre el medio ambiente, entre muchas otras.

- **GSM**

  Siglas de *global system for mobile,* sistema estándar para la comunicación de teléfonos digitales móviles o celulares. Permite conocer la situación de un objeto según la ubicación triangulada de las antenas de repetición.

- **GPRS**

  Siglas de *general packet radio service* o «servicio general de paquetes vía radio», extensión del sistema GSM para el envío de información a mayor velocidad mediante la transmisión de datos no conmutada. La transferencia de datos de GPRS se comercializa por volumen de información transmitida.

- **UMTS**

  Siglas de *universal mobile telecommunications system* o «sistema universal de telecomunicaciones móviles», tecnología utilizada por los teléfonos móviles de tercera generación con capacidad multimedia, una alta velocidad de acceso a internet con transmisión de audio y vídeo en tiempo real, y la transmisión de voz con calidad similar a una red fija.

Capítulo 11
Las reglas Incoterms

1 Reglas para el comercio internacional

La complejidad de las operaciones de comercio internacional ha requerido que a lo largo del tiempo se hayan desarrollado un conjunto de figuras empresariales y profesionales con elevados grados de especialización. Unas están focalizadas en los procesos de transporte de las mercancías, otras se centran en la tramitación administrativa y aduanera, otras en los aspectos financieros de las operaciones, y aún otras en cubrir los riesgos económicos que entraña cada operación, entre las más significativas.

Poner en común los intereses de la parte compradora y la vendedora en una compraventa internacional, y aunar dichos intereses con los sectores profesionales que han de hacer viable la operación ha requerido articular procedimientos claros y precisos entre numerosas organizaciones, países y culturas. De esa necesidad se deriva la activa participación de las organizaciones corporativas internacionales en las que se agrupan las empresas que participan en cada sector, entre otras:

- Organización Marítima Internacional (OMI).
- Asociación Internacional de Transporte Aéreo (IATA). Organización Internacional del Transporte por Carretera (IRU).

- Organización Intergubernamental para los Transportes Internacionales por Ferrocarril (OTIF).
- Federación Internacional de Asociaciones de Transitarios (Fiata)
- Asociación Internacional de Agentes Profesionales de Aduana (ASAPRA).

De la articulación de procedimientos se han derivado numerosas normativas internacionales o recomendaciones que han requerido la implicación de otras organizaciones supranacionales, como la Organización Mundial del Comercio (OMC), el Fondo Monetario Internacional (FMI), o la Cámara de Comercio Internacional (CCI), por ejemplo.

Estas normativas y recomendaciones obedecen a que las operaciones de compraventa internacional de mercancías, a diferencia de las que se efectúan en el ámbito de un mismo país, conllevan una serie de procedimientos y condicionantes técnicos y administrativos que afectan decisivamente la manera en que se ha de pactar y desarrollar la transacción comercial y, particularmente, la entrega física de la mercancía.

En general, estos procedimientos y condicionantes se engloban en dos áreas de gestión: la financiera y la logística.

Poseer unos amplios conocimientos sobre gestión financiera del comercio internacional y una sólida experiencia profesional son la mejor garantía para elegir, por ejemplo, el medio de pago que ofrezca una mayor seguridad en cada operación.

De la misma manera, el conocimiento de la logística del comercio internacional y el poder contar con la colaboración de expertos profesionales son los mejores soportes para planificar un proceso logístico en el que las mercancías se desplazarán a través de áreas de almacenamiento, puertos o terminales de mercancías, y utilizarán diferentes modos o vehículos de transporte. Un escenario en el que también es necesario conocer el funcionamiento de los procesos documentales que afectan a las mercancías en el país de origen y en el de destino, y donde el más mínimo aspecto puede tener una considerable significación.

Así, por ejemplo, la distancia y las incidencias que puedan surgir en el trayecto entre el país en que se ubica la empresa vendedora y el de la compradora pueden incrementar los costos y los riesgos en el transporte. Una operación de compraventa internacional puede llegar a ser impracticable, entre otros motivos, por el precio de los fletes, las dificultades que entrañen las gestiones aduaneras o las sucesivas manipulaciones sobre las mercancías (en el trasbordo entre modos de transporte, en los traslados en las terminales portuarias, etc.).

Otro aspecto digno de consideración concierne a la legislación que debe dar cobertura a una operación de comercio internacional. Cada país o área económico-fiscal, puede tener una legislación que proporciona cobertura jurídica dentro del territorio en el que ha sido aprobada, pero que no puede aplicarse fuera de su dominio, motivo por el cual surge la dificultad de decidir cuál debe ser la reglamentación aplicable a la transacción.

Asimismo, conviene tener siempre presente los factores relativos a la cultura de cada lugar. Esto abarca a la lengua, a las costumbres y a las prácticas comerciales, así como a los entornos sociales. Todos estos aspectos pueden ser muy diferentes entre las partes y suscitar, así, distintas interpretaciones y valoraciones sobre sus obligaciones y la existencia o no de incumplimientos en las condiciones de entrega de las mercancías (lugar y momento de la entrega, embalajes empleados, etc.) y sobre quién recaería la responsabilidad de los mismos.

En las primeras décadas del siglo xx, ante la evidencia de que era necesario establecer una normativa que sirviera de referente para regular este tipo de situaciones, la Cámara de Comercio Internacional (CCI) desarrolló en 1936 las reglas Incoterms° (acrónimo de *International Commercial Terms*). La finalidad fundamental de esta iniciativa fue contribuir a la seguridad jurídica en las operaciones internacionales de compraventa de mercancías y a la homogeneización de las condiciones de entrega de las mismas. Desde su primera publicación, estas reglas han sido revisadas periódicamente y se han adaptado a los sucesivos cambios en el ámbito del comercio internacional, si bien la versión más reciente en el momento de la edición de esta guía reconoce de igual modo la aplicación de las reglas Incoterms a las transacciones efectuadas en un mismo país o área económico-fiscal, siempre que así lo acuerden las partes.[1]

De todo ello se infiere la necesidad de comprender y usar correctamente estas reglas, pues, si bien su aplicación no es obligatoria, su contribución al entendimiento entre las partes vendedora y compradora las hace recomendables. En tal caso, las empresas deben reflejarlo claramente en el contrato de compraventa refiriéndose a la versión en la que se amparan, esto es, la más reciente.

Saber más...

contrato de compraventa internacional
Es el documento comercial que dos o más partes suscriben como expresión formal de un acuerdo de compraventa internacional de mercancías. Además de describir las partes compradora y vendedora y las empresas intermediarias o agencias que puedan intervenir, así como los bienes objeto de la transacción, se estipulan con detalle los términos del acuerdo, en particular los plazos o períodos de tiempo a que haya lugar, el importe, las condiciones de pago, el lugar y las condiciones de entrega de los bienes (tipo de transporte, embalaje, etc.), las responsabilidades que cada parte firmante asume y cualquier otra consideración que estas deseen expresar sobre la operación. En el contrato de compraventa internacional de mercancías se debe indicar también la regla Incoterms que se haya acordado.

---

[1] Para ampliar la información acerca de la descripción y la utilización de las reglas Incoterms, véase *Manual de uso de las reglas Incoterms 2020*, de Alfonso Cabrera Cánovas (Marge Books, Barcelona, 2020).

2 Finalidad y alcance de las reglas Incoterms

Tienen como finalidad delimitar los derechos y las obligaciones de las partes que suscriben un contrato de compraventa internacional en lo que concierne a las condiciones de entrega de la mercancía objeto de la transacción. Esto se concreta básicamente en dar respuesta a cinco cuestiones clave:

- Qué obligaciones contrae cada parte (compradora y vendedora) de acuerdo con lo convenido en el contrato de compraventa en relación con la entrega de la mercancía.
- Qué costos asume cada parte en relación con la contratación del transporte y el conjunto de operaciones que pueden producirse en la cadena logística (embalaje, carga y estiba en los vehículos, desestiba y descarga, etc.)
- Qué parte asume el riesgo de la mercancía durante su transporte, el coste de su seguro, y hasta o desde qué punto del trayecto existe cobertura de dicho seguro, en el caso de que se haya contratado.
- Qué parte está obligada a realizar los despachos de aduanas, en caso de que sean necesarios.
- Cuál es el lugar y el momento de la entrega de la mercancía y de la transmisión de riesgos de la empresa vendedora a la compradora.

Conviene tener en cuenta que, con todo, las reglas Incoterms no constituyen un contrato de compraventa por sí mismas, dado que no regulan ciertos aspectos determinantes para una transacción comercial; por ejemplo, la legislación que se debería aplicar en caso de incumplimiento de las condiciones comerciales que se pacten.

2.1 *Aspectos regulados por las reglas Incoterms*

Las reglas Incoterms definen en diez epígrafes los compromisos a los que pueden sujetarse las empresas vendedora y compradora respecto a la entrega de la mercancía:

Saber más...

despacho de aduanas
Conjunto de tramitaciones y operaciones logísticas que deben realizarse sobre las mercancías en un recinto aduanero para gestionar la entrada o salida física de las mismas en un determinado territorio (país, área económico-fiscal, etc.).

- **Obligaciones de la empresa vendedora**

  1. Suministro de la mercancía y de la factura comercial en las condiciones acordadas en el contrato de compraventa.
  2. Licencias, autorizaciones, acreditaciones de seguridad y otras formalidades, incluido el despacho de exportación o importación.
  3. Contratos de transporte y seguro.
  4. Entrega de la mercancía.
  5. Transmisión de riesgos.
  6. Reparto de costos.
  7. Notificación a la empresa compradora de la entrega de la mercancía.
  8. Documentos y prueba de entrega.
  9. Comprobación, embalaje y marcado de la mercancía.
  10. Ayuda con la información y los costos relacionados.

- **Obligaciones de la empresa compradora**

  1. Pago del precio de la mercancía convenido en el contrato de compraventa.
  2. Licencias, autorizaciones, acreditaciones de seguridad y otras formalidades, incluido el despacho de exportación o importación.
  3. Contratos de transporte y seguro.
  4. Recepción de la mercancía.
  5. Transmisión de riesgos.
  6. Reparto de costos.
  7. Notificación a la empresa vendedora de la recepción de la mercancía.
  8. Documentos y prueba de entrega.
  9. Inspección de la mercancía.
  10. Ayuda a la parte vendedora con la información que solicite y los costos relacionados.

2.2 *Aspectos no regulados por las reglas Incoterms*

Los siguientes aspectos, esenciales para la transacción comercial de compraventa de mercancías, quedan fuera del alcance de las reglas Incoterms, si bien su negociación puede verse afectada por las condiciones de entrega convenidas:

- Condiciones del contrato de transporte entre las empresas vendedora o compradora con la porteadora.
- Transmisión de la propiedad de la mercancía.

- Precio de la compraventa, medios y plazo de pago.
- Normativa aplicable en caso de incumplimiento del contrato, su resolución y jurisdicción.
- Exoneraciones de responsabilidades debidas a la mercancía.

Así pues, ambas partes deben pactar las condiciones referidas a estos ámbitos y expresarlas debidamente y con la mayor precisión posible en el contrato de compraventa.

Aunque las reglas Incoterms no regulan expresamente los medios de pago internacionales, existe una estrecha relación entre ambos, que es preciso tener en cuenta para evitar disfunciones que dificulten el cobro de la operación y poder tramitar de manera adecuada determinados medios de pago, como los documentarios, por ejemplo. En el caso de que se utilice como medio de pago un crédito documentario, las obligaciones que asume la empresa vendedora en el contrato de compraventa en cuanto a las condiciones de entrega, es necesario que coincidan con las que se compromete documentalmente en la formalización de dicho crédito.

Nótese que las reglas Incoterms solo son aplicables a los contratos de compraventa de mercancías, de modo que la comercialización de servicios queda fuera de su alcance.

QUIÉN DEBE CONOCERLAS REGLAS INCOTERMS

Las partes vendedora y compradora de una operación de compraventa internacional deben comprender y usar correctamente estas reglas. Aunque su aplicación no es obligatoria, son imprescindibles para el entendimiento entre todos los agentes y los equipos profesionales que intervienen en el comercio internacional.

Agentes de la cadena de suministro internacional

• Empresas exportadoras e importadoras.	• Servicios financieros.
• Empresas transitarias - Agentes de carga.	• Consultoras de comercio exterior.
• Consignatarias.	• Almacenistas.
• Agentes de aduanas.	• Distribuidoras.
• Empresas operadoras de la logística internacional.	• Servicios de seguridad.
• Transportistas por carretera.	• Empresas consejeras de seguridad.
• Operadoras ferroviarias.	• Equipos gestores de centros de transporte.
• Navieras.	• Equipos gestores de puertos comerciales.
• Operadoras de carga aérea.	• Responsables de comercio exterior de la administración pública.
• Aseguradoras.	

Tabla 11.1.

3   Las reglas Incoterms E - F - C - D

Las reglas Incoterms 2020 comprenden once reglas que se identifican por sus siglas en inglés. La tabla 11.2 muestra la relación de dichas siglas con sus correspondientes descripciones en inglés y en español.

Desde la perspectiva de las obligaciones y las responsabilidades asumidas por la empresa vendedora, las reglas Incoterms pueden clasificarse en cuatro categorías que agrupan dichas reglas de acuerdo con la letra inicial de sus correspondientes siglas y según el lugar de entrega de la mercancía:

- **Reglas E:** entrega en origen en las instalaciones de la empresa vendedora

  La empresa vendedora pone la mercancía a disposición de la compradora en sus propias instalaciones.

- **Reglas F:** entrega en origen sin pago del transporte principal por la empresa vendedora

  La empresa vendedora entrega la mercancía en el medio de transporte contratado por la compradora o en el lugar que esta designe en origen.

REGLAS INCOTERMS 2020

Sigla	*Descripción*	
EXW	*Ex works*	En fábrica
FCA	*Free carrier*	Franco porteador
FAS	*Free alongside ship*	Franco al costado del buque
FOB	*Free on board*	Franco a bordo
CFR	*Cost and freight*	Costo y flete
CIF	*Cost, insurance and freight*	Costo, seguro y flete
CPT	*Carriage paid to*	Transporte pagado hasta
CIP	*Carriage and insurance paid to*	Transporte y seguro pagados hasta
DAP	*Delivered at place*	Entregada en lugar
DPU	*Delivered at place unloaded*	Entregada en lugar descargada
DDP	*Delivered duty paid*	Entregada derechos pagados

Tabla 11.2. Siglas y descripciones correspondientes a las reglas Incoterms 2020.

- **Reglas C:** entrega en origen con pago del transporte principal por la empresa vendedora

    La empresa vendedora contrata el transporte principal hasta destino, pero entrega la mercancía y transmite los riesgos en origen.

- **Reglas D:** entrega en destino

    La empresa vendedora asume todos los costos y riesgos necesarios para transportar la mercancía hasta su destino.

4   Riesgos y costos

Desde el momento en que la empresa vendedora inicia las acciones necesarias para poner la mercancía a disposición de la compradora, se originan una serie de riesgos y costos derivados de múltiples factores, como la distancia entre los puntos de origen y destino, la naturaleza y el tipo de mercancía (bultos sueltos, carga paletizada, graneles, carga contenerizada, etc.), el medio o medios de transporte utilizados, etc. Entre los principales riesgos y costos figuran los siguientes:

- En el punto de origen de la mercancía

    - Verificación de la mercancía, embalaje y configuración de las unidades de carga.
    - Carga, estiba y trincaje en el medio de transporte interior.
    - Transporte interior (en el país de origen).
    - Despacho de aduana de salida.
    - Manipulación de la mercancía en el puerto o la terminal de salida.
    - Transporte principal.
    - Seguro.

- En el punto de destino de la mercancía

    - Manipulación de la mercancía en el puerto o la terminal de entrada.
    - Despacho de aduana de entrada.

Saber más...

transporte principal
Es el segmento o tramo de mayor duración y recorrido del trayecto global de una cadena de transporte que se realiza utilizando un único medio de transporte (buque, ferrocarril, camión, avión, etc.).

– Transporte interior (en el país de destino).
– Recepción, descarga y desestiba de la mercancía.
– Seguro.

Generalmente, la empresa vendedora asume todos los riesgos hasta el punto de entrega convenido y en la fecha o el período acordado. Las posibilidades respecto al punto de entrega son muy diversas, desde la entrega en origen o en destino, hasta la entrega en un punto determinado del recorrido que hará la mercancía (en las terminales de salida o de llegada, a bordo del buque, en una plataforma de distribución, etc.) y en una fecha o un período determinados.

Es en el punto de entrega cuando se produce la transmisión de riesgos, de modo que a partir de él los posibles riesgos y daños sobre la mercancía durante el transporte, y todos los que se deriven de la cadena logística a partir de ese momento, pasan a ser asumidos por la empresa compradora.

Del mismo modo, en lo que se refiere a los costos, la empresa vendedora se ha de hacer cargo de todos aquellos que se originan con motivo de la entrega de la mercancía en el punto y el momento que se hayan convenido.

Así pues, al pactar las condiciones del contrato de compraventa, las empresas vendedora y compradora deben analizar, valorar y acordar con la máxima precisión:

* Cuáles son los riesgos y costos derivados de la operación de compraventa de la mercancía.
* Qué parte y en qué medida debe asumir dichos riesgos y costos.
* En qué lugar y punto precisos tiene lugar la transmisión de riesgos de la empresa vendedora a la compradora.

5 Contratos de transporte

Las reglas Incoterms, pese a las ineludibles implicaciones que de su aplicación se derivan en cuanto a la contratación del transporte, conciernen únicamente a aspectos relacionados con la compraventa de la mercancía.

Los contratos de transporte se inscriben en las normativas reguladoras correspondientes según el medio o medios de transporte que se utilicen en cada caso y su ámbito de aplicación.

Al margen de las reglas Incoterms acordadas, en el contrato de transporte solo son aplicables las condiciones que se hayan pactado entre la empresa transportista y la cargadora, su cliente, sea esta la parte compradora o la vendedora en la operación comercial.

Es una práctica habitual que las cotizaciones de transporte se soliciten indicando la regla Incoterms acordada, así como que en las cartas de porte se especifique dicha regla como indicación de a quién le corresponde asumir el costo del transporte.

6 Pólizas de seguro

Respecto a la contratación del seguro de transporte, solo es obligatoria en condiciones CIF y CIP. En ambos casos, la empresa vendedora debe contratar un seguro que cubra los riesgos de la compradora en relación al transporte de la mercancía y con la cobertura y condiciones que especifican dichas reglas (ambas partes pueden, de mutuo acuerdo, ampliar la cobertura o concretar las condiciones del seguro).

Aunque en el resto de las condiciones de entrega, cada parte decide si quiere asegurar la operación y en qué condiciones, no cabe duda de que todo transporte está sujeto a unos riesgos que recomiendan la suscripción de una póliza de seguro que cubra los que cada parte haya asumido, en función del lugar de entrega y la transmisión de riesgos que se haya acordado.

7 Despachos aduaneros de exportación e importación

Estos trámites, cuando proceden (no es el caso en las operaciones de compraventa efectuadas en un mismo país o área económico-fiscal), conllevan la gestión de los despachos aduaneros correspondientes y de su documentación.

En todos los casos, el despacho aduanero de exportación lo asume siempre la empresa vendedora (exportadora), salvo en condiciones EXW.

Asimismo, el despacho aduanero de importación recae siempre en la empresa compradora (importadora), excepto en condiciones DDP.

8 Modos de transporte

Según el modo de transporte para el que han sido concebidas, las reglas Incoterms se clasifican, en la versión de 2020, en los siguientes grupos:

- **Reglas Incoterms polivalentes o multimodales**
  Son adecuadas para toda aquella operación que conlleve transporte por carretera, ferroviario, aéreo o multimodal, incluido el transporte multimodal contenerizado con fase de transporte marítimo, así como la combinación de cualquiera

de estos modos (excepto el marítimo de puerto a puerto). Esta categoría comprende las reglas:

EXW	*Ex works*	En fábrica
FCA	*Free carrier*	Franco porteador
CPT	*Carriage paid to*	Transporte pagado hasta
CIP	*Carriage and insurance paid to*	Transporte y seguro pagados hasta
DAP	*Delivered at place*	Entregada en lugar
DPU	*Delivered at place unloaded*	Entregada en lugar descargada
DDP	*Delivered duty paid*	Entregada derechos pagados

- **Reglas Incoterms para transporte marítimo y vías navegables interiores**
  Son adecuadas para toda aquella operación que conlleve transporte de carga general no contenerizada, fraccionada, graneles, etc., de puerto a puerto. Esta categoría comprende las reglas:

FAS	*Free alongside ship*	Franco al costado del buque
FOB	*Free on board*	Franco a bordo
CFR	*Cost and freight*	Costo y flete
CIF	*Cost, insurance and freight*	Costo, seguro y flete

Reglas Incoterms 2020

	EXW	FCA local vendedor	FCA otro lugar	FAS	FOB	CFR	CIF	CPT	CIP	DAP	DPU	DDP
Envase y embalaje	●	●	●	●	●	●	●	●	●	●	●	●
Otros costos de exportación: documentos, certificaciones…	●	●	●	●	●	●	●	●	●	●	●	●
Carga de la mercancía en el vehículo de transporte inicial		●	●	●	●	●	●	●	●	●	●	●
Despacho de exportación		●	●	●	●	●	●	●	●	●	●	●
Transporte inicial			●	●	●	●	●	●	●	●	●	●
Transporte hasta terminal			●	●	●	●	●	●	●	●	●	●
Costos en terminal de origen: THC, tasas y otros				●	●	●	●	●	●	●	●	●
Carga a bordo					●	●	●	●	●	●	●	●
Transporte principal						●	●	●	●	●	●	●
Seguro de transporte	●	●	●	●	●	●	●	●	●	○	○	○
Descarga en terminal										●	●	●
Costos en terminal de destino: THC, tasas y otros										●	●	●
Despacho de importación												●
Transporte de terminal a destino										●	●	●
Descarga de la mercancía del vehículo de transporte final											●	

● Costo a cargo de la empresa vendedora.

Costo a cargo de la empresa compradora.

● ○ No es obligatoria la contratación del seguro como condición de una regla Incoterms, pero se indica la parte, vendedora o compradora, a la que le conviene plantearse su contratación por soportar mayoritariamente los riesgos del transporte. En general, es conveniencia de la compradora desde EXW a CPT, mientras que convendrá mayoritariamente a la vendedora desde DAP a DDP.

Tabla 11.3. Obligaciones de las partes vendedora y compradora en cada regla Incoterms.

9   Las reglas Incoterms 2020

9.1   Reglas E. Entrega en origen en las instalaciones de la empresa vendedora

Estas condiciones de entrega son las que implican menos obligaciones para la empresa vendedora, y se expresan únicamente mediante la regla multimodal EXW, que permite su aplicación utilizando cualquier modo de transporte o las posibles combinaciones entre ellos (carretera, marítimo, aéreo y ferroviario).

- **EXW** *(ex works):* **en fábrica**

Lugar de entrega y transmisión de riesgos

En condiciones EXW, la empresa vendedora cumple con su compromiso de entrega de la mercancía y transmite los riesgos sobre ella al ponerla a disposición de la empresa compradora en sus propias instalaciones o en otro lugar convenido (fábrica, almacén, depósito, plataforma de distribución, etc.), sin cargarla en el vehículo de transporte que habrá enviado la parte compradora.

Para evitar incidencias en la entrega, es conveniente que la empresa compradora incluya la operación de carga (incluso de estiba y amarre, en su caso) cuando contrate el servicio de transporte, y se asegure de que la empresa transportista cuenta con los medios necesarios para dicha operación o, en caso contrario, los ponga a su disposición.

Corresponden a la empresa vendedora los gastos de acondicionamiento de la mercancía para el transporte, que debe estar correctamente embalada y marcada.

La empresa compradora debe proporcionar a la vendedora una prueba de recepción de la mercancía.

Despacho de aduanas

Cuando sea de aplicación, es responsabilidad de la empresa compradora la realización de los trámites aduaneros de exportación en el país de origen, así como los de importación en el de destino y, en su caso, los de tránsito a través de países terceros.

La empresa vendedora debe facilitar a la compradora la documentación que esta le solicite para la realización de dichos trámites y el pago de sus costos.

EXW *(exworks):* en fábrica

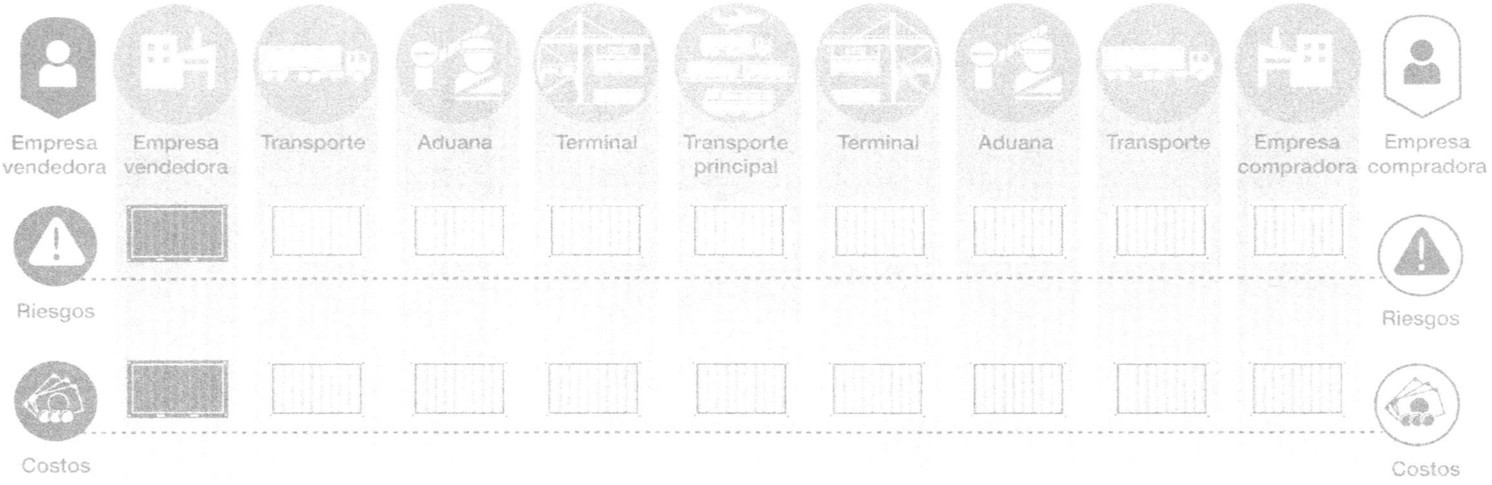

La operación de carga en el vehículo de transporte es siempre responsabilidad de la empresa compradora, por lo que debe ser ella misma o la transportista contratada por esta la que la efectúe, inclusive cuando la mercancía vaya a combinarse con otros envíos para formar unidades de carga mayores o camiones completos.

La empresa vendedora entrega la mercancía al ponerla a disposición de la compradora en sus propias instalaciones sin cargarla en el vehículo que envía la empresa compradora. Esta última asume todos los costos y riesgos desde ese momento.

Modos de transporte y mercancías

La regla EXW es multimodal y permite su aplicación a cualquier modo de transporte que se utilice o las posibles combinaciones entre ellos (carretera, marítimo, aéreo y ferroviario).

La empresa compradora asume la totalidad del transporte y del conjunto de operaciones que configuren la cadena logística hasta destino, de sus riesgos y sus costos.

EXW es una regla Incoterms que se utiliza particularmente en envíos de paquetería y pequeñas cargas de fácil manipulación, en operaciones de compraventa de ámbito nacional o dentro de una misma región económico-fiscal, como por ejemplo la Unión Europea.

Seguros

Dado que la regla EXW implica un mínimo de obligaciones para la empresa vendedora, es la compradora quien ha de decidir si asegura los riesgos de la operación.

9.2   Reglas F. Entrega en origen sin pago del transporte principal

Estas condiciones de entrega establecen que la empresa vendedora debe entregar la mercancía para su transporte en el país de origen, de acuerdo con las instrucciones de la compradora.

Este grupo comprende la regla multimodal FCA y las marítimas FAS y FOB.

- **FCA** *(free carrier):* **franco porteador**

Lugar de entrega y transmisión de riesgos

En condiciones FCA, la empresa vendedora cumple con sus obligaciones y transmite los riesgos al entregar la mercancía a la empresa transportista contratada por la compradora en el lugar designado en el país de origen. La entrega de la mercancía puede convenirse de dos modos:

- **FCA instalaciones de la empresa vendedora,** cuando esta asume la carga de la mercancía en sus propias instalaciones a bordo del vehículo de transporte contratado por la compradora. A partir de dicho momento, la empresa compradora asume los costos y los riesgos sobre la mercancía.

FCA instalaciones de la empresa vendedora *(free carrier):* franco porteador

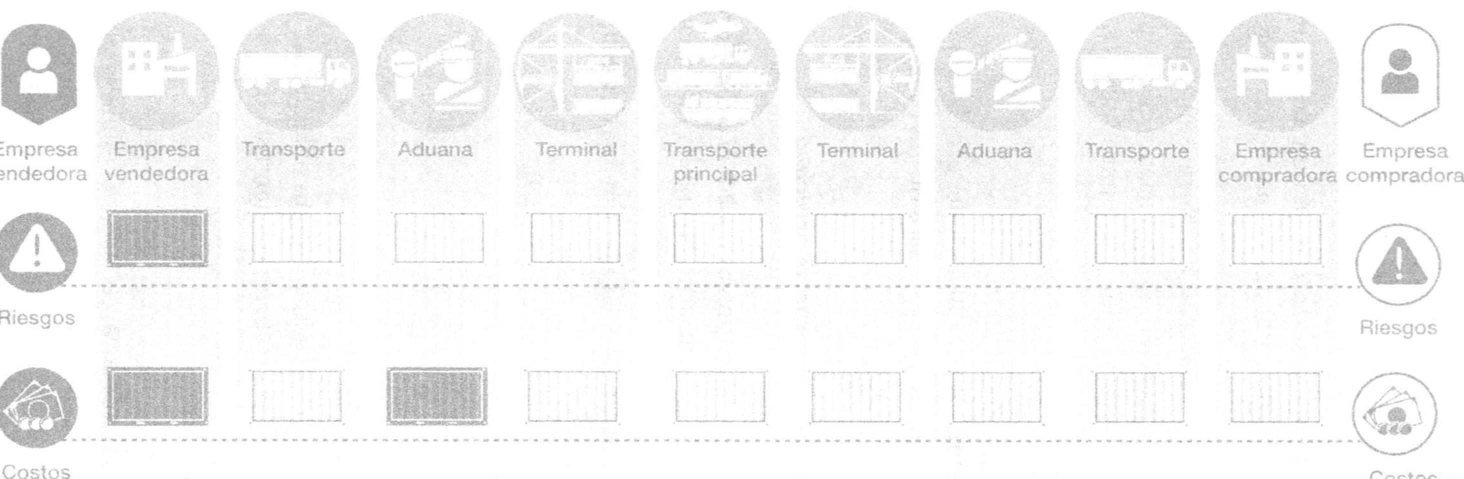

La empresa vendedora entrega la mercancía, despachada de exportación, una vez cargada sobre el vehículo que la empresa compradora envía a sus instalaciones. Desde ese momento, los costos y riesgos siguientes corresponden todos a la empresa compradora.

FCA otro lugar *(free carrier)*: franco porteador

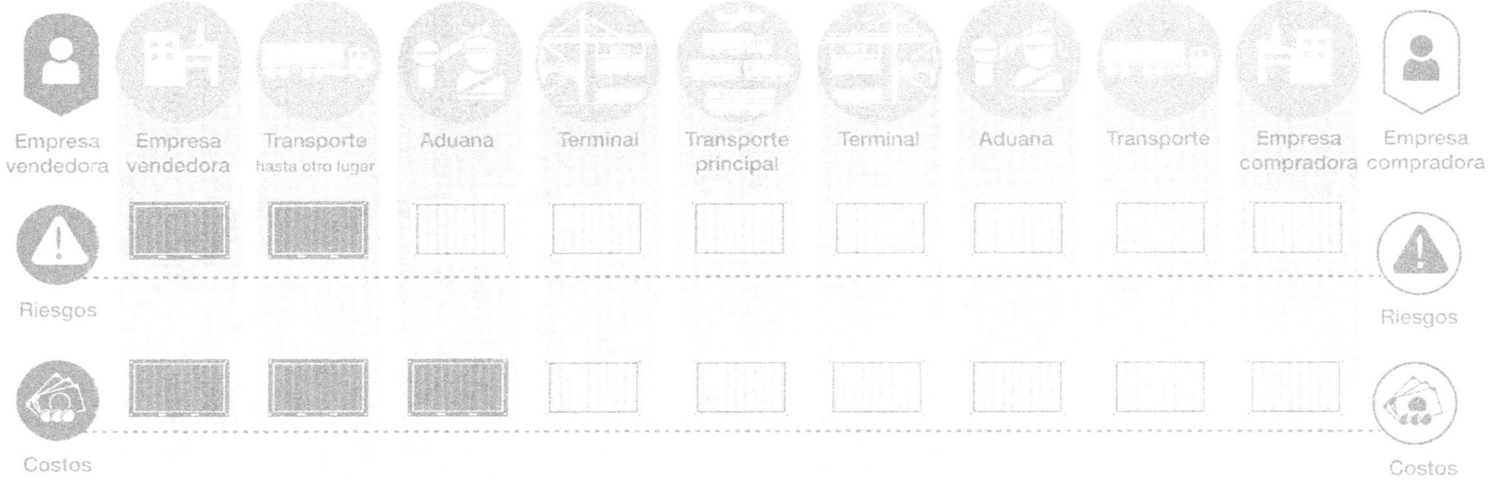

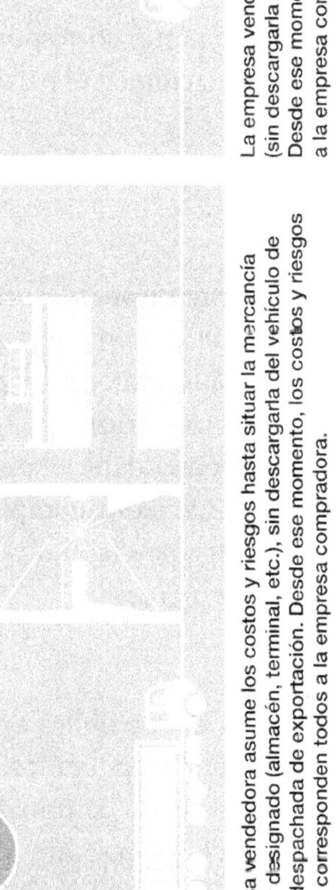

La empresa vendedora asume los costos y riesgos hasta situar la mercancía en el lugar designado (almacén, terminal, etc.), sin descargarla del vehículo de llegada y despachada de exportación. Desde ese momento, los costos y riesgos siguientes corresponden todos a la empresa compradora.

La empresa vendedora entrega la mercancía en el lugar acordado (sin descargarla del vehículo con que la transporta) y despachada de exportación. Desde ese momento, los costos y riesgos siguientes corresponden todos a la empresa compradora.

– **FCA otro lugar,** cuando la empresa vendedora asume un primer transporte hasta otro punto acordado (un centro de carga aérea; una terminal de contenedores, portuaria o ferroviaria, almacén de una empresa transitaria, etc.) y entrega la mercancía sobre el vehículo preparada para su descarga. Desde ese momento, la parte compradora asume los costos y los riesgos y es ella la responsable de descargar la mercancía del vehículo en el lugar designado para la entrega.

En ambos casos, la empresa vendedora debe proporcionar a la compradora el documento probatorio usual de la entrega de la mercancía, que esta tiene la obligación de aceptar.

Despacho de aduanas

La aplicación de la regla FCA exige que sea la parte vendedora quien realice el despacho de exportación, cuando sea de aplicación, en la aduana del país de origen.

Por su parte, corresponderán a la empresa compradora los trámites aduaneros de importación en el país de destino y, en su caso, los de tránsito a través de países terceros.

La empresa vendedora debe facilitar a la compradora la documentación que esta le solicite para la realización de dichos trámites y el pago de sus costos.

Modo de transporte y mercancías

La regla FCA es multimodal y permite su aplicación a cualquier modo de transporte que se utilice o las posibles combinaciones entre ellos (carretera, marítimo, aéreo y ferroviario).

Es recomendable el uso de la regla FCA si la mercancía viaja en contenedor, ya sea en contenedor completo (en cuyo caso se desaconseja utilizar la regla FOB) o con carga parcial. Lo es también si se emplea transporte por carretera, en carga completa o grupaje.

Seguros

La regla FCA no obliga a contratar una póliza de seguro, pero ambas empresas han de decidir si aseguran los riesgos de la operación, la vendedora hasta la entrega de la mercancía y la compradora a partir de ese momento, cuando asume el conjunto de operaciones restantes de la cadena logística hasta el destino.

- **FAS** *(free alongside ship):* **franco al costado del buque**

Lugar de entrega y transmisión de riesgos

En condiciones FAS, la empresa vendedora cumple con sus obligaciones y transmite los riesgos al entregar la mercancía al costado del buque contratado por la compradora en la terminal del puerto de embarque designado y en la fecha acordada. Desde ese momento, los costos y riesgos del conjunto de la cadena logística, incluida la carga, la estiba o el trimado en el buque, corresponden a la empresa compradora.

La empresa vendedora debe proporcionar a la compradora el documento probatorio usual de la entrega de la mercancía, en este caso emitido por una operadora marítima o portuaria.

Siempre que la empresa compradora lo solicite, la vendedora debe prestarle la ayuda necesaria para que esta, a su propio costo y riesgo, pueda obtener el documento de embarque o cualquier otro documento marítimo.

Despacho de aduanas

La aplicación de la regla FAS exige que sea la parte vendedora quien realice el despacho de exportación, cuando sea de aplicación, en la aduana del país de origen.

Por su parte, corresponderán a la empresa compradora los trámites aduaneros de importación en el país de destino y, en su caso, los de tránsito a través de países terceros.

La empresa vendedora debe facilitar a la compradora la documentación que esta le solicite para la realización de dichos trámites y el pago de sus costos.

Modo de transporte y mercancías

La regla Incoterms FAS se emplea preferentemente cuando se trata de compraventa de graneles, bienes de equipo, maquinaria pesada, grandes volúmenes, etc., y se va a utilizar transporte marítimo o por vías navegables para su traslado.

No es aconsejable la regla FAS si la mercancía viaja en contenedor, en su lugar es recomendable el uso de la regla FCA.

Seguros

La regla FAS no obliga a contratar una póliza de seguro, pero ambas empresas han de decidir si aseguran los riesgos de la operación, la vendedora hasta la entrega de la mercancía y la compradora a partir de ese momento, cuando asume el conjunto de operaciones restantes de la cadena logística hasta el destino.

FAS *(free alongside ship):* franco al costado del buque

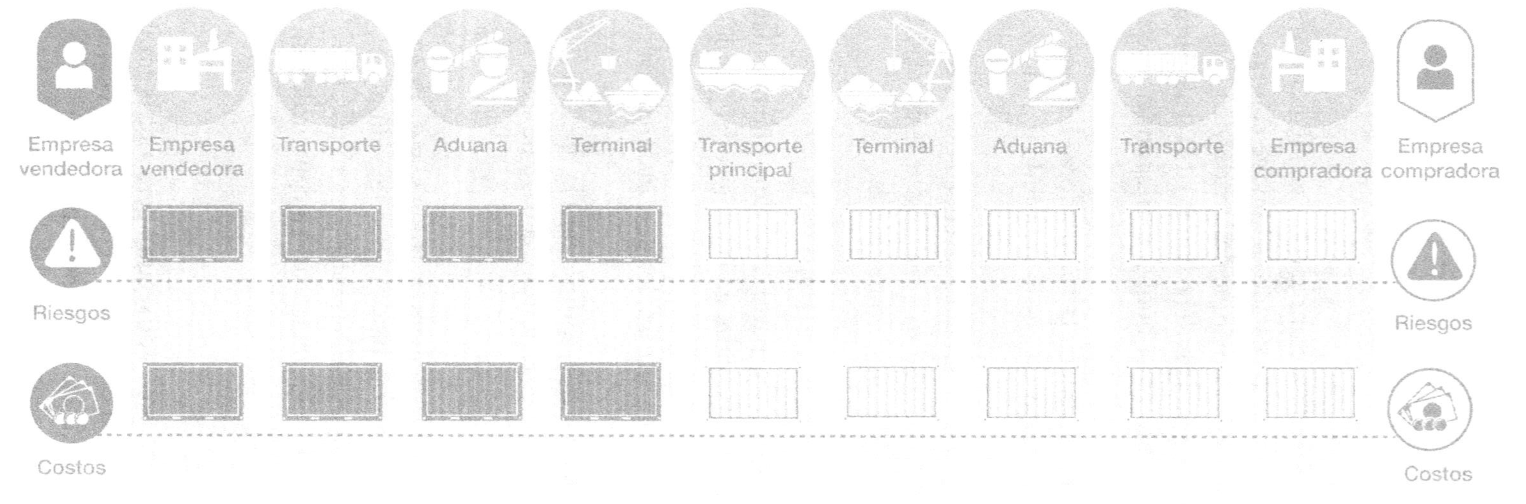

La empresa vendedora asume los costos y riesgos hasta situar la mercancía, despachada de exportación, al costado del buque en la terminal del puerto de embarque. Desde ese momento, los costos y riesgos (carga a bordo del buque, estiba, transporte y otros en destino) corresponden todos a la empresa compradora.

• FOB *(free on board):* franco a bordo

Lugar de entrega y transmisión de riesgos

Esta regla, de frecuente uso en las operaciones de compraventa internacional, establece que la empresa vendedora cumple con sus obligaciones y transmite los riesgos al entregar la mercancía a bordo del buque contratado por la compradora en el puerto de embarque convenido.

Aun cuando la empresa compradora haya contratado el flete en condiciones de línea regular *(liner terms)* y, por tanto, este incluya los costos de carga y estiba, la transmisión de riesgos desde la empresa vendedora solo tiene lugar cuando la mercancía ha sido puesta a bordo del buque.

La empresa vendedora debe proporcionar a la compradora el documento probatorio de la entrega de la mercancía a bordo del buque en el puerto de origen, que en este caso puede consistir en un recibo de embarque emitido por el primer oficial del buque.

Es usual como prueba de entrega el conocimiento de embarque, que formaliza el contrato de transporte marítimo y que también puede ser gestionado por la empresa vendedora a porte debido.

En cualquier caso, siempre que la empresa compradora lo solicite, la vendedora debe prestarle la ayuda necesaria para que esta, a su propio costo y riesgo, pueda obtener el documento de embarque o cualquier otro documento marítimo.

Es adecuado utilizar la regla FOB cuando se producen operaciones de compraventa durante el trayecto marítimo, ya que establece que la entrega debe realizarse a bordo del buque o «proporcionando la mercancía así entregada», es decir, una vez embarcada, y dado que el conocimiento de embarque desempeña la función de título valor.

Despacho de aduanas

La aplicación de la regla FOB exige que sea la parte vendedora quien realice el despacho de exportación, cuando sea de aplicación, en la aduana del país de origen.

Por su parte, corresponderán a la empresa compradora los trámites aduaneros de importación en el país de destino y, en su caso, los de tránsito a través de países terceros.

La empresa vendedora debe facilitar a la compradora la documentación que esta le solicite para la realización de dichos trámites y el pago de sus costos.

FOB *(free on board):* franco a bordo

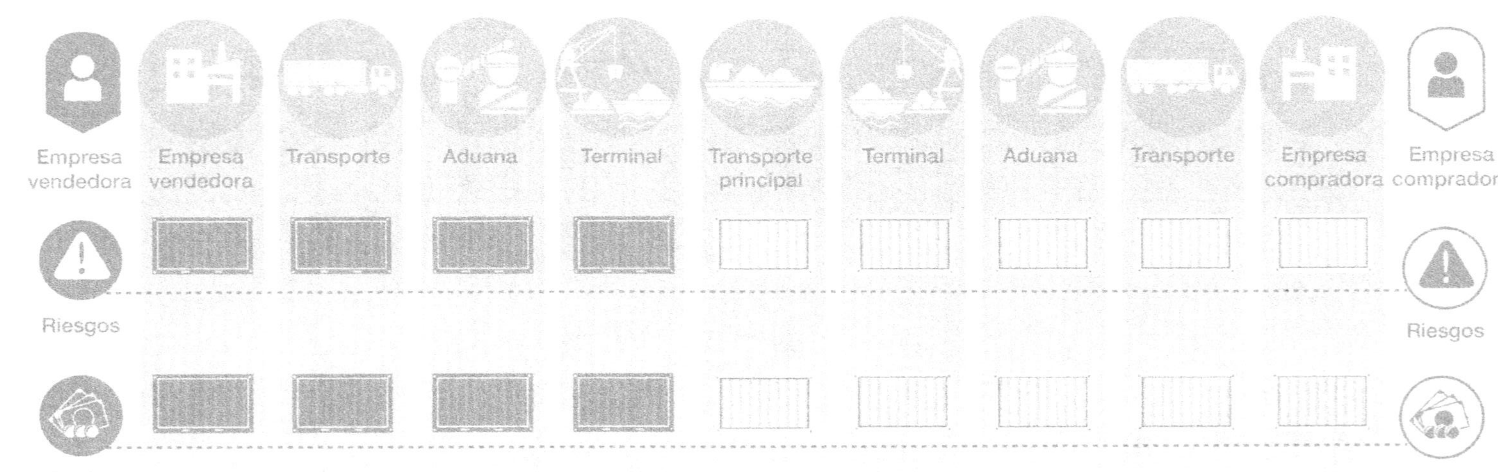

La empresa vendedora asume los costos y riesgos hasta situar la mercancía, despachada de exportación, a bordo del buque en el puerto de embarque. Desde ese momento, los costos y riesgos (transporte y otros en destino) corresponden todos a la empresa compradora.

FOB con contenedor

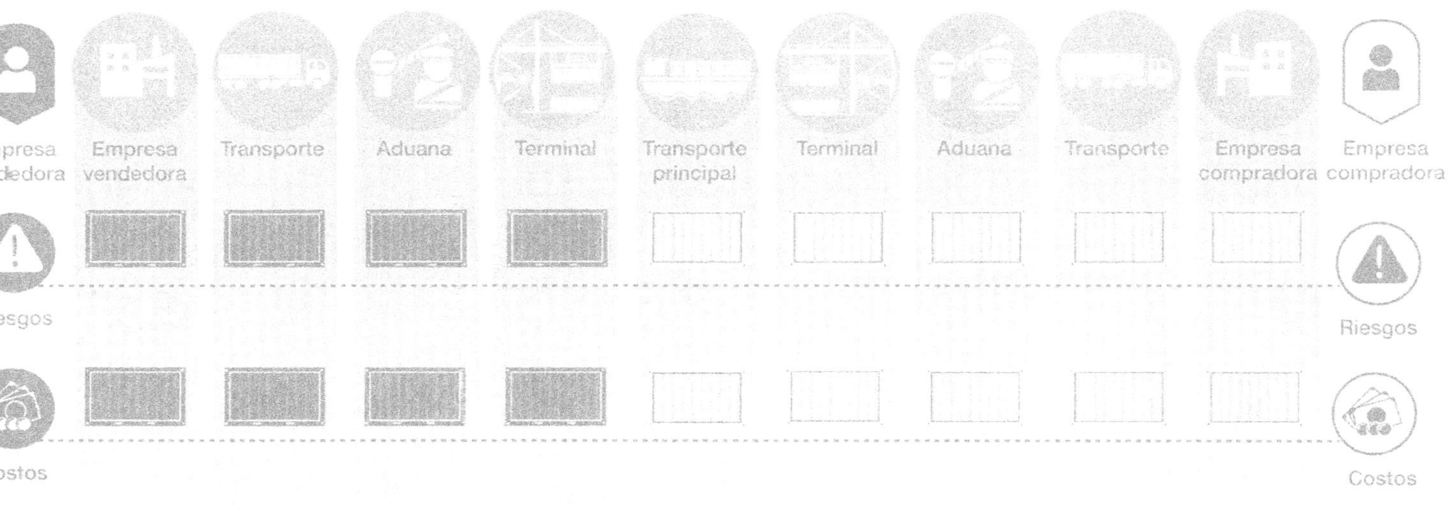

La empresa vendedora asume los costos y riesgos hasta situar el contenedor, despachado de exportación, a bordo del buque en el puerto de embarque. A partir de este punto, los costos y riesgos (transporte y otros en destino) corresponden todos a la empresa compradora.

Modo de transporte y mercancías

El uso de la regla FOB se extiende a la compraventa de todo tipo de mercancías, desde las que se transportan como graneles, carga fraccionada o general (cajas, bidones, fardos, sacos, etc., en unidades sueltas o agrupadas en palés), maquinaria pesada, piezas voluminosas o contenedores, entre otras, siempre que se vaya a utilizar transporte marítimo para su traslado.

No es aconsejable la regla FOB si la mercancía viaja en contenedor, en cuyo caso es más recomendable el uso de la regla FCA.

Seguros

La regla FOB no obliga a contratar una póliza de seguro, pero ambas empresas han de decidir si aseguran los riesgos de la operación, la vendedora hasta la entrega de la mercancía a bordo del buque y la compradora a partir de ese momento, cuando asume el conjunto de operaciones restantes de la cadena logística hasta el destino.

9.3   *Reglas C. Entrega en origen con pago del transporte principal*

Estas condiciones de entrega se caracterizan principalmente por el hecho de que, pese a que la empresa vendedora asume el costo del transporte principal de la mercancía, los riesgos de él derivados recaen sobre la compradora, dado que la entrega y transmisión de riesgos tiene lugar en origen, como ocurre con las reglas de los grupos E y F. La diferencia estriba en que, en condiciones C, es la empresa vendedora la que contrata el transporte, con lo que asume más costos, aunque no más riesgos.

Este grupo comprende las reglas Incoterms marítimas CFR y CIF y las multimodales CPT y CIP.

- **CFR** *(cost and freight):* **costo y flete**

Lugar de entrega y transmisión de riesgos

Mediante la regla CFR, la empresa vendedora se obliga a asumir todos los costos y el flete necesarios para transportar la mercancía hasta el puerto de destino convenido, sin descargar la mercancía del buque. Sin embargo, la entrega y transmisión de riesgos tiene lugar una vez que la mercancía ha sido colocada a bordo del buque. En caso de que en el transporte se produzca uno o más transbordos de la mercancía en diferentes puertos, se considera que la mercancía se entrega en el primero de ellos, en el de embarque.

CFR *(cost and freight)*: costo y flete

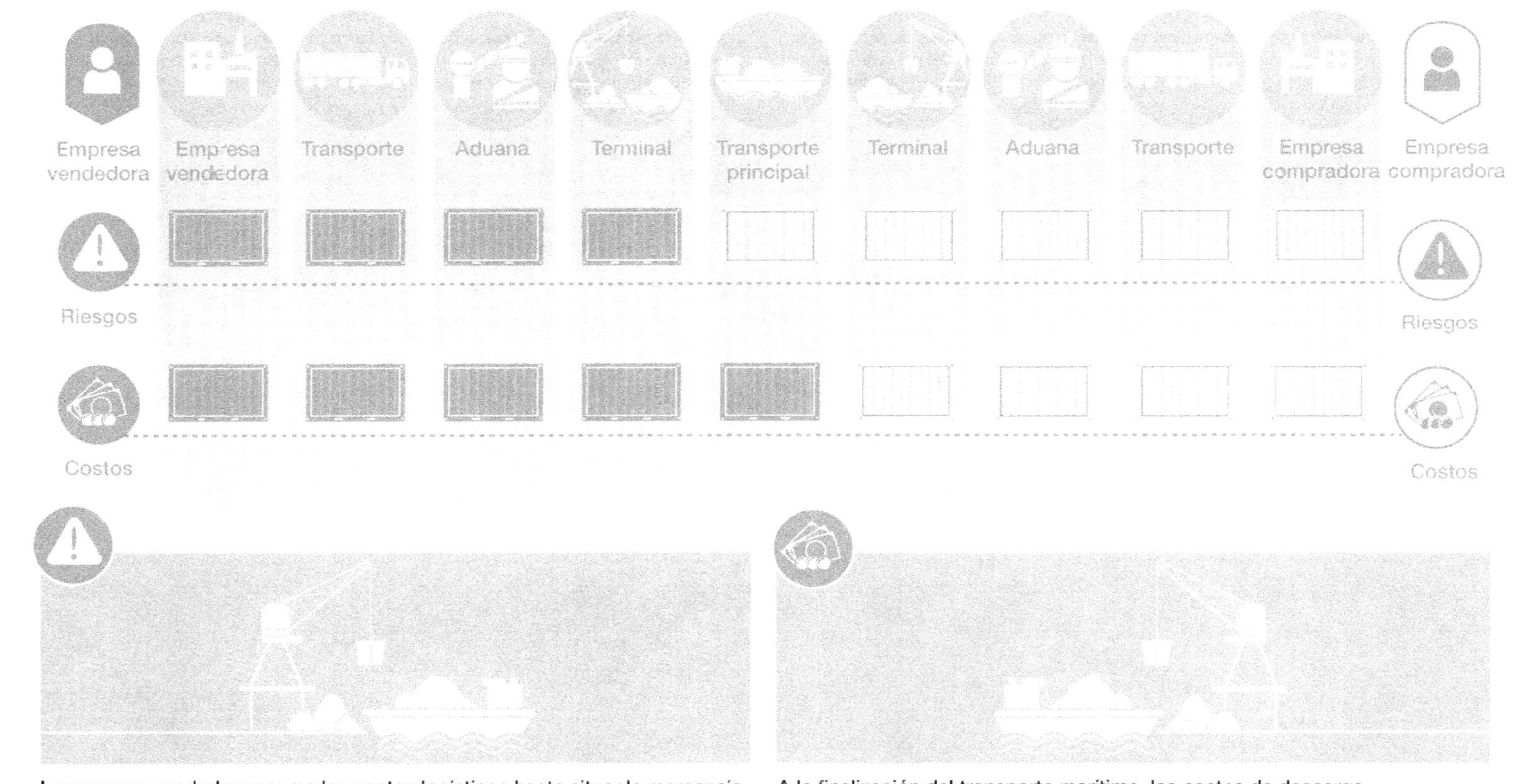

La empresa vendedora asume los costos logísticos hasta situar la mercancía en el puerto de destino designado, si bien la entrega y la transmisión de riesgos a la compradora se producen una vez que la mercancía se encuentra a bordo del buque en el puerto de embarque.

A la finalización del transporte marítimo, los costos de descarga en el puerto de destino corresponden a la empresa compradora, a menos que el contrato de transporte de la vendedora los incluya.

CFR con contenedor

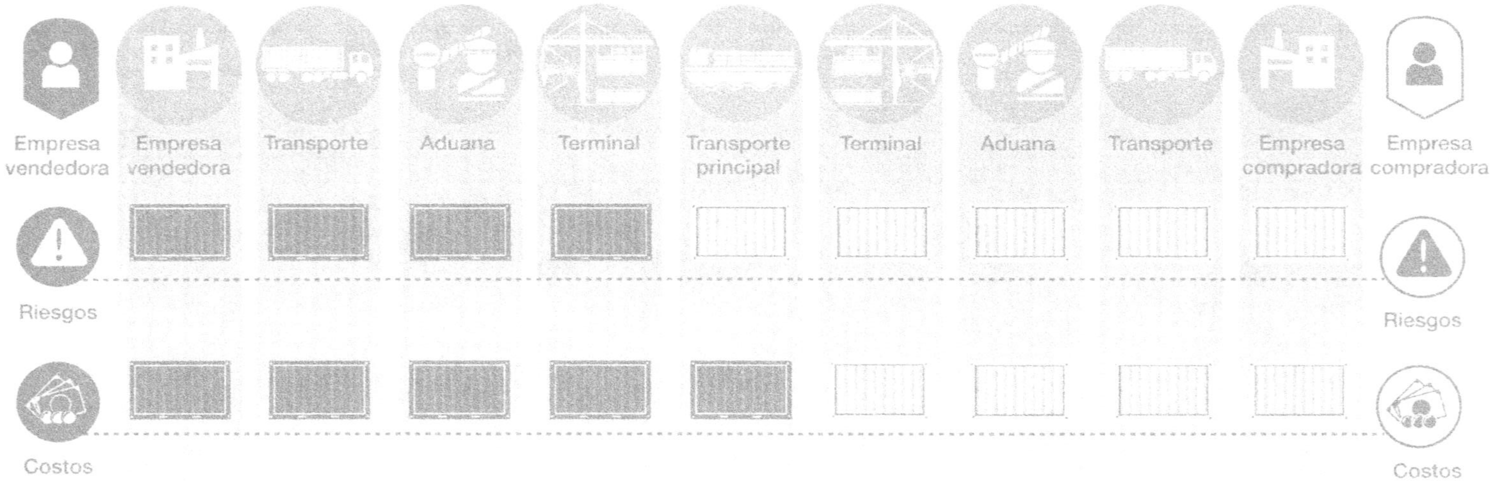

La empresa vendedora asume los costos logísticos hasta situar el contenedor en el puerto de destino designado, si bien la entrega y la transmisión de riesgos a la compradora se producen una vez que el contenedor se encuentra a bordo del buque en el puerto de embarque.

A la finalización del transporte marítimo, los costos de descarga del contenedor en el puerto de destino corresponden a la empresa compradora, a menos que el contrato de transporte de la vendedora los incluya, hecho que suele producirse cuando se contratan servicios de transporte de contenedores en línea regular.

Siendo que la empresa vendedora asume una parte significativa de los costos de transporte, en lo que concierne a las cláusulas contractuales de carga y descarga o términos de embarque de transporte marítimo, puede contratar el flete en condiciones LIFO *(liner in, free out),* que incluirá el costo de las operaciones de carga y estiba de la mercancía en el puerto de origen, mientras que la desestiba y descarga en el puerto de destino serán por cuenta de la empresa compradora o de su consignataria.

Utilizando la regla CFR, también es posible pactar que los gastos de descarga en el puerto de destino corran a cargo de la empresa vendedora, para lo que debe indicarse la condición CFR *landed* (desembarcado) y acordar dicha operación con la compañía naviera.

La empresa vendedora debe proporcionar a la compradora el documento de transporte usual (originales del conocimiento de embarque marítimo, BL o *bill of lading)* que permita a esta retirar la mercancía en el puerto de destino convenido. El documento deberá incluir la expresión «flete prepagado» *(freight prepaid),* conforme que ya ha sido abonado en origen.

Es adecuado utilizar la regla CFR cuando se producen operaciones de compraventa durante el trayecto marítimo, ya que establece que la entrega debe realizarse a bordo del buque o «proporcionando la mercancía así entregada», es decir, una vez embarcada, y dado que el conocimiento de embarque desempeña la función de título valor.

Despacho de aduanas

La aplicación de la regla CFR exige que sea la parte vendedora quien realice el despacho de exportación, cuando sea de aplicación, en la aduana del país de origen.

Por su parte, corresponderán a la empresa compradora los trámites aduaneros de importación en el país de destino y, en su caso, los de tránsito a través de países terceros.

La empresa vendedora debe facilitar a la compradora la documentación que esta le solicite para la realización de dichos trámites y el pago de sus costos.

Modo de transporte y mercancías

La regla CFR se utiliza en la compraventa de muy diferentes tipos de mercancías, desde las que se transportan como graneles, carga fraccionada o general (cajas, bidones, fardos, sacos, etc., en unidades sueltas o agrupadas en palés), maquinaria pesada, piezas voluminosas o contenedores, entre otras, siempre que se vaya a utilizar transporte marítimo para su traslado.

No obstante, si la mercancía viaja en contenedor, es más recomendable el uso de la regla CPT.

Seguros

La regla CFR no obliga a contratar una póliza de seguro, pero ambas empresas han de decidir si aseguran los riesgos de la operación, la vendedora hasta la entrega de la mercancía a bordo del buque y la compradora a partir de ese momento.

- **CIF** *(cost, insurance and freight):* **costo, seguro y flete**

Lugar de entrega y transmisión de riesgos

Mediante la regla CIF, la empresa vendedora se obliga a asumir todos los costos y el flete necesarios para transportar la mercancía hasta el puerto de destino convenido, sin descargar la mercancía del buque. Sin embargo, la entrega y transmisión de riesgos tiene lugar una vez que la mercancía ha sido colocada a bordo del buque. En caso de que en el transporte se produzca uno o más transbordos de la mercancía en diferentes puertos, se considera que la mercancía se entrega en el primero de ellos, en el de embarque.

Siendo que la empresa vendedora asume una parte significativa de los costos de transporte, en lo que concierne a las cláusulas contractuales de carga y descarga o términos de embarque de transporte marítimo, puede contratar el flete en condiciones LIFO *(liner in, free out),* que incluirá el costo de las operaciones de carga y estiba de la mercancía en el puerto de origen, mientras que la desestiba y descarga en el puerto de destino serán por cuenta de la empresa compradora o su consignataria.

Utilizando la regla CIF, también es posible pactar que los gastos de descarga en el puerto de destino corran a cargo de la empresa vendedora, para lo que debe indicarse la condición CIF *landed* (desembarcado) y acordar dicha operación con la compañía naviera.

La empresa vendedora debe proporcionar a la compradora el documento de transporte usual (originales del conocimiento de embarque marítimo, BL o *bill of lading)* que permita a esta retirar la mercancía en el puerto de destino convenido. El documento deberá incluir la expresión «flete prepagado» *(freight prepaid),* conforme que ya ha sido abonado en origen.

Es adecuado utilizar la regla CIF cuando se producen operaciones de compraventa durante el trayecto marítimo, ya que establece que la entrega debe realizarse a bordo del buque o «proporcionando la mercancía así entregada», es decir, una vez embarcada, y dado que el conocimiento de embarque desempeña la función de título valor.

CIF *(cost, insurance and freight):* costo, seguro y flete

La empresa vendedora asume los costos logísticos hasta situar la mercancía en el puerto de destino designado, si bien la entrega y la transmisión de riesgos a la compradora se producen una vez que la mercancía se encuentra a bordo del buque en el puerto de embarque.

A la finalización del transporte marítimo, los costos de descarga en el puerto de destino corresponden a la empresa compradora, a menos que el contrato de transporte de la vendedora los incluya.

CIF con contenedor

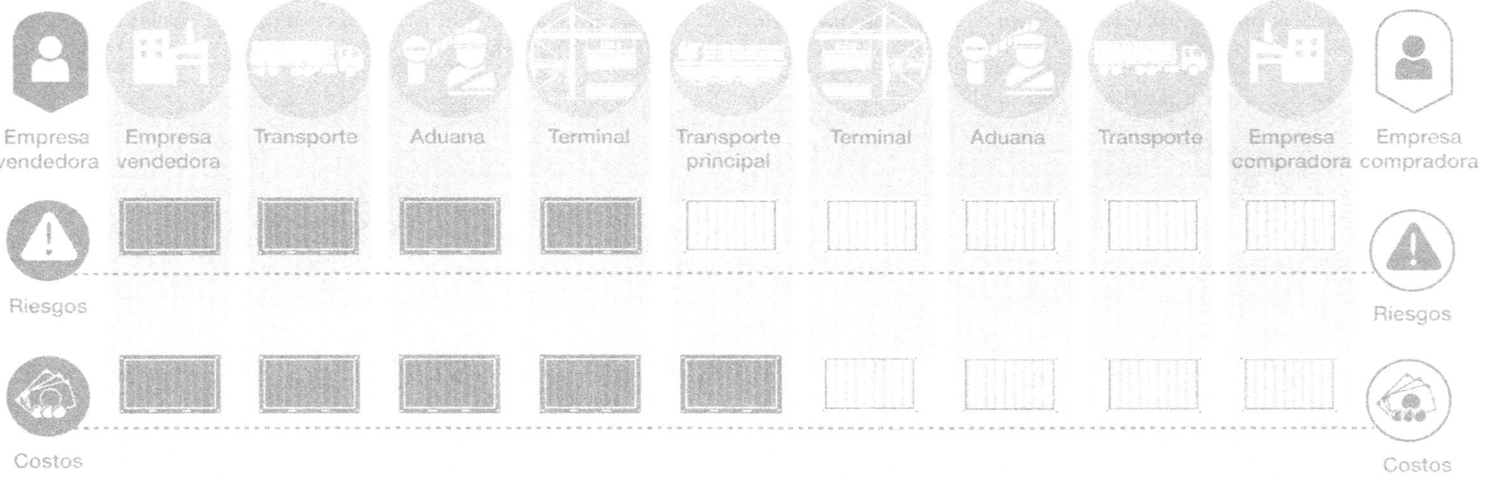

La empresa vendedora asume los costos logísticos hasta situar el contenedor en el puerto de destino designado, si bien la entrega y la transmisión de riesgos a la compradora se producen una vez que el contenedor se encuentra a bordo del buque en el puerto de embarque.

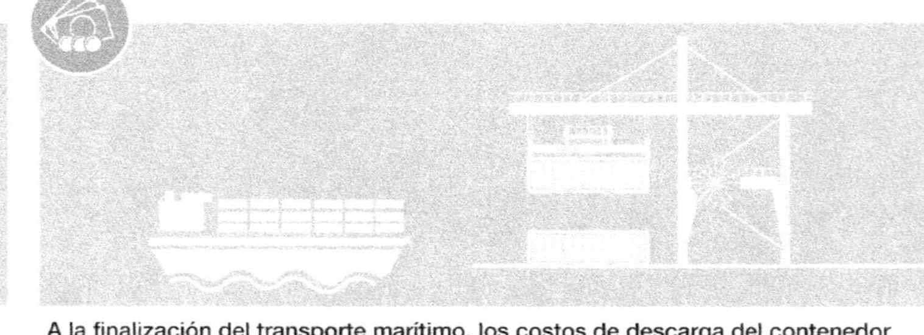

A la finalización del transporte marítimo, los costos de descarga del contenedor en el puerto de destino corresponden a la empresa compradora, a menos que el contrato de transporte de la vendedora los incluya, hecho que suele producirse cuando se contratan servicios de transporte de contenedores en línea regular.

Despacho de aduanas

La aplicación de la regla CFR exige que sea la parte vendedora quien realice el despacho de exportación, cuando sea de aplicación, en la aduana del país de origen.

Por su parte, corresponderán a la empresa compradora los trámites aduaneros de importación en el país de destino y, en su caso, los de tránsito a través de países terceros.

La empresa vendedora debe facilitar a la compradora la documentación que esta le solicite para la realización de dichos trámites y el pago de sus costos.

Modo de transporte y mercancías

La regla CIF se utiliza en la compraventa de muy diferentes tipos de mercancías, desde las que se transportan como graneles, carga fraccionada o general (cajas, bidones, fardos, sacos, etc., en unidades sueltas o agrupadas en palés), maquinaria pesada, piezas voluminosas o contenedores, entre otras, siempre que se vaya a utilizar transporte marítimo para su traslado.

No obstante, si la mercancía viaja en contenedor, es más recomendable el uso de la regla CPT.

Seguros

La regla CIF añade al condicionado de CFR la obligación de que la empresa vendedora contrate y asuma la prima de una póliza de seguro que cubra los riesgos de la mercancía soportados por la empresa compradora respecto del transporte, esto es, desde el embarque en el puerto de origen. Dicho seguro debe ofrecer la cobertura mínima establecida en las cláusulas ICC (Institute Cargo Clauses) del Instituto de Aseguradores de Londres o similares. El importe asegurado debe cubrir como mínimo el 110 % del precio fijado en el contrato de compraventa y ha de formalizarse en la misma moneda que este.

- **CPT** *(carriage paid to):* **transporte pagado hasta**

Lugar de entrega y transmisión de riesgos

Mediante la regla CPT, la empresa vendedora se obliga a contratar y asumir todos los costos del transporte de la mercancía hasta el lugar de destino convenido (terminal marítima, terrestre o aérea) con la compradora, si bien la entrega y transmisión de riesgos a esta tienen lugar en origen, una vez que la mercancía ha sido entregada a la empresa transportista que la propia vendedora ha contratado. En caso de que en el transporte intervengan varias empresas transportistas, se consi-

CPT *(carriage paid to):* transporte pagado hasta

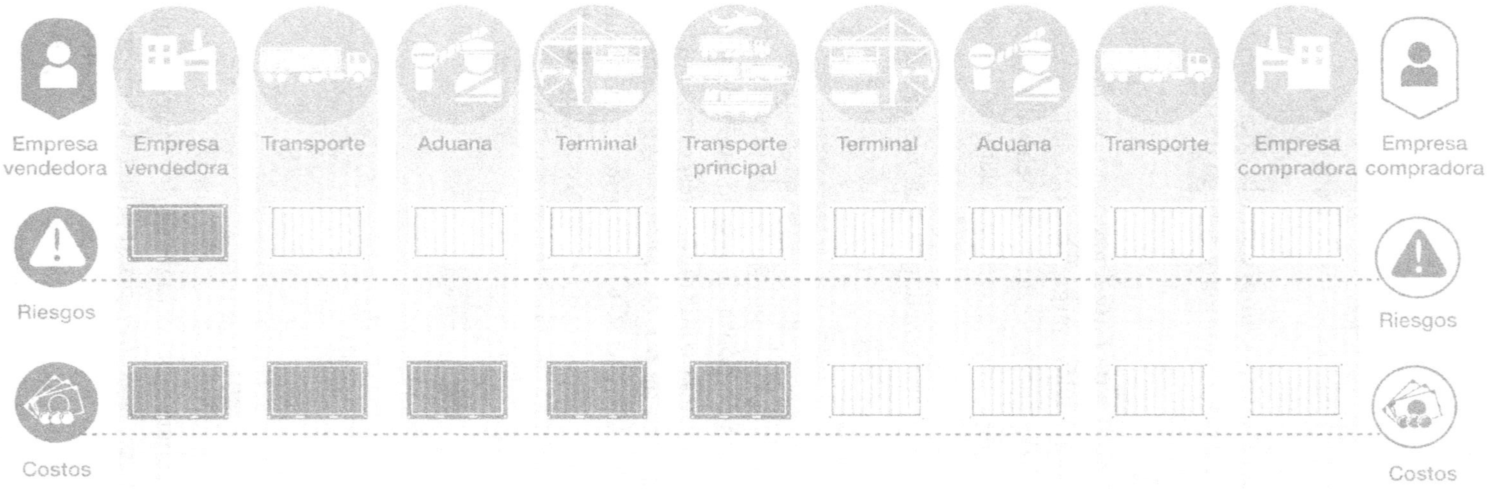

La empresa vendedora asume los costos del transporte hasta el lugar de destino designado (terminal portuaria o ferroviaria, centro logístico, etc.), si bien la entrega y la transmisión de riesgos a la compradora tienen lugar al poner la mercancía a disposición de la primera empresa transportista en sus instalaciones u otro lugar acordado.

A la finalización del transporte, los costos de descarga en destino corresponden a la empresa compradora, excepto que el contrato de transporte de la vendedora los incluya.

CPT por carretera *(carriage paid to)*: transporte pagado hasta

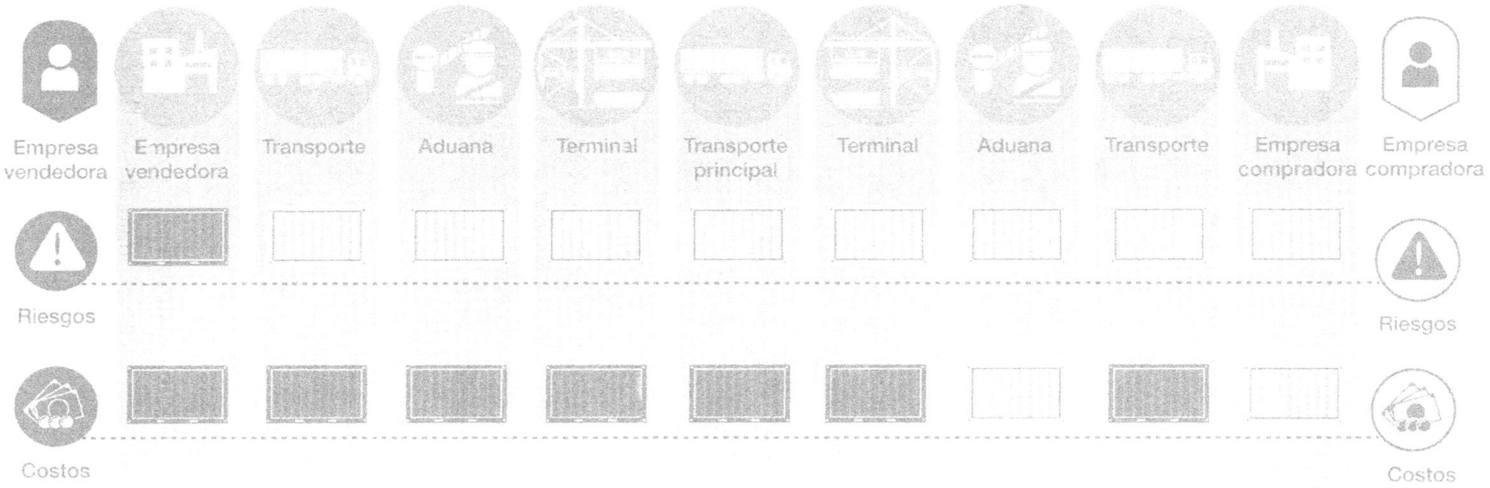

La empresa vendedora asume los costos del transporte por carretera hasta el lugar designado (habitualmente, instalaciones de la empresa compradora, si bien la entrega y la transmisión de riesgos a la compradora tienen lugar al cargar la mercancía sobre el vehículo de la empresa transportista en sus instalaciones u otro lugar acordado.

A la finalización del transporte por carretera, los costos de descarga en destino corresponden a la empresa compradora, excepto que el contrato de transporte de la vendedora los incluya.

dera que la mercancía se entrega a la primera de ellas, en las propias instalaciones de la vendedora o en el lugar que se haya expresamente designado.

La empresa vendedora debe proporcionar a la compradora el documento de transporte usual (conocimiento de embarque en el transporte marítimo, carta de porte en los otros modos de transporte) para el transporte contratado.

Despacho de aduanas

La aplicación de la regla FOB exige que sea la parte vendedora quien realice el despacho de exportación, cuando sea de aplicación, en la aduana del país de origen.

Por su parte, corresponderán a la empresa compradora los trámites aduaneros de importación en el país de destino y, en su caso, los de tránsito a través de países terceros.

La empresa vendedora debe facilitar a la compradora la documentación que esta le solicite para la realización de dichos trámites y el pago de sus costos.

Modo de transporte y mercancías

La regla CPT es multimodal y permite su aplicación a cualquier modo de transporte que se utilice o las posibles combinaciones entre ellos (carretera, marítimo, aéreo y ferroviario).

Es recomendable el uso de la regla CPT si la mercancía viaja en contenedor, ya sea como carga completa (FCL) o como de carga fraccionada (LCL), en cuyo caso es desaconsejable utilizar las reglas CFR y CIF.

Seguros

La regla CPT no obliga a contratar una póliza de seguro, pero ambas empresas han de decidir si aseguran los riesgos de la operación, la vendedora hasta la entrega de la mercancía y la compradora a partir de ese momento, cuando asume el conjunto de operaciones restantes de la cadena logística hasta el destino.

- **CIP** *(carriage and insurance paid to):* **transporte y seguro pagados hasta**

Lugar de entrega y transmisión de riesgos

Mediante la regla CIP, la empresa vendedora se obliga a contratar y asumir todos los costos del transporte de la mercancía hasta el lugar de destino convenido (terminal marítima, terrestre o aérea) con la compradora, si bien la entrega y transmisión de riesgos a esta tienen lugar en origen una vez que la mercancía, ha sido entregada a la empresa transportista que la propia vendedora ha contratado.

CIP *(carriage and insurance paid to)*: transporte y seguro pagados hasta

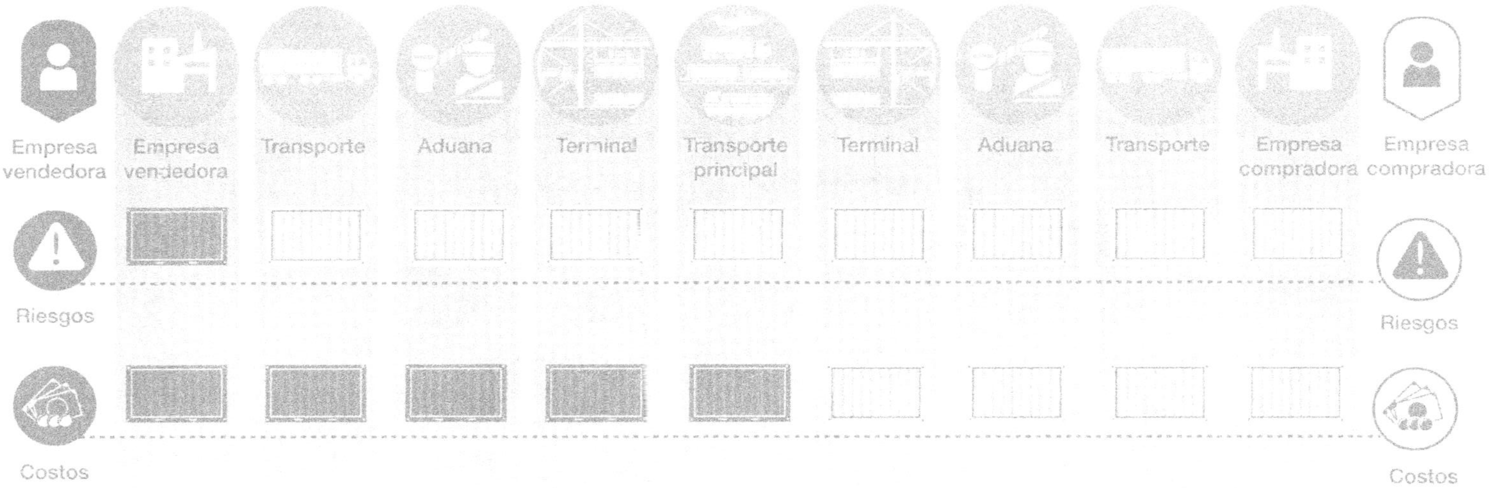

La empresa vendedora asume los costos del transporte hasta el lugar de destino designado (terminal portuaria o ferroviaria, centro logístico, etc.), si bien la entrega y la transmisión de riesgos a la compradora tienen lugar al poner la mercancía a disposición de la primera empresa transportista en sus instalaciones u otro lugar acordado.

A la finalización del transporte, los costos de descarga en destino corresponden a la empresa compradora, excepto que el contrato de transporte de la vendedora los incluya.

CIP por carretera *(carriage and insurance paid to)*: transporte y seguro pagados hasta

La empresa vendedora asume los costos del transporte por carretera hasta el lugar designado (habitualmente, instalaciones de la empresa compradora), si bien la entrega y la transmisión de riesgos a la compradora tienen lugar al cargar la mercancía sobre el vehículo de la empresa transportista en sus instalaciones u otro lugar acordado.

A la finalización del transporte por carretera, los costos de descarga en destino corresponden a la empresa compradora, excepto que el contrato de transporte de la vendedora los incluya.

En caso de que en el transporte intervengan varias empresas transportistas, se considera que la mercancía se entrega a la primera de ellas, en las propias instalaciones de la vendedora o en el lugar que se haya expresamente designado.

La empresa vendedora debe proporcionar a la compradora el documento de transporte usual (conocimiento de embarque en el transporte marítimo, carta de porte en los otros modos de transporte) para el transporte contratado.

Despacho de aduanas

La aplicación de la regla CIP exige que sea la parte vendedora quien realice el despacho de exportación, cuando sea de aplicación, en la aduana del país de origen.

Por su parte, corresponderán a la empresa compradora los trámites aduaneros de importación en el país de destino y, en su caso, los de tránsito a través de países terceros.

La empresa vendedora debe facilitar a la compradora la documentación que esta le solicite para la realización de dichos trámites y el pago de sus costos.

Modo de transporte y mercancías

La regla CIP es multimodal y permite su aplicación a cualquier modo de transporte que se utilice o las posibles combinaciones entre ellos (carretera, marítimo, aéreo y ferroviario).

Es recomendable el uso de la regla CIP si la mercancía viaja en contenedor, ya sea como carga completa (FCL) o como de carga fraccionada (LCL), en cuyo caso se desaconseja utilizar las reglas CFR y CIF.

Seguros

La regla CIP añade al condicionado de CPT la obligación de que la empresa vendedora contrate y asuma el costo de una prima de seguro que cubra los riesgos de la mercancía soportados por la empresa compradora desde el momento en que se entrega a la transportista hasta el lugar de destino donde la vendedora ha contratado el transporte (terminal portuaria o ferroviaria, centro logístico, etc.).

Dicho seguro debe ofrecer la cobertura mínima establecida en las cláusulas ICC (Institute Cargo Clauses) del Instituto de Aseguradores de Londres o similares. El importe asegurado debe cubrir como mínimo el 110 % del precio fijado en el contrato de compraventa y ha de formalizarse en la misma moneda que este.

9.4   Reglas D. Entrega en destino

Estas condiciones de entrega son las que implican más responsabilidades para la empresa vendedora, que asume todos los costos y riesgos derivados del transporte de la mercancía desde el punto de origen hasta el lugar acordado en el país de destino.

Este grupo comprende las reglas multimodales DAP, DPU y DDP.

- **DAP** *(delivered at place):* **entregada en lugar**

Lugar de entrega y transmisión de riesgos

En condiciones DAP, la empresa vendedora cumple con su obligación de entrega y transmite los riesgos al poner la mercancía, sobre el medio de transporte y sin descargar, a disposición de la compradora en un punto designado en el país de destino: puerto, fábrica, almacén, depósito, centro logístico, etc. De este modo, la empresa vendedora debe asumir los riesgos y costos derivados de todas las fases del transporte hasta el lugar de entrega acordado.

Por su parte, la empresa compradora debe proporcionar a la vendedora una prueba de recepción de la mercancía. La empresa vendedora puede llegar a condicionar el pago de la última fase de transporte (habitualmente por carretera) a la obtención de dicha prueba para asegurarse de que la mercancía ha sido efectivamente entregada a la empresa compradora en perfectas condiciones y en los términos que haya acordado con la empresa transportista.

Despacho de aduanas

La aplicación de la regla DAP exige que sea la parte vendedora quien realice el despacho de exportación, cuando sea de aplicación, en la aduana del país de origen.

Por su parte, corresponderán a la empresa compradora los trámites aduaneros de importación en el país de destino.

La empresa vendedora debe facilitar a la compradora la documentación que esta le solicite para realizar el despacho de aduanas de importación y el pago de sus costos.

Modo de transporte y mercancías

La regla DAP es multimodal y permite su aplicación utilizando cualquier modo de transporte que se utilice o las posibles combinaciones entre ellos (carretera, marítimo, aéreo y ferroviario). No obstante, es particularmente adecuada utilizando el

DAP *(delivered at place)*: entregada en lugar

La empresa vendedora asume los costos y riesgos hasta entregar la mercancía en el lugar de destino designado (terminal, centro logístico, almacén, etc.), sin descargarla del vehículo de llegada. A partir de ese momento, los costos y riesgos corresponden a la empresa compradora.

transporte por carretera en camión completo o grupaje que no requiera despacho de aduana de importación.

Seguros

La regla DAP no obliga a contratar una póliza de seguro, pero ambas empresas han de decidir si aseguran los riesgos de la operación, la vendedora hasta la entrega de la mercancía, sin descargar del medio de transporte, y la compradora a partir de ese momento.

- **DPU** *(delivered at place unloaded):* **entregada en lugar descargada**

Lugar de entrega y transmisión de riesgos

En condiciones DPU, la empresa vendedora asume todos los costos de transporte y cumple con su obligación de entrega al poner la mercancía, descargada del medio de transporte de llegada, a disposición de la compradora en el lugar de destino que se haya convenido en el contrato de compraventa (centro logístico, almacén de la empresa compradora, etc.), momento en el que transmiten los riesgos a la compradora.

Por su parte, la empresa compradora debe proporcionar a la vendedora una prueba de recepción de la mercancía. En la regla DPU, dado que la entrega tiene lugar en destino, la empresa vendedora puede llegar a condicionar el pago del transporte principal a la obtención de dicha prueba para asegurarse de que la mercancía ha sido efectivamente entregada en perfectas condiciones y en los términos que haya acordado con la empresa transportista.

Despacho de aduanas

La aplicación de la regla DPU exige que sea la parte vendedora quien realice el despacho de exportación, cuando sea de aplicación, en la aduana del país de origen y, en su caso, los de tránsito a través de países terceros.

Por su parte, corresponderán a la empresa compradora los trámites aduaneros de importación en el país de destino.

La empresa vendedora debe facilitar a la compradora la documentación que esta le solicite para la realización de dichos trámites y el pago de sus costos.

Modo de transporte y mercancías

La regla DPU es multimodal y permite su aplicación a cualquier modo de transporte que se utilice o las posibles combinaciones entre ellos (carretera, marítimo, aéreo y ferroviario).

DPU

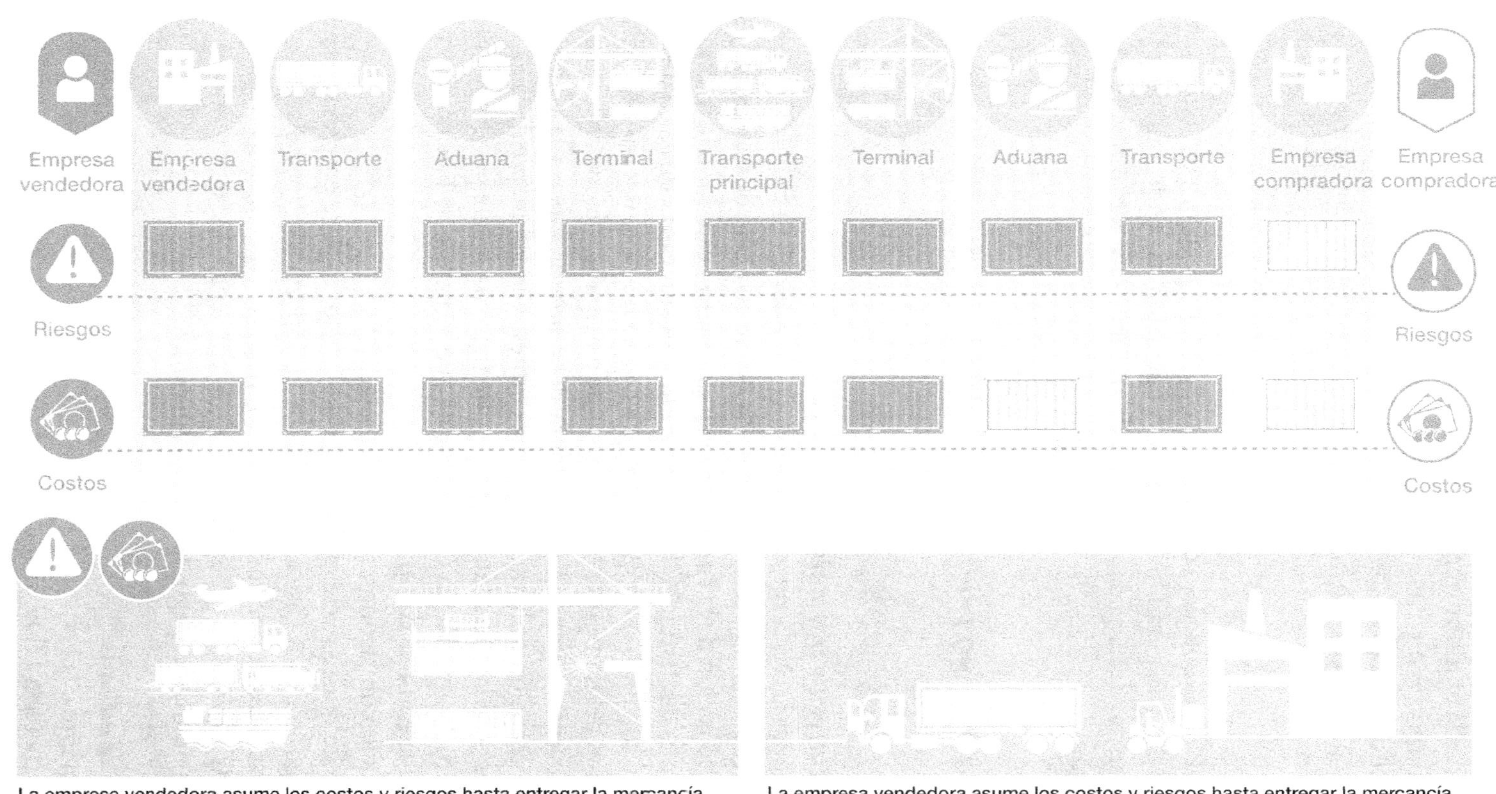

La empresa vendedora asume los costos y riesgos hasta entregar la mercancía en el lugar de destino designado (terminal portuaria o aeroportuaria, centro logístico, etc.), descargada del vehículo de llegada. A partir de ese momento, los costos y riesgos corresponden a la empresa compradora.

La empresa vendedora asume los costos y riesgos hasta entregar la mercancía en el lugar de destino designado (almacén, centro logístico, etc.), descargada del vehículo de llegada. A partir de ese momento, los costos y riesgos corresponden a la empresa compradora.

Entre sus aplicaciones, la regla DPU es indicada para operaciones de paquetería, en las que la empresa transportista asume la descarga de la mercancía del vehículo de transporte, o cuando se trata de mercancía fraccionada que se transporta en contenedor que se desconsolida en el almacén de la empresa transitaria. Por el contrario, no lo es cuando se trata de transportar la mercancía mediante camión de carga completa.

Seguros

La regla DPU no obliga a contratar una póliza de seguro, pero ambas empresas han de decidir si aseguran los riesgos de la operación, la vendedora hasta la entrega de la mercancía, descargada del medio de transporte, y la compradora a partir de ese momento.

- **DDP** *(delivered duty paid):* **entregada derechos pagados**

Lugar de entrega y transmisión de riesgos

En condiciones DDP, la empresa vendedora cumple con su obligación de entrega y transmite los riesgos al poner la mercancía, sobre el medio de transporte y sin descargar, a disposición de la compradora en un punto posterior a la terminal de llegada en el país de destino: fábrica, almacén, depósito, plataforma de distribución, etc. De este modo, la empresa vendedora asume los riesgos y costos derivados de todas las fases del transporte hasta el lugar de entrega acordado con la compradora.

Por su parte, la empresa compradora debe proporcionar a la vendedora una prueba de recepción de la mercancía. La empresa vendedora puede llegar a condicionar el pago de la última fase de transporte (habitualmente por carretera) a la obtención de dicha prueba para asegurarse de que la mercancía ha sido efectivamente entregada a la empresa compradora en perfectas condiciones y en los términos que haya acordado con la empresa transportista.

En caso de que se pacte excluir de las obligaciones de la empresa vendedora el pago de alguno de los gastos derivados de la importación (por ejemplo, el IVA), debe hacerse constar claramente la mención DDP *VAT unpaid* (IVA no pagado) o DDP *VAT excluded* (IVA excluido), según convenga. De este modo, la empresa compradora asume el pago de dicho impuesto.

Despacho de aduanas

Adicionalmente a la gestión del despacho de exportación por parte de la empresa vendedora, la regla DDP añade al condicionado de la regla DAP la obligación de

DDP *(delivered duty paid):* entregada derechos pagados

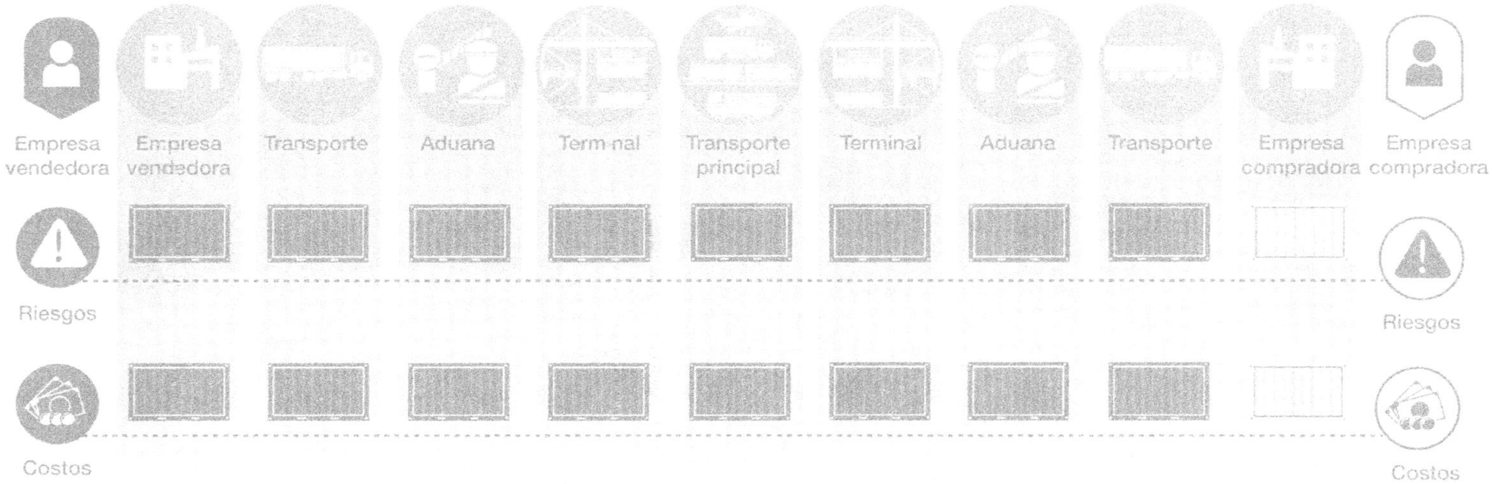

La empresa vendedora asume los costos y riesgos hasta entregar la mercancía, despachada de importación, en el lugar de destino designado (almacén de la empresa compradora u otro), sin descargarla del vehículo de llegada. A partir de ese momento, los costos y riesgos corresponden a la empresa compradora.

que esta gestione y asuma el despacho de importación y los impuestos que se derivan de él en el país de destino. Estas condiciones de entrega implican, pues, las máximas obligaciones para la empresa vendedora.

Modo de transporte y mercancías

La regla DDP es multimodal y permite su aplicación utilizando cualquier modo de transporte que se utilice o las posibles combinaciones entre ellos (carretera, marítimo, aéreo y ferroviario).

Seguros

La regla DDP no obliga a contratar una póliza de seguro, pero ambas empresas han de decidir si aseguran los riesgos de la operación, la vendedora hasta la entrega de la mercancía, sin descargar del medio de transporte, y la compradora a partir de ese momento.

Capítulo 12
Transportes especiales, mercancías peligrosas y mercancías perecederas

Por transportes especiales se entiende todo tipo de transporte de mercancías que, a causa de la naturaleza de las mismas, las dimensiones, el peso, la peligrosidad, la urgencia o la repercusión social, está afectado por normativas especiales y para su realización se precisa disponer de una autorización administrativa específica.

Estos transportes no son los que ocupan un mayor volumen de tráfico; sin embargo, hay transportes especiales de gran aparatosidad que exigen especialización y exclusividad. Son aquellos que requieren un vehículo de transporte de grandes dimensiones, que precisan de un gran período de tiempo para su ejecución, que precisan un elemento de manutención especial o un aparato de elevación de gran tamaño. Es el caso de un avión, de una gran turbina, de una plataforma petrolífera o de una grúa portuaria, por ejemplo.

Figura 12.1. Operaciones de carga y estiba de una pieza de grandes dimensiones a bordo de un buque de carga vertical.

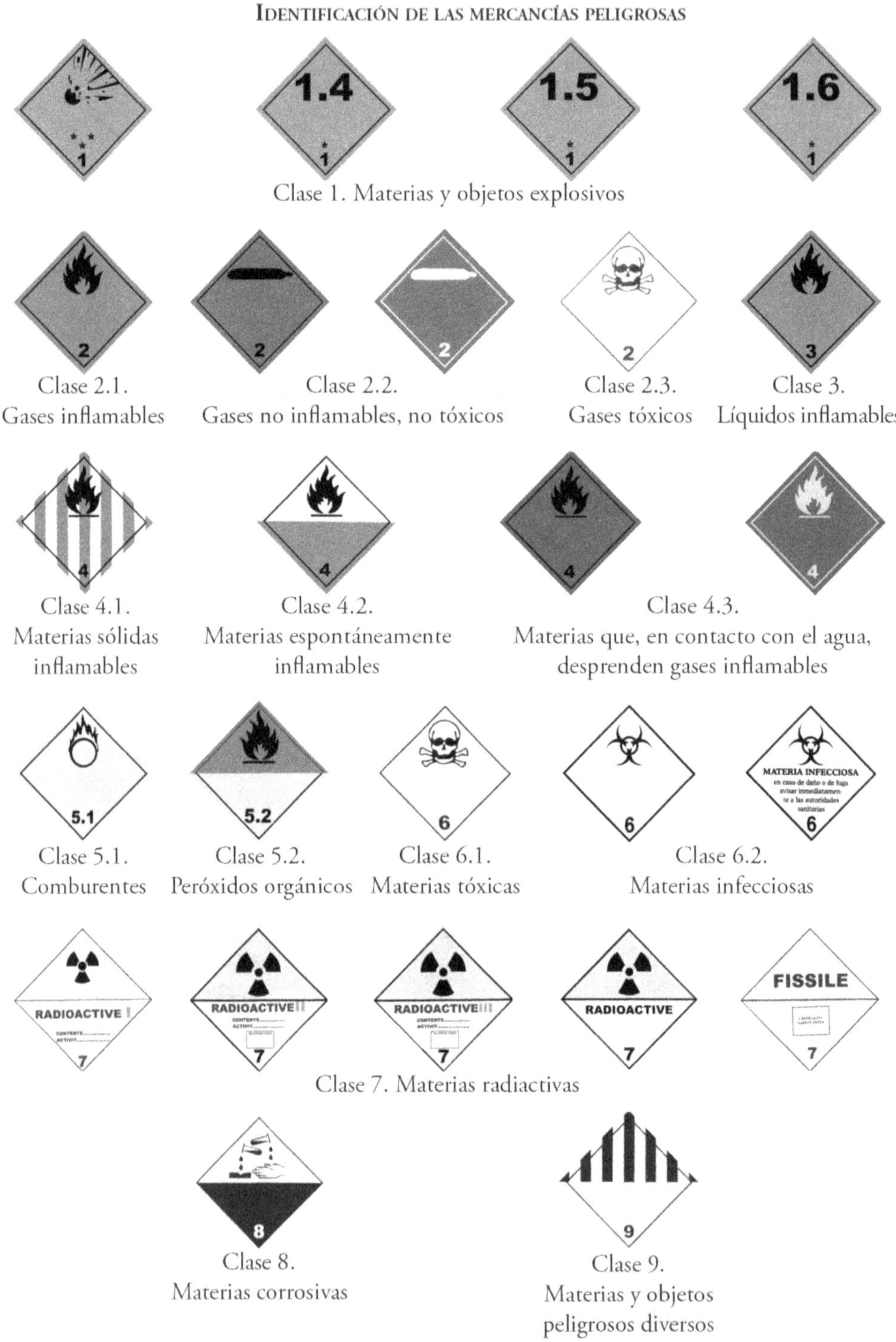
IDENTIFICACIÓN DE LAS MERCANCÍAS PELIGROSAS
1.4
1.5
1.6
Clase 1. Materias y objetos explosivos
Clase 2.1.
Gases inflamables
Clase 2.2.
Gases no inflamables, no tóxicos
Clase 2.3.
Gases tóxicos
Clase 3.
Líquidos inflamables
Clase 4.1.
Materias sólidas inflamables
Clase 4.2.
Materias espontáneamente inflamables
Clase 4.3.
Materias que, en contacto con el agua, desprenden gases inflamables
5.1
5.2
MATERIA INFECCIOSA
Clase 5.1.
Comburentes
Clase 5.2.
Peróxidos orgánicos
Clase 6.1.
Materias tóxicas
Clase 6.2.
Materias infecciosas
RADIOACTIVE
FISSILE
Clase 7. Materias radiactivas
Clase 8.
Materias corrosivas
Clase 9.
Materias y objetos peligrosos diversos

Figura 12.2. Símbolos utilizados para la identificación de las mercancías peligrosas.

En la identificación de las unidades de carga, la simbología utilizable se representa en la figura 12.2, resultado del acuerdo europeo sobre el transporte internacional de mercancías peligrosas por carretera (Convenio ADR),[1] y se especifica en su parte 5, relativa a los procedimientos de expedición.[2]

En este capítulo vamos a tratar en particular los acuerdos internacionales que existen para el transporte y la manipulación de mercancías especiales, si bien cada Estado los articula de acuerdo con normativas específicas.

1 Mercancías peligrosas

1.1 Transporte por carretera: el Convenio ADR

Las siglas ADR se corresponden con *articles dangeroux de route*. Se refieren al Convenio Internacional sobre el Transporte de Mercancías Peligrosas por Carretera, suscrito en Ginebra (Suiza) el 30 de septiembre de 1957, que entró en vigor el 29 de enero de 1968, y ha sido enmendado en 1975, 1985, 2005 y 2009. Señala las mercancías consideradas especialmente peligrosas y aquellas que, aun siéndolo, pueden transportarse si se tienen en cuenta las indicaciones de los anexos del convenio. Éstos hacen referencia al etiquetaje y embalaje (Anexo A) y a la construcción, el equipamiento y la operatividad del vehículo transportador (Anexo B). Estos anexos son modificados bienalmente.

Sólo los vehículos que disponen de la aprobación o *certificado ADR* acreditan mediante este documento administrativo el cumplimiento del Anexo B del Convenio ADR y que están autorizados, por tanto, para el transporte de mercancías peligrosas por carretera.

Cada país posee una regulación específica, que en España se conoce por las siglas TPC. Esta legislación, además de trasponer las normativas internacionales determina, entre muchos otros aspectos, las autoridades competentes de la Administración del Estado en materia de transporte de mercancías peligrosas, las características de los vehículos de transporte, la formación de los conductores, las normas de circulación, las autorizaciones...

---

[1] Convenio Internacional sobre el Transporte de Mercancías Peligrosas por Carretera (ADR, *Articles Dangeroux de Route)*. Se formalizó en Ginebra (Suiza) en 1957 y entró en vigor en 1968. Señala las mercancías consideradas especialmente peligrosas y aquellas que también siéndolo pueden transportarse siempre que se tengan en cuenta las indicaciones de los anexos del convenio. Éstos hacen referencia al etiquetaje y embalaje (Anexo A) y a la construcción, el equipamiento y la operatividad del vehículo transportador (Anexo B).

[2] Se puede acceder al contenido completo del Convenio ADR a través del sitio web del Ministerio de Fomento español, www.fomento.es.

El Convenio ADR agrupa las mercancías peligrosas en las siguientes clases:

Clase 1	Materias y objetos explosivos.
Clase 2	Gases.
Clase 3	Líquidos inflamables.
Clase 4.1	Materias sólidas inflamables, materias autorreactivas y materias explosivas desensibilizadas sólidas.
Clase 4.2	Materias que pueden experimentar inflamación espontánea.
Clase 4.3	Materias que al contacto con el agua desprenden gases inflamables.
Clase 5.1	Materias comburentes.
Clase 5.2	Peróxidos orgánicos.
Clase 6.1	Materias tóxicas.
Clase 6.2	Materias infecciosas.
Clase 7	Materias radiactivas.
Clase 8	Materias corrosivas.
Clase 9	Materias y objetos peligrosos diversos.

1.2   Transporte ferroviario: Convenio RID

Convenio reflejado en el Anexo I sobre el transporte internacional por ferrocarril de mercancías peligrosas que se encuentra en el COTIF, acrónimo del Convenio sobre el Transporte Internacional por Ferrocarril de la OTIF (Organización Intergubernamental para el Transporte Internacional por Ferrocarril), formalizado en Berna (Suiza), el 9 de mayo de 1980. Entró en vigor el 1 de mayo de 1985.

1.3   Transporte marítimo: Código IMDG

Las siglas IMDG se corresponden con *international maritime dangerous goods,* y se refieren al Código Marítimo Internacional de Mercancías Peligrosas. Se publicó en 1965 en el seno de la OMI (Organización Marítima Internacional). Este código regula el transporte de mercancías peligrosas y previene la contaminación. El Código IMDG agrupa las mercancías peligrosas en: explosivos, gases, líquidos inflamables, sólidos y otras sustancias inflamables, sustancias oxidantes y peróxidos orgánicos, sustancias tóxicas e infecciosas, materiales radiactivos, sustancias corrosivas y sustancias peligrosas varias. Se regula conforme al capítulo VII del Convenio para la Seguridad de la Vida Humana en el Mar (SOLAS).

El Código IMDG prohíbe el transporte de mercancías en determinadas condiciones y prevé la publicación, por parte de los Estados contratantes, de instrucciones detalladas que indiquen la forma de embalar, marcar y etiquetar, manipular y estibar con seguridad determinadas mercancías peligrosas o categorías de las mismas, con las precauciones pertinentes para transportarlas, con especificaciones particulares para el transporte de explosivos.

Asimismo, dicho código establece las segregaciones de la carga, así como las recomendaciones en caso de accidente, y, además, las normas para el caso de embarques en contenedores, su etiquetado y las condiciones de estiba de éstos en los buques.

Es imprescindible que todos los agentes de la cadena de transporte sean conscientes de la responsabilidad que asumen con un cargamento de mercancía peligrosa. La primera responsabilidad la asume el cargador, cuando elabora las instrucciones escritas para identificar la mercancía, la acondiciona con el embalaje y etiquetado adecuados y con la identificación de la naturaleza y composición del producto, además de sus nombres comerciales.

La OMI ha alcanzado otros acuerdos internacionales relacionados con el transporte de mercancías peligrosas. Entre ellos, el *Código IBC,* para la construcción y el equipamiento de buques que transporten productos químicos peligrosos a granel, y el *Código IGC,* para la construcción y el equipo de buques que vayan a transportar gases licuados a granel.

1.4   Transporte fluvial: Acuerdo ADN

Acuerdo sobre el Transporte Internacional de Mercancías Peligrosas por Vías Fluviales, suscrito el 25 de mayo de 2000 en una conferencia organizada por la Comisión Económica

---

Saber más…

Mercancía peligrosa
Se refiere a todo material o sustancia nocivo o perjudicial, embalado, a granel o en embalajes para graneles, que durante su transporte puede generar o desprender residuos, humos, gases, vapores o polvos de naturaleza peligrosa, ya sea explosiva, inflamable, tóxica, infecciosa, radiactiva, corrosiva o irritante.

Particularmente, debe considerarse mercancía peligrosa la incluida en las reglamentaciones internacionales:

- Código IBC.
- Código IGC.
- Código IMDG.
- Convenio Marpol 73/78.

Se deben incluir los embalajes sin limpiar que hayan contenido mercancías peligrosas.

Las mercancías peligrosas constituyen un riesgo importante para la salud, la seguridad y la propiedad.

Europea y la Comisión Central para la Navegación del Rhin. Sus principales objetivos son: aumentar la seguridad del transporte fluvial de mercancías peligrosas, proteger el medio ambiente previniendo la contaminación por accidentes, y facilitar las operaciones de transporte promoviendo el comercio internacional de productos químicos.

1.5   Transporte aéreo: reglamentos IATA-OACI

Por su propia especialización, la IATA ha desarrollado las normas para las mercancías peligrosas adaptadas al transporte aéreo. Dicho desarrollo se ha efectuado en colaboración con la OACI (Organización Internacional de Aviación Civil) para su aplicación en el ámbito mundial.

1.6   El consejero de seguridad

Es el profesional que actúa como experto responsable del cumplimiento de los convenios ADR (carretera), RID (ferrocarril) o ADN (fluvial) en una empresa que transporte o almacene mercancías peligrosas.

Las empresas que transporten tales mercancías en algunos de los tres modos de transporte mencionados o que sean responsables de sus operaciones de carga o descarga deben disponer de, al menos, un consejero de seguridad responsable de contribuir a la prevención de los riesgos para las personas, los bienes o el medio ambiente inherentes a dichas actividades, buscando medios y promoviendo acciones que faciliten su ejecución en condiciones de seguridad.

Sólo pueden ejercer como consejeros de seguridad aquellas personas que hayan sido certificadas para tal fin por la autoridad competente en dicha materia, tras haber aprobado un examen que avale su capacitación profesional y sus conocimientos respecto a una determinada especialidad. Las especialidades son: explosivos, gases, material radiactivo, hidrocarburos y otras cargas peligrosas.

Entre las obligaciones del consejero de seguridad, destacan las siguientes:

- Examinar y gestionar el cumplimiento de las normas en las empresas.
- Asesorar a la empresa en todo lo relacionado con el transporte, almacenamiento y manipulación de mercancías peligrosas.
- Elaborar un informe anual de acuerdo con el modelo administrativo vigente en cada momento.
- Establecer y mantener actualizados los procedimientos de identificación de las mercancías peligrosas.
- Valorar la adquisición de medios de transporte.

– Comprobar los elementos utilizados para el transporte, carga y descarga de mercancías peligrosas (envases, embalajes, equipos de manutención…).
– Controlar la formación del personal implicado en operaciones con mercancías peligrosas.
– Prever y aplicar los procedimientos de urgencia en caso de accidente o incidente.
– Aplicar las medidas de prevención para evitar accidentes o infracciones y acciones de sensibilización de los riesgos.
– Controlar los subcontratistas.
– Comprobar la documentación y las normas relacionadas con el transporte de mercancías peligrosas.

2 Transporte de mercancías perecederas a temperatura controlada

Las mercancías de temperatura controlada son aquellas que necesitan de algún sistema de control de su temperatura durante los procesos de manipulación, almacenamiento, transporte y distribución comercial. La gestión del transporte de productos refrigerados y congelados reúne unas características que la diferencian de la de mercancías a temperatura ambiente. Destacan:

– Necesidad de disponer de recursos materiales de elevado coste económico.
– Sistemas de gestión especializados.
– Equipos humanos y condiciones de trabajo con un elevado nivel de especialización.
– Controles de calidad exhaustivos, especialmente en cuanto a la caducidad de los productos.

Los productos de temperatura controlada se clasifican fundamentalmente en:

- **Producto refrigerado**
  El que ha sido enfriado hasta alcanzar una temperatura óptima de conservación y almacenamiento, de manera que cualquier parte del mismo posea una temperatura superior a la de su punto de congelación.

- **Producto congelado**
  La mayor parte de su agua de constitución o agua libre ha sido transformada en hielo, mediante un proceso de congelación destinado a preservar su integridad, calidad y cualidades, al tiempo que minimizar las posibles alteraciones físicas, bioquímicas y microbiológicas que pudieran producirse en dicha fase de congelación o la posterior descongelación.

Figura 12.3. El pescado requiere un estricto control de la temperatura de almacenamiento, manipulación y transporte. En la imagen, pescado para su venta en la lonja de altura del puerto de Vigo (Pontevedra).

- **Producto ultracongelado**
  Sometido a un proceso de congelación rápida o ultracongelación, mediante el que se rebasa la zona de máxima cristalización tan rápidamente como sea necesario, en función de la naturaleza del producto.

Los productos refrigerados, así como su temperatura óptima de conservación para los procesos de almacenamiento, manipulación, transporte y distribución comercial, y para la conservación por el consumidor final, se resumen en la tabla 12.1.

En el proceso de transporte de productos de temperatura controlada es imprescindible tener presente una serie de procedimientos. Los más significativos son:

— Antes de efectuar la carga de los vehículos o de las unidades de carga intermodal (UTI), éstos deben preenfriarse de manera que las paredes, el techo y el suelo alcancen una temperatura adecuada para la mercancía que se va a transportar.

– La caja del vehículo o la UTI debe mantener un flujo de circulación sobre toda la superficie de cada una de las seis caras de la carga.

– Los vehículos y las UTI deben programar el equipo de refrigeración a la temperatura más restrictiva del rango de temperaturas de los productos transportados.

– Los vehículos han de disponer de un dispositivo de medida o registro de la temperatura en el lugar de mayor temperatura del interior de la caja, la cual ha de poder conocerse desde el asiento del conductor.

– Las operaciones de carga y descarga se deben realizar con la máxima celeridad posible, en recintos de expedición y recepción acondicionados para temperaturas estables de +10 °C o inferiores y nunca superiores.

– En la carga y descarga, las puertas del vehículo o de la UTI no deben abrirse hasta el momento inmediato de la carga, en que se detiene el funcionamiento del equipo de refrigeración y se acopla, en su caso, la caja del camión al muelle de carga.

– Nunca han de depositarse los productos directamente en el suelo.

TIPOLOGÍA DE PRODUCTOS REFRIGERADOS Y TEMPERATURA DE CONSERVACIÓN

1. Entre 0 y 5 °C	2. Entre 1 y 8 °C	3. Entre 8 y 12 °C	4. Entre 10 y 14 °C	5. Entre 12 y 16 °C
Ahumados	Quesos[3]	Natas esterilizadas	Fruta	Chocolate
Aves a granel[1]	Yogures	Natas UHT	Verdura	Galletas con cobertura
Carne a granel	Postres lácteos	Anchoas en semiconserva	Bollería[4]	
Carne en bandeja	Embutidos curados	Margarinas		
Carne picada[2]	Natas pasteurizadas			
Embutidos cocidos				
Fruta pelada				
Leche fresca				
Mantequillas				
Pescado a granel				
Pescado en semiconserva				
Pescado envasado				
Platos preparados				
Productos loncheados				
Salazones				
Verdura troceada				
Zumos refrigerados				

[1] Entre 0 y 4 °C.
[2] Entre 0 y 2 °C.
[3] Entre 1 y 5 °C para los quesos frescos.
[4] Bollería rellena de nata y crema entre 1 y 5 °C.

Tabla 12.1. Temperatura de conservación de los productos refrigerados más comunes.

2.1   *Almacenamiento de mercancías perecederas a temperatura controlada*

En el proceso logístico de los flujos de mercancías perecederas a temperatura controlada hay que considerar las condiciones en que éstas deben de ser almacenadas para asegurar que no sufren alteraciones en sus propiedades. Destacan las siguientes:

- Debe existir una distancia suficiente entre cada bloque o conjunto de mercancía almacenada para asegurar que el aire frío puede recircular entre ellos.
- Los evaporadores de aire forzado deben ubicarse en la cámara frigorífica de manera que se favorezca la recirculación del aire.
- Debe evitarse que los productos estén sometidos a temperaturas exteriores.
- La manipulación de productos debe efectuarse en el interior de la cámara frigorífica.
- Debe considerarse la temperatura y humedad relativa de cada producto y proceder a la ventilación y desodorización de la cámara frigorífica entre la permanencia de uno y otro producto, siempre que los productos no estén envasados y cerrados herméticamente.

2.2   *Transporte por carretera: Acuerdo ATP*

Acuerdo sobre Transportes Internacionales de Mercancías Perecederas y sobre los vehículos especiales utilizados en estos transportes, formalizado en Ginebra (Suiza) el 1 de septiembre de 1970, y modificado el 30 de septiembre de 2000, en el seno de Naciones Unidas. Su Anexo I indica las características que deben poseer los vehículos para mantener la mercancía a una determinada temperatura y el modo de comprobar sus variaciones con respecto al tiempo. El Anexo II regula las muestras y temperaturas de las mercancías perecederas y congeladas. Y, por último, el Anexo III, las condiciones de temperatura para transportar determinadas mercancías perecederas que no se recogen en el anexo anterior.

Cada Estado firmante del Acuerdo ATP regula la expedición del *certificado ATP,* que regula las características y los equipamientos de los vehículos especiales utilizados en el transporte de mercancías perecederas a temperatura controlada.

Capítulo 13
Indicadores de gestión del transporte

Medir la gestión es un imperativo en toda organización que precisa conocer el grado de eficacia y de eficiencia de su actividad. Sin dicha medición es difícil obtener criterios objetivos que permitan deducir los beneficios potenciales de la actividad que se desarrolla, ni tan sólo prever con un mínimo de certeza la idoneidad de las inversiones en equipamientos, sistemas o formación de los equipos humanos.

Aunque el resultado financiero es la medida imperante en la mayoría de las organizaciones, antes de obtenerlo es necesario considerar otros indicadores para conseguir una dirección efectiva de las operaciones y la seguridad de que se pueden alcanzar los objetivos trazados, entre ellos los financieros.

En el ámbito del transporte y de la logística en general, los indicadores deben inscribirse en un marco que proporcione coherencia, consistencia y compatibilidad al conjunto del sistema, de modo que cada medición ha de guardar relación con los objetivos de la organización.

Por este motivo, la medición aleatoria de un atributo no debe considerarse un indicador de gestión válido. Por otro lado, no existe un conjunto único de indicadores que pueda aplicarse de manera indiscriminada a todas las organizaciones que desarrollen una actividad de transporte, sino que cada entidad ha de seleccionar los indicadores más apropiados a sus circunstancias y objetivos, especialmente los logísticos.

Cuando una organización ha conseguido definir sus estándares de gestión, éstos pueden aplicarse no sólo a sus operaciones internas sino que son susceptibles de ser utilizados en la subcontratación de servicios de transporte externos y, por tanto, los indicadores y los estándares de gestión pueden incorporarse en los contratos de servicios para asegurar que la gestión integral de la cadena de transporte quede bajo control del cliente.

1 Implantación de indicadores de gestión

Un indicador o medidor de gestión es, pues, una herramienta de apoyo a la gestión de organizaciones que permite obtener información cuantitativa sobre un proceso que se ha definido y registrado, relacionado con estándares o variables conocidos.

La actividad del transporte, en el marco de la cadena integrada de aprovisionamiento, es un nexo de unión entre todas las funciones que se desarrollan en ella, dirigida de una manera muy especial hacia el cliente; por este motivo, los ratios o indicadores del nivel de servicio al cliente también son relevantes para medir el transporte.

Para implantar un sistema de indicadores de gestión del transporte, debe considerarse el siguiente proceso:

- Definir los objetivos logísticos en el marco de los objetivos de la organización.
- Establecer la estructura logística de la organización.
- Definir los mecanismos de dirección y gestión.
- Fijar los criterios para seleccionar los medidores de gestión.
- Determinar las normas de control.
- Especificar los indicadores de gestión para cada eslabón de la cadena de transporte.
- Precisar las herramientas para medir los indicadores de gestión.

2   Indicadores de gestión

Tomando como referencia la norma sobre «Indicadores de gestión logística», UNE-CR 13908, vamos a describir a continuación los indicadores de gestión directamente relacionados con el transporte de mercancías.

2.1   Indicadores de ventas y servicio al cliente

En este apartado conviene destacar, en cuanto a aspectos relacionados con el plazo de tiempo del proceso de pedido y envío:

- **Precisión de la documentación de envío**
  Mide la eficiencia de los procedimientos de preparación de la documentación, considerando durante un período de tiempo definido:

  - Cantidad de productos que llegan a su destino con la documentación adecuada.
  - Número de productos cuya entrega se ha planificado para dicho período.

- **Condiciones de conformidad del embalaje**
  Se utiliza para medir la eficacia y eficiencia de los métodos y procedimientos de embalaje, considerando la relación medida para un período de tiempo entre:

– Cantidad de productos que llegan a su destino en las condiciones de embalaje pactadas.
– Número de productos cuya entrega se ha planificado para el mismo período.

En cuanto a aspectos relacionados con el tiempo, conviene señalar:

- **Fiabilidad de entrega solicitada por el cliente**
  Indica la capacidad de la organización para cubrir las expectativas del cliente y la eficacia de los procesos que se han planificado. Mide la relación para un período de tiempo entre:

  – Cantidad de productos entregados en la fecha solicitada por el cliente.
  – Cantidad de productos que se debían haber entregado de acuerdo con la planificación.

En relación con cuestiones relacionadas con la cantidad, destacamos:

- **Exactitud de las cantidades enviadas**
  Mide la capacidad de la organización para satisfacer las expectativas del cliente y la eficacia de la planificación de los procesos que se han de realizar. Considera una relación que podría medirse en número de envíos, cantidades entregadas, número de pedidos o de líneas de pedidos, para un período de tiempo entre:

  – Cantidad de productos entregados cuya entrega coincide con la cantidad pedida por el cliente.
  – Cantidad total de productos entregados.

- **Precisión de envíos**
  Indicador que muestra la capacidad de la organización para satisfacer la cantidad exacta pedida por el cliente y, por tanto, la eficacia de la planificación y ejecución. Se aplica principalmente para pedidos pequeños y en cantidades no normalizadas. Considera una relación que podría medirse en número de pedidos o de líneas de pedidos, para un período de tiempo entre:

  – Número de solicitudes de clientes de cantidades de pedido específicas satisfechas.
  – Número total de solicitudes de clientes de cantidades de pedido específicas recibidas.

2.2 *Indicadores de almacenamiento*

En cuanto a indicadores de gestión sobre almacenamiento, en relación con aspectos relacionados con el plazo de tiempo de proceso, encontramos un indicador para medir movimientos de entrada y recepción de productos:

- **Tiempo de proceso de la recepción en almacén**
  Diferencia absoluta o en términos de relación, medida para un período de tiempo definido entre:

  - Tiempo transcurrido (días, horas, etc.) desde la recepción de un producto hasta que éste se encuentra disponible para su extracción.
  - Plazo de tiempo de recepción en almacén establecido como objetivo.

En lo que respecta a movimientos de salida y despacho de productos, existe un indicador para medir la velocidad en el envío:

- **Plazo de tiempo del proceso de despacho en almacén**
  Diferencia absoluta o en términos de relación, de tiempo transcurrido (días, horas, etc.) entre:

  - Recepción de un pedido en el almacén y el envío de los productos.
  - Plazo de tiempo del proceso de despacho de almacén fijado como objetivo.

2.3   *Indicadores de transporte*

Los indicadores de gestión sobre transporte más importantes son el plazo de tiempo del proceso de transporte, la fiabilidad y la utilización, seguidos de la eficiencia, la productividad y la flexibilidad.

En cuanto a la medición del plazo de tiempo del proceso de transporte, deben considerarse el tiempo absoluto y su comparación con un valor normalizado o fijado como objetivo. El tiempo de transporte es un indicador de la velocidad de los procesos de transporte en una organización:

- **Plazo de tiempo del proceso de transporte**
  Diferencia absoluta o expresada como relación entre:

  - Tiempo que media (días, horas, etc.) entre que un envío parte del punto de origen y llega al de destino.
  - Tiempo de proceso de transporte previsto o normalizado entre origen y destino.

- **Velocidad de transporte**
  Mide la velocidad del transporte, observando la relación entre:

– Velocidad media real en un trayecto determinado.
– Velocidad media prevista o normalizada para dicho trayecto.

En relación con cuestiones relacionadas con la calidad, destaca:

- **Calidad del transporte**
  Indica el grado de cumplimiento del operador de transportes con las normativas, la calidad del embalaje y la vulnerabilidad de los productos, incluido su hurto. Mide la relación para un período de tiempo determinado entre:

  – Cantidad de mercancías dañadas o perdidas en tránsito.
  – Cantidad total de productos que se han transportado.

- **Fiabilidad del transporte**
  Indica el grado de fiabilidad del transporte y, por tanto, la precisión de su planificación. Expresa la relación entre:

  – Número de entregas efectuadas en un determinado intervalo de tiempo.
  – Número total de entregas previstas o realizadas.

En cuanto a aspectos relacionados con los recursos de una empresa transportista, la eficiencia se puede considerar en relación con un vehículo concreto o un conjunto de medios de transporte:

- **Utilización de la capacidad del vehículo o factor de carga**
  Mide la utilización de un medio de transporte durante un período de tiempo y, por tanto, de la estiba de la carga y la planificación de las rutas. Es la relación entre:

  – Cantidad física cargada en un medio de transporte, expresada en masa (toneladas, libras…), en volumen (metros cúbicos, litros…) o en unidades de carga (cajas, palés...).
  – Capacidad de carga máxima del vehículo utilizando la misma unidad de medida.

- **Tasa de utilización del vehículo**
  Indica la eficiencia del transporte mediante la relación entre:

  – Tiempo efectivo de conducción del vehículo y de su conductor.
  – Tiempo de conducción permitido (por la empresa o por la normativa legal).

- **Productividad del vehículo**

  Expresa la contribución de un vehículo o conjunto de medios de transporte a un determinado proceso de transporte, mediante la relación durante un período de tiempo entre:

  - Producción del vehículo o conjunto de medios de transporte, medida en cantidades físicas (toneladas, libras, litros, palés, cajas…).
  - Capacidad real del vehículo o conjunto de medios de transporte utilizando la misma unidad de medida.

- **Utilización de la capacidad de transporte de la flota**

  Indica la eficacia de la planificación para utilizar la capacidad de transporte de una determinada flota de vehículos. Mide la relación existente entre:

  - Capacidad utilizada de una flota de transporte.
  - Capacidad disponible de dicha flota.

2.4   Indicadores de logística inversa

En la gestión del transporte de una organización cobra especial relevancia el control del flujo inverso de materiales, envases, embalajes, etc., desde los puntos de venta o distribución a los centros de tratamiento o recuperación de los mismos. Por ello, se debe considerar el siguiente indicador:

- **Relación de flujo inverso**

  Mide la cantidad de materiales, envases o embalajes que acceden a un flujo inverso. Expresa la relación para un período de tiempo entre:

  - Cantidad de productos, envases, etc. (expresada en unidades o valor económico) que utilizan una determinada ruta de flujo inverso.
  - Cantidad vendida de productos acabados o grupo de productos afectados.

Manual del transporte de mercancías

Jaime Mira, David Soler

Prevención de riesgos laborales: Personal de transporte y estiba

Alba Ramírez Soriano,
Eva María Hernández Ramos

Prevención de riesgos laborales: Personal de reparto y de conducción

Alba Ramírez Soriano

Logística urbana. Manual para operadores logísticos y administraciones públicas

Ignasi Ragàs

Manual del transporte en contenedor

Jaime Rodrigo de Larrucea

Transporte de mercancías por carretera. Manual de competencia profesional

José Manuel Ruiz Rodríguez

Manual del transporte marítimo

Agustín Montori Díez, Carlos Escribano Muñoz,
Jesús Martínez Marín

Técnicas para ahorrar costos logísticos. Aurum 2

Luis Carlos Hernández Barrueco

Título de transportista. Competencia profesional para el transporte de mercancías por carretera

Francisco Martín, M. Teresa Maza,
María J. de la Maza

Manual de gestión de tráfico de mercancías
Rut Castell

Cómo desarrollar la carga aérea en aeropuertos
Javier Arán Iglesia

Cadena de suministro. Principios, máximas y recomendaciones
Luis A. Mora García

Transporte ferroviario de mercancías
Miguel Ángel Dombriz

Gestión documental del transporte por carretera
Eva María Hernández Ramos

Micrologística
Rodolfo Enrique Silvera Escudero

Transporte marítimo de mercancías. Los elementos clave, los contratos y los seguros
Rosa Romero, Alfons Esteve

Normativa de estiba en carretera. Claves, soluciones y modelos para estibar y trincar cargas
Eva María Hernández Ramos

Estiba y trincaje de las mercancías en contenedor
Francisco Fernández Sasiaín

València, 558 – 08026 Barcelona – Tel. +34-931 429 486 – marge@margebooks.com – www.margebooks.com